本书系山东省教育科学"十三五"规划重点资助课题
"基于核心素养的十二年一贯制课程建设与实施行动研究"
（课题批准号：222019075）的研究成果之一

初中文科

素养本位的项目式学习

赵勇　杨向东◎主编

山东教育出版社
·济南·

图书在版编目（CIP）数据

素养本位的项目式学习. 初中文科 / 赵勇，杨向东
主编. — 济南：山东教育出版社，2023.4（2023.6重印）
ISBN 978-7-5701-2517-3

Ⅰ.①素⋯　Ⅱ.①赵⋯　②杨⋯　Ⅲ.①中学教育 –
教学研究 – 初中　Ⅳ.①G420

中国国家版本馆CIP数据核字（2023）第049874号

SUYANG BENWEI DE XIANGMU SHI XUEXI
CHUZHONG WENKE

素养本位的项目式学习
初中文科
赵　勇　杨向东　主编

主管单位：山东出版传媒股份有限公司
出版发行：山东教育出版社
　　　　　地址：济南市市中区二环南路2066号4区1号　　邮编：250003
　　　　　电话：（0531）82092660　　　网址：www.sjs.com.cn
印　　刷：济南万方盛景印刷有限公司
版　　次：2023年4月第1版
印　　次：2023年6月第2次印刷
开　　本：710毫米×1000毫米　1/16
印　　张：34.5
字　　数：483千
定　　价：128.00元（全二册）

（如印装质量有问题，请与印刷厂联系调换）印厂电话：0531-88985701

编委会

序 言

21 世纪之初，世界经济合作与发展组织（OECD）发起了"素养的界定和选择（Definition and Selection of Competencies，DeSeCo）"项目。自此之后，素养导向的基础教育改革迅速成为席卷全球的浪潮。受这一趋势的影响，我国于 2014 年和 2019 年分别启动了普通高中和义务教育阶段的课程方案和标准的修订。新修订的课程标准坚持"素养为纲、育人为本"的改革理念，在反思时代要求和学科本质的基础上，凝练了基础教育阶段的核心素养模型，围绕大观念和学科实践重构了各学科课程内容，研制了素养导向的学业质量标准，阐述了以核心素养为育人目标的教学理念与实施建议。这些理念和实施建议必将有力地推动我国基础教育在课程设计、学习方式、教学模式以及考试评价的变革，对进一步深化课程改革、贯彻立德树人根本任务具有重大历史意义和现实价值。

素养导向的课程改革要求学校教育工作者必须超越狭义的学科内容、教学要求或考试大纲的范围，将教育置于社会—文化的时代浪潮下，在更为广阔的视野下审视和理解所从事的育人工作。就像布鲁纳在《教育文化》里所提到的那样，教育工作者需要站在社会需求、文化实践和儿童发展三位一体的立场上来反思教育和教学活动，通过合理的课程、教学和评价机制，搭建现实社会、儿童生活和学校教育三者之间的桥梁。以核心素养为育人目标，不仅仅是对学校教育提出了超越学科知识和技能的育人要求，更是学校教育如何因应 21 世纪智能时代的挑战、促进社会进步和个人发展的必然诉求。它蕴含了一种以人为本的泛在课程理念：通过创设真实情境，搭建学校课程与现实世界的桥梁。借助于具有现实意义的任务或问题，实现学校学习与社会—文化实践的交融。在这样一种视角下，学习被视为一种社会性的文化浸润过程。学习者在教师指导下，通过合作解决复杂的现实任务或问题，模仿或参与现实世界中的各种社会—文化实践，逐渐形成或掌握人类在各（学科）领域积累的观念体系、文化工具和实践模式。在这一过程中，学习不是一个单纯的识记和理解他人知识的过程，而是一个不断生成问题和解决问题的过程，是一个持续探究和创造的过程，同时也是一个社会互动、协商和合作的过程。我国基础教育近年来倡导的项目式学习、问题式学习、主题式学习等，都是在这种理念下兴起的。

项目式学习源于杜威"做中学"（learn by doing）的思想，由杜威的学生克伯屈首次提出这一概念。项目不同于一般意义上的任务或问题，是为了创造特定的产品、服务或其他成果而进行的体系化工作。不管是开发一种产品，或者策划一次展览或活动，还是指向观念创新的科学探索，项目都需要系统集成多个要素，在有限时间或资源内实现特定的有限目标。作为一种新型的学习方式，项目式学习让学生直面现实世界中的真实情境、任务或挑战，体验在真实世界中专业共同体的社会生产和生活方式。项目式学习的价值不仅体现在它能够让学生可以动手实践，制作或完成一件作品，还可以通过良好的设计和引导，实现动手（体验与实践）、动脑（反思与探究）、动嘴或动笔（协商交流与合作）和动心（激发兴趣与创生意义）的有机融合。合理的项目主题让学生置身于真实的社会文化实践中体会学校教育的本义——学习和利用既有人类文化工具和资源来改善社会和发展自我，进而激发学生的意义感和社会责任。项目为学生提供了持续探究、实践和反思的机会，培养解决现实问题的能力。项目中各种中介或最终的作品（产品、活动策划书、科研报告等）外化了项目团队的心智努力和观念。作为团队成员关注、思考、协商和改进的焦点和载体，项目作品生成并维持了真正意义上的学习共同体，让学生体验和实践为了实现共享目标和价值标准所需的审议民主式的集体生产和生活方式，以及由此而孕育起来的集体认同和归属感。

多年之前，我有幸和赵勇校长在一次中小学教育教学研讨会上邂逅，并为赵校长对基础教育的炽热情怀和精辟理解所折服。自此之后，我和山东大学基础教育集团的各位老师一起，开启了素养导向下校本教育教学方式变革的探索历程。这其中，既有对素养导向教学案例设计的探索，也有对山大教育集团十二年一贯制的创新课程体系的研讨。多年来，我不仅深刻感受到赵校长和各位老师的工作热忱和辛勤付出，更见证了一大批老师在专业理解和实践能力上的快速成长和成熟。他们展现出来的学习热情和专业能力时时让人惊叹，也让我对我们国家素养导向课程改革的前景充满了信心。此处呈现给大家的项目式学习丛书，就是这一探索历程中的成果之一。围绕着项目主题选择、知识重构和大观念提炼、素养目标撰写、驱动问题链设计、项目活动与学习活动安排、项目式学习中的评价等关键议题，丛书中的每个项目案例都经历了持续的集体研讨和修改完善。衷心希望这套丛书能够为我国广大中小学教师正确把握课程改革理念、促进基于核心素养的学习方式变革提供资源和实践上的支持，为推进我国基础教育课程改革添砖加瓦。

杨向东

2022 年 9 月 29 日

导　言

〰〰〰〰〰〰〰〰

　　近日，教育部印发《义务教育课程方案和课程标准（2022年版）》，这是我国在义务教育阶段划时代的重大事件。如何将《义务教育课程方案和课程标准（2022年版）》转化为扎实有效的育人实践，亟需教育工作者深入研究并付诸行动。山东山大基础教育集团深入探索，在专家引领下，组织编写了《素养本位的项目式学习》丛书。本丛书通过确定素养表现、提炼学科观念、强化学科实践、完善学科评价等，进行国家课程的校本化实施，从而提升基础教育质量，着力培养担当民族复兴大任的时代新人。

　　"素养目标"是课程核心素养在本学科某一教学内容上的直观反映，承载着课程核心素养在这一单元或项目上的素养发展要求，因其具有整合性、高阶性和成长性，弥补了以往三维目标的不足。在项目式学习中，素养目标的引入成为推动课程核心素养落地的有效抓手。基于"素养目标"，教师团队还确立了"素养表现"指标。素养表现为教学过程提供评价指征，每一个素养表现都有对应的素养表现水平作为评价标准。我们特别注重动手操作、作品展示、口头汇报等多种方式的综合运用，关注学生的典型行为表现。

　　"学科大观念"是一门课程中少而重要、强而有力、可普遍迁移的"概念性理解"。它既包括能形成一门课程的逻辑体系的核心概念，又包括由核心概念之间的关系所形成的命题、原理或理论。教师团队围绕学科大观念的提炼做了大量的研究工作，参考埃里克森和兰宁的相关论述，我们明确了从知识、技能到概念、通则、原理、理论的建构路径。具体来说，教师首先需要明确教学中所需知识、技能背后的概念、通则、原理、理论，然后建立不同观念（概念、原理、理论）之间的层级和逻辑关系，并绘制出以学科大观念为核心的知识、技能结构图。

此外，教师团队以"学习方式的变革"为抓手，通过开展项目式学习，创设真实情境，整合生活逻辑和学科逻辑，构建起"以项目式学习为核心的深度学习体系"。具体而言，学生在学习中能将学科知识与真实生活情境联系起来，将生活情境转化为问题情境，提出可以持续探究的、有价值的"本质性问题"；针对"本质性问题"提出解决问题的方案并进行充分论证；教师要提供各类必要的资源、技术等"脚手架"，以帮助学生克服困难，迎接挑战。学生经过几周或几个月的探究，形成一套可触摸、可欣赏和研究的"产品"，即观念物化的人工作品，如物理模型、计算机模型、研究报告、录像、小电影、小戏剧、绘画、游戏、网站、计算机编程等，这些作品指向"本质性问题"的回答，可以公开展示、研究和讨论。学生在持续的项目学习中学会思维、学会学习、学会合作、学会做人，发展信息时代所需要的"核心素养"。

在课程评价上，我们倡导课程、教学、评价是三位一体的关系，不是从课程到教学、再到评价的线性关系。评价既是重要的课程开发过程，也是教学过程的有机构成。一切评价均需"嵌入"课程开发和教学过程之中，指向课程、教学和学生学习的持续改善，指向核心素养达成。设计学习评价体系时应整合学科逻辑与生活逻辑，以学业质量标准为依据，以学科实践为途径，以促进核心素养发展为目标，让学习评价贯穿上述三者整体、协同发展的全过程。

综上所述，本丛书致力于立德树人根本任务的落实和国家课程标准、统编教材的校本化实施，努力满足学生差异化学习和个性化学习的需要，让学生成为生活和学习的主人，实现为国家培养德智体美劳全面发展的社会主义建设者和接班人的目标。

赵　勇

2022 年 7 月 20 日

目　录

"亲人小传"—— 为自己的亲人写一部传记

语文教学指南

语文学习指南

Tell traditional Chinese stories 讲好中国故事、传播中国文化

英语教学指南

英语学习指南

模拟人大——为学校的发展建言献策

道德与法治教学指南

道德与法治学习指南

走进国家宝藏,探寻文明起源

历史教学指南

历史学习指南

绘制校园主题地图

地理教学指南

地理学习指南

素养本位的项目式学习 | 初中语文 |

"亲人小传"—— 为自己的亲人写一部传记

● 编写人员：王金锋　周　昊　王程晔

语 文
教学指南

一、项目概要

项目主题："亲人小传"——为自己的亲人写一部传记

项目性质：语文学科

学段及学科：初中八年级语文

学时安排：6 学时

项目简介：

在"亲人小传"项目中，学生要为自己的亲人写一部传记。在项目实施过程中，学生首先要选择并确定写作对象，通过多种渠道收集写作对象的成长经历，并对收集到的素材进行筛选、分类；接着，学生须立足于写作素材的实际进行写作构思，采用恰当的方式表情达意、完成传记。

本项目立足于学生现有的学习水平，通过让学生亲历传记创作的完整过程，理解传记作家的思维方式、方法，形成可迁移的大观念。

角色设定与描述：

本项目中，学生具有双重角色：一是作为传主的亲人；二是"传记作家"。传记作家通过直接（采访）或间接（搜集资料）的方式选取特定的素材，反映人物的品格特质。传记作家并非事无巨细地客观描述传主的事迹，而是在选取材料时带有主观色彩，选择具有代表性、典型的事件，抓住人物的主要特征进行创作。在某些细节上，传记作家会在忠于事实的基础上发挥想象，补充细节，使得人物形象更丰满立体，例如茨威格在《伟大的悲剧》中对人物形象的塑造即采用这种方法。在人物的事迹中，传记作家通常从平常的生活中挖掘能体现人物某种特质的细节，见微知著，以小见大，知人论世。整体而言，传记作家在选择材料时，既要尊重客观事实，又要带有主观倾向性，有选择，也有创造，同时会给出带有结论性的文字，具有理性的意味。

然而面对学生直接去讲什么是传记作家，传记作家怎么做事……很显然是没有用的，因此我们借助"亲人小传"这个项目作为载体，立足于学生现有的学习水平，通过让学生亲身经历项目整个过程，逐步理解传记作家的思维方式、方法，形成我们说的传记思维，可迁移的大观念。

二、相关课程内容分析

（一）分析相关知识、技能

1. 课标分析。

【课标内容】

主题与载体形式：敬老爱亲等中华传统美德。

内容组织与呈现方式：

任务群	实践活动	学习内容
基础型学习任务群	语言文字积累与梳理	在语言文字运用情境中，发现、感受和表现语言文字的魅力。欣赏优秀作品的语言表达技巧，初步探究语言文字的运用规律。
发展型学习任务群	实用性阅读与交流	阅读叙事性和说明性文本，发现、欣赏、表达和交流家庭生活、学校生活、社会生活和大自然的美好，热爱生活，感恩生活。
	文学阅读与创意表达	阅读表现人与社会、人与他人的古今优秀诗歌、散文、小说、戏剧等文学作品，学习欣赏、品味作品的语言、形象等，交流审美感受，体会作品的情感和思想内涵。

续表

任务群	实践活动	学习内容
拓展型学习任务群	跨学科学习	学习设计问卷、访谈、统计、分析，撰写并发布调查报告。

【课标分析】

课程标准中关于"中华优秀传统文化"的内容包括"敬老爱亲"。为亲人创作传记包含的情感因素具备"敬老爱亲"的内容。学生通过创作传记，表达敬老爱亲的情感。

在语言文字运用情境中，发现、感受和表现语言文字的魅力。学生为亲人创作传记即在真实的情境中运用语言文字。学生通过写作实践，调动知识经验，表现语言文字的魅力。

欣赏优秀作品的语言表达技巧，初步探究语言文字的运用规律。学生在创作传记的同时阅读欣赏优秀的传记作品。学生所阅读的经典传记作品既可以激发创作热情，也能从中发现与创作相关的语言表达技巧和语言文字的运用规律，并自觉运用到自己的创作中。

阅读叙事性和说明性文本，发现、欣赏、表达和交流家庭生活、学校生活、社会生活和大自然的美好，热爱生活，感恩生活。创作传记需要搜集素材，搜集素材的途径之一是与传主进行充分的沟通交流，内容主要是家庭生活、社会生活，在交流中获取写作素材。

阅读表现人与社会、人与他人的古今优秀诗歌、散文、小说、戏剧等文学作品，学习欣赏、品味作品的语言、形象等，交流审美感受，体会作品的情感和思想内涵。学生为了更好地完成传记作品，需要对优秀的传记类作品进行研读，欣赏、品味作品的语言和形象，体会情感和思想内涵，为自己的创作打开思路，挖掘意义。

学习设计问卷、访谈、统计、分析，撰写并发布调查报告。学生搜集传记创作的素材，需要设计问卷、进行访谈，并对所搜集到的信息进行分析、归类和筛选。

2.**教材分析**。

人教版教材

学科	年级	学期	单元	内容
语文	八年级	一	一、二	新闻活动探究、回忆性散文

八年级上册第一单元是"活动·探究"单元，由两部分组成：一部分是学生自主学习所需要的基本材料，包括课文、注释、旁批、补白和技巧点拨；另一部分是学生自主学习所要完成的任务，以及各项学习活动的要求。在"以新闻的方式学习新闻"的总体思路下，分别有新闻阅读、新闻采访、新闻写作三项任务。

八年级上册第二单元从内容主题看，都与"生活的记忆""重要的他人"有关——或追述自己人生道路上的难忘经历，或展现敬仰之人的品格和精神。单元目标强调：学生要了解回忆性散文、传记呈现的各式各样的人生经历；抓住回忆性散文和传记中内容真实、典型事件、注重细节等特点，掌握阅读方法；学习刻画人物的方法，尝试在自己的写作中借鉴运用。同时在教学指导中鼓励老师进行单元整合教学，并推荐了《〈呐喊〉自序》《自叙传略》《居里夫人传》《居里夫人自传》等阅读书目。

在本单元的写作部分，教学目标中明确提出：学生在阅读学习的基础上，自主总结传记的特点，并能够根据自己要记述的对象设计适宜的写作方式；能学会选择典型的事例来表现人物的个性特点，通过记言述行，展现人物的风貌；引导学生在真实的基础上合理发挥想象，适当描写，增强传记的生动性；通过学写传记，引导学生认识自我，认识他人，思考人生经历，提升人生境界。

"亲人小传"这一项目以核心素养为目标，立足于给自己的亲人作传这一真实的情境，以"项目"这种学习方式为载体，以学科的知识作为基础，整合了部编版语文教材八年级上册第一单元、第二单元的学习资源，同时在此基础之上进行了补充和完善，引导学生经历完整的项目过程，完成作品，落实素养。

3.**概况总结**。

分类	具体内容
知识	1.文体知识：传记及其特征。
	2.写作知识：表达方式、修辞方法、表现手法等。
技能	1.概括文意。
	2.鉴赏文本。
	3.观察。
	4.采访。
	5.筛选信息。
	6.写作构思。
	7.生动表达。

（二）提炼学科大观念

1.**分析并提炼项目所需知识技能背后的关键概念、原则或大观念，建立其层级和逻辑关系。**

【学科大观念】

传记作家选取人物的典型事件和特征，突出表现其精神品质。

关联概念：

● 一个人的意识形态、思维活动、行为和作风能体现出他的精神品质。

● 一个人成长过程中具有代表性的典型事件和特征有助于凸显他的精神品质。

● 合理的表述方式会让一个人的精神品质体现得更为明确、清晰。

不同观念（概念、原理、理论）之间的层级和逻辑关系。

| 大观念 | ⟹ | 传记作家选取人物的典型事件和特征突出表现其精神品质。 |

| 原理 | ⟹ | 1. 个人的意识形态、思维活动、行为和作风能体现出他的精神品质；
2. 一个人成长过程中具有代表性的典型事件和特征有助于凸显他的精神品质；
3. 合理的表述方式会让一个人的精神品质体现得更为明确、清晰。 |

| 概念 | ⟹ | 传记　典型事件　典型特征　精神品质　表达方式　修辞手法　散文　采访　新闻 |

| 主题 | ⟹ | 完成一部亲人传记作品 |

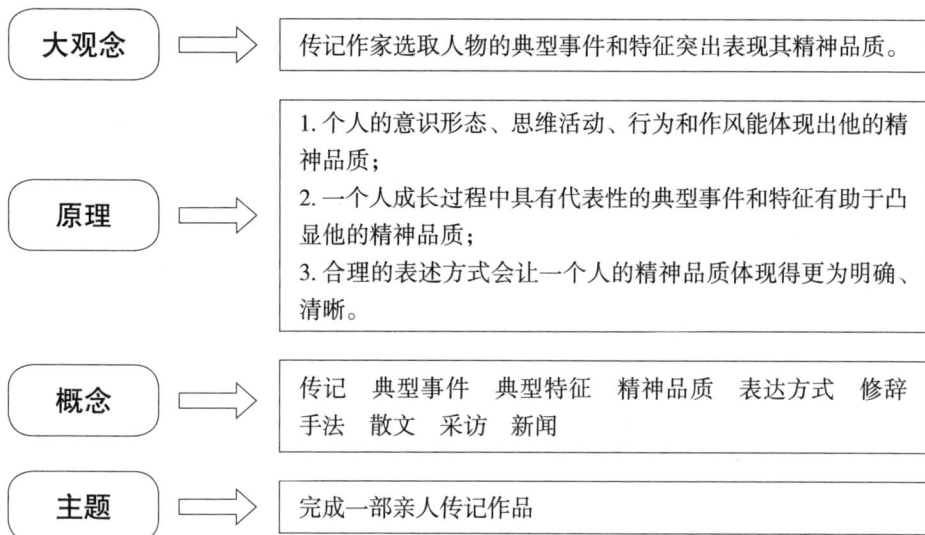

图 1　大观念提炼路径图

2. 提炼项目所需知识技能背后的关键概念、原理、定理、推论或理论。

一个人的成长经历是丰富多彩且存在个性化色彩的，支撑他行为表现背后的是他的意识形态、思维活动。反之，一个人习惯性的行为表现和一贯的做事风格也最能代表他形成的精神品质，二者相辅相成。基于此，提炼出关联概念：一个人的意识形态、思维活动、行为和作风能体现出他的精神品质。

人和人的成长避免不了相似性，要写出一个人的特征，需抓住该人物的典型特征来做出区别。比如写鲁迅，最主要的是抓住他的胡须根根笔立，横如橡，硬如铁，像隶体的"一"字；写列夫·托尔斯泰，要抓住他的眼睛，一对灰黑色的眼睛射出一道黑豹似的光等。当然一个人的成长过程中存在一些影响他的重要的人物或者重要的事件，给其成长的过程写下了浓墨重彩的一笔。基于此，提炼出关联概念：一个人成长过程中具有代表性的典型事件和特征有助于凸显他的精神品质。

在语文听说读写能力的基础上，学生要根据自己的表达诉求选取合适的表述方式进行人物的描写、情感的传递。基于此，提炼出关联概念：合理的表述方式会让一个人的精神品质体现得更为明确、清晰。

3. 建立不同观念（概念、原理、理论）之间的层级和逻辑关系。

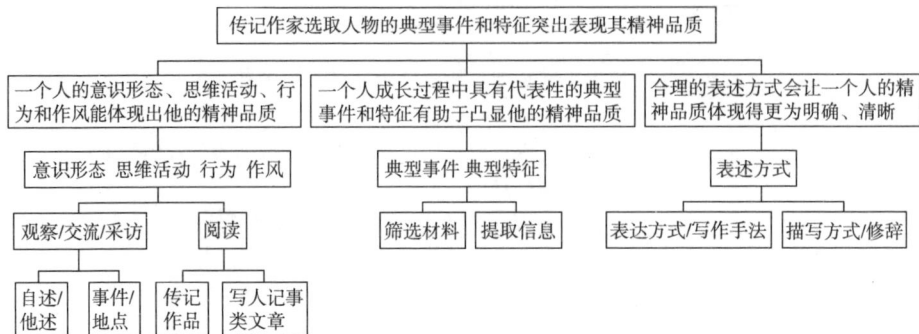

图2 层级、逻辑关系图

4. 项目所指向的学科大观念的具体内涵。

传记作家通过直接（采访）或间接（搜集资料）的方式选取特定的素材，反映人物的品格特质。传记作家并非事无巨细地客观描述传主的事迹，而是在选取材料时带有主观色彩，选择具有代表性的、典型的事件，抓住人物的主要特征进行创作。在某些细节上，传记作家会在忠于事实的基础上发挥想象，补充细节，使得人物形象更丰满立体。整体而言，传记作家在选择材料时，既要尊重客观事实，又带有主观倾向性，有选择，也有创造，同时会给出带有结论性的文字，具有理性的意味。

（三）绘制以大观念为核心的知识、技能结构图

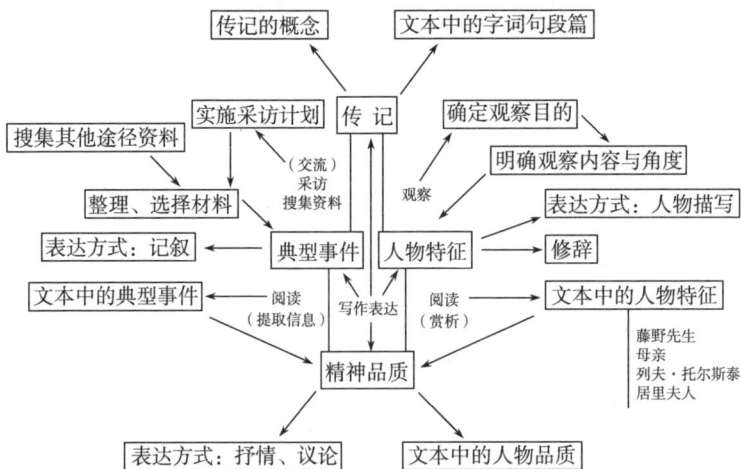

图3 以大观念为核心的知识、技能结构图

三、素养目标

1. 学生鉴赏文本，能够抓住细节阐释文本材料与文章中心或主题的关系。（语言运用）

2. 能够根据创作的需要，设计完整的调查采访程序，顺利完成信息采集任务，获取并有效地筛选出所需要的信息。（语言运用，思维能力）

3. 学生能够选择典型的材料，运用恰当的表现手法，创作出主题和中心明确的作品。（审美创造）

四、项目设计整体构思

学生将通过阅读传记类文学作品，学习、积累相关的文学知识；通过采访、实地考查等方式搜集写作素材；灵活运用学过的传记写作知识，整理素材，最终完成一本亲人传记的创作。

学生的项目实施流程是：1. 入项；2. 知识与能力建构；3. 探索与形成成果；4. 评论与修订；5. 公开成果；6. 总结与反思。

在实施过程中，教师组织学生在课堂上进行研讨、辩论、汇报等活动，对项目进行持续地探究。

项目的成果是完整的"一本书"。学生将在学校组织的 14 岁生日庆典上将这部作品赠送给亲人，以表达自己对对方的爱戴、尊重。学校组织相应的展览或评比，公开展示作品。这些活动都是评价的一部分，学生的作品将不仅仅被老师看到，还会被同学、亲人看到，并得到相应的评价。

（一）项目构思

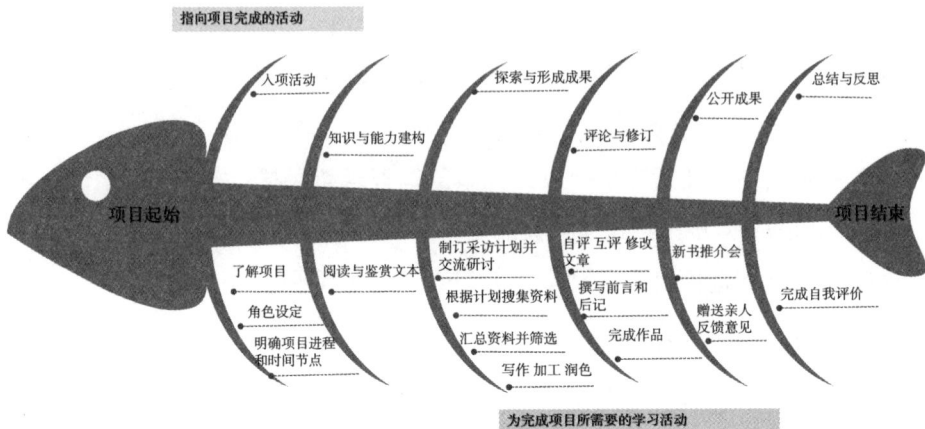

图 4　项目构思鱼骨图

（二）项目任务、问题或活动进程

进程	项目要求或任务	驱动问题及问题链	学习或探究活动
入项活动	1.了解项目。 2.角色设定。 3.明确项目的进程与时间节点。	1.写一部传记，首先应该做什么？ 2.为了完成作品，要做哪些准备工作？ 3.回忆你读过的传记或回忆性散文，都有哪些特征？ 4.怎样才能更全面地搜集素材？ 5.从哪些方面能看出一个人的精神品质？ 6.哪些素材最能凸显一个人的精神品质？ 7.采用什么样的表述方式最能体现传主的精神品质？ 8.在阅读的传记里面都有哪些人物形象？这些人物形象都有哪些特点？这些特点都是怎么表现出来的？ 9.我可以从其他同学那里学到哪些经验？ 10.你有哪些困惑？	讨论

续表

进程	项目要求或任务	驱动问题及问题链	学习或探究活动
知识与能力建构	阅读与鉴赏文本。	一个人的精神品质是怎样表现出来的?	阅读 鉴赏
探索与形成成果	1.制订采访计划并交流讨论。 2.根据计划搜集资料。 3.汇总所有资料并筛选。 4.写作并润色加工。	1.如何搜集素材? 2.所搜集到的资料中,有哪些是必须使用的,哪些可以删去,为什么?我最终要表现传主的什么品质?	采访 梳理 讨论 写作 修改
评论与修订	1.根据评价量规自评互评,记录他人的观点和建议,修改自己的文章。 2.撰写前言和后记。 3.完成作品。	1.从其他同学的作品中,你学到了什么? 2.你觉得哪些地方不满意、还需要修改? 3.修改过程中,你需要什么帮助? 4.你认为一本书的前言和后记的作用是什么?	评论 写作 设计
公开成果	1.作品推介会。 2.赠送给亲人,并反馈阅读意见。	1.你打算如何推介你的作品? 2.你收到了哪些读者的反馈?有何感想?	展示
总结与反思	完成自我评价。	1.请根据你写传记的体验回答:传记作家是如何选取人物的典型事件和特征突出表现其精神品质的? 2.你从这个项目中学到了什么知识和技能? 3.在项目中,你遇到的困难有哪些?你是如何克服的? 4.今后你打算继续做哪些与本项目相关的事情?	反思 总结

五、项目流程

（一）项目准备

教师为项目的顺利实施做好准备。

1.明确项目进程，制订计划，确定每节课的具体时间。

2.召开家长会，向家长介绍项目的基本过程，邀请家长积极参与学生的采访，以便学生可以搜集到足够多的资料。

3.进行学情调研，了解学生要完成本项目已经具备了哪些知识技能，还需要学习哪些知识技能。

4.如有条件，可以向学生展示一些完成了的项目作品。

（二）项目启动

1.出示导语，明确项目任务。

每个人都会珍爱自己，每个人每天都在看，在听，在感知，尤其是在还幼小、还年少的时候，那些你听到看到的都会成为你的一部分。朝夕相处的亲人跟你在一起的时间越长，相处越亲密，他们对你的影响就越大越持久，或许可以这样说，是他们塑造了你。

他们当中，是谁将你带到这个世界上？是谁用生命在关怀着你的成长？是谁用言语行动在影响着你的人生轨迹？

你是否问过自己：你对如此重要的人了解多少？爱他，就去更多地了解他吧！

请你在这个明亮的季节，走近跟他相处的时光里，知道得更多些，再多些——童年趣味盎然的小事，少年时候成长的经历，恋爱的甜美，后来你降生，直至你长大……

请为你的一位亲人写一部传记。

2.角色设定。

现在，你的角色既是传主的亲人，又是"传记作家"。传记作家通过直接（采访）或间接（搜集资料）的方式选取特定的素材，反映人物的品格特质。传记作家并非事无巨细地客观描述传主的事迹，而是在选取材料时带有主观色彩，选择具有代表性的、典型的事件，抓住人物的主要特征进行创作。在某些细节上，传记作家会在忠于事实的基础上发挥想象，补充细节，使得人物形象更丰满立体，例如茨威格在《伟大的悲剧》中对人物形象的塑造即采用这种方法。在人物的事迹中，传记作家通常从平常的生活中挖掘能体现人物某种特质的细节，见微知著，以小见大，知人论世。整体而言，传记作家在选择材料时，既要尊重客观事实，又带有主观倾向性，有选择，也有创造，同时会给出带有结论性的文字，具有理性的意味。

3. 提出驱动性问题并头脑风暴。

驱动性问题：你怎么做才能选取亲人的典型事件和特征来突出表现其精神品质呢？

学生头脑风暴，教师搜集学生的观点，板书展示。

引导性问题（适时提出）：

（1）写一部传记，首先应该做什么？

（2）为了完成作品，要做哪些准备工作？

（3）回忆你读过的传记或回忆性散文，都有哪些特征？

（4）怎样才能更全面地搜集素材？

（5）从哪些方面能看出一个人的精神品质？

（6）哪些素材最能凸显一个人的精神品质？

（7）采用什么样的表述方式最能体现传主的精神品质？

（8）在阅读的传记里面都有哪些人物形象，这些人物形象都有哪些特点，这些特点都是怎么表现出来的？

（9）我可以从其他同学那里学到哪些经验？

（10）还有哪些困惑？

4. 明确项目进程与时间节点。

（1）学生带着驱动性问题阅读《藤野先生》《回忆我的母亲》《列夫·托尔斯泰》《美丽的颜色》四篇文章，教师组织学生进行分享、讨论，在学生汇报的过程中引导学生回到驱动性的问题上来，引导学生沿着驱动性的问题进行思考；

（2）选择性阅读拓展文本和《红星照耀中国》《人类的群星闪耀时》两本书的全文；

（3）制订采访计划并采访亲人，完成资料的搜集和筛选工作；

（4）每周完成一篇不少于800字的传记内容，总计不少于6篇；

（5）最后撰写前言和后记；

（6）在14岁生日庆典前完成修订、润色、排版、装订等。

（三）知识与能力建构

阅读与鉴赏文本。

学生根据驱动性的问题进行阅读，在对文本的阅读、获取、梳理、整合、辨识、归纳的基础上，通过课堂的分享、讨论聚焦到本项目的关联概念；教师引导学生沿着驱动性的问题去思考问题，逐渐建构知识体系，形成大观念。

驱动性问题：一个人的精神品质是怎样表现出来的？

相关概念：

（1）一个人的意识形态、思维活动、行为和作风能体现出他的精神品质；

（2）一个人成长过程中具有代表性的典型事件和特征有助于凸显他的精神品质；

（3）合理的表述方式会让一个人的精神品质体现得更为明确、清晰。

根据引导性问题阅读下面四篇文章。

●《藤野先生》

（1）文章的线索是什么？

（2）作者从哪些方面表现藤野先生的精神品质？

（3）作者如何表现出藤野先生的精神品质？

（4）作者采用什么样的表述方式使他的精神品质表现得清晰、明白？

●《回忆我的母亲》

（1）文章的线索是什么？

（2）作者是从哪些层面来写母亲的？

（3）文章在平实的叙述中穿插着议论和抒情，请找出文中议论和抒情的句子，并说说它们的作用。

● 《列夫·托尔斯泰》

（1）作者在课文前半部分极力描写托尔斯泰平庸甚至丑陋的外表，但从全文看，读者仍能感到这位大文豪的不凡之处。这是为什么？前半部分的描写对塑造人物形象有什么作用？

（2）如何理解作者描写、评论托尔斯泰眼睛的关键语句？

● 《美丽的颜色》

（1）文中反复提到"极大的快乐""艰苦而且微妙的快乐""最美好而且最快乐"等，对于居里夫妇，为什么这段经历是"艰苦"而又"快乐"的？

（2）作者是居里夫人的小女儿，她写居里夫人，既是写一位伟大的科学家，也是写自己的母亲。这就使得文章的字里行间除了蕴含着崇拜、敬仰的感情外，也能令人感受到一份浓浓的爱意和柔情。这种情感可以从哪些地方读出来？

（3）文中有不少意味深长的语句，对于展现人物形象、表现人物精神品格，具有重要作用。如何理解其中一些具有代表性的句子？

● 拓展阅读

《芭蕉花》《慈母情深》《父亲的树》《外婆的手纹》《期待父亲的笑》《寻梦》《母亲的书》《我和弟弟差十岁》《祖父和我》《冰糖芋泥》等。

（四）探索与形成成果

1. **制订采访计划并交流讨论。**

课堂讨论引导性问题：如何搜集素材？（一个人的意识形态、思维活动、行为和作风能体现出他的精神品质。）

教师引导学生进行充分的讨论，尽可能多地挖掘收集素材的方式、内容。学生搜集素材的方式包括但不限于：

（1）跟亲人谈论"那些过去的事情"。采访并记录，做好"采访手记"。

（2）采访跟他们关系密切的人，比如爷爷奶奶，比如他们最好的朋友。

（3）如果可以走访他们曾经生活过的地方：他的家乡，他的小学堂。

（4）搜集亲人的图片资料，将来做的一本书可以因这些资料变得图文并茂。

2. 根据计划搜集资料。

学生按照完善后的计划开始搜集、整理素材。教师在这个环节要提供足够的支架，帮助学生顺利地收集足够多的素材，例如下面的一段文字：

要使传记真实可信，首先必须全面搜集、占有丰富翔实的资料，使传记所反映的人物生平事迹准确无误、完整无缺。

还有，采访时要注意找到适当时间，因为有很多问题要问，而且不只是一两次就可以了，每次采访完之后都要把采访到的资料整理到纸上，以方便利用。采访之前最好先练一下写字速度，如果条件允许，访谈时可用录音设备录音。还有，每次采访完之后要归纳总结出还有什么地方没有问，还有什么方面需要问。

除上面的支架之外，教师还要指导学生如何列采访提纲，如何记录、整理这些采访后的材料，而不是全部罗列在文章中。这需要一个思考、加工、取舍的过程。可以给学生提供一个具体的例子，提高他们的感性认识。

即使是这样，学生依然可能在搜集素材的过程中遇到困难，这时候就需要课堂研讨，进一步讨论如何解决问题，必要时教师需要对学生进行个性化的指导。

3. 汇总所有资料并筛选。

课堂讨论引导性问题：所搜集到的资料中，哪些是必须使用的？哪些是可以删去的？为什么？我最终要表现传主的什么品质？（一个人成长过程中具有代表性的典型事件和特征有助于凸显他的精神品质。）

在这个环节，教师需要提醒学生，搜集来的资料可能并不都适合放在传记里，要有所取舍。

4.**写作并润色加工（每周一篇）。**

课堂讨论引导性问题：合理的表述会让一个人的精神品质体现得更为明确、清晰。那么什么样的表述方式才合理呢？

学生需要较长的一段时间撰写文章。教师要有充足的耐心，给学生足够的鼓励。并不是所有八年级的学生都有持久写作的信心和能力，这时候教师必须随时关注，管理好过程，适时地鼓励学生坚持写作，必要的时候穿插写作心得的交流会。

（五）评论与修订

1.**根据评价量规自评互评，记录他人的观点和建议，修改自己的文章。**

自评互评活动穿插于写作过程中，以调节写作的节奏，活跃氛围，互相激发学生写作的灵感。教师在此过程中需要提醒学生对自己制订的评价量规进行评价和修改，同时关注学生的进度。写得快、细节丰富的学生可以介绍自己的写作经验，传授写作方法；写得慢的学生，则需要教师更贴心的关注、更细致的指导。

2.**撰写前言和后记。**

初稿形成后，学生可以自己写序言，也可以将书稿分享给其他亲人、朋友或老师，让他们写一段序言。学生在回顾整本传记的基础上，写好后记，对整个创作过程进行总结，要在其中阐述整本传记的思路、意图，也可以介绍创作过程遇到的困难和感悟，还要回答项目初期的驱动性问题。需要站在审视全书的角度撰写，同时需要精心的构思与完整的结构。可采用以下引导性问题帮助学生打开思路：

（1）这部作品是怎样一步步完成的？

（2）为什么选择他作为传主？对你来说有什么意义和价值？

（3）最终的作品，最让你骄傲与满意的地方是什么？

3.**完成作品。**

这个环节学生完成作品的润色、插图、校对、排版、打印装订等。对文字进行润色加工，做到精益求精，然后将相关的图片插入文中，并仔细排版。

这个环节如果有必要，教师也要交给学生如何进行排版的知识，教师也可以仅仅抛出驱动问题，学生通过网络自主学习排版知识。还可以给学生提供几个例子，例如书籍的排版设计或杂志的排版设计。排版结束后，学生需要对作品进行校对，可以独立校对，也可以小组合作互换校对。校对完成后，就可以打印并装订了。

（六）公开成果

1.**新书推介会**。

新书发布会可以设计成一次汇报展示，学生可以设计一系列活动宣传自己的作品，例如设计宣传海报，设计广告语，设计封面、腰封等。

2.**赠送给亲人，并反馈阅读意见。**

可以以学校的一些活动为契机，作为礼物送给亲人，例如母亲节、14岁生日庆典等。

（七）总结与反思

1.**完成自我评价**。

项目完成后，还需要引导学生对整个项目进行总结，重点反思自己在项目学习中的收获，包括知识、能力、情感态度等。学生互相分享传记的前言或后记，加深对学科大观念的理解。

促进反思的驱动性问题：

（1）请根据你写传记的体验回答：传记作家如何选取人物的典型事件和特征突出表现其精神品质？

（2）你从这个项目中学到了什么知识和技能？

（3）在项目中，你遇到的困难有哪些？是如何克服的？

（4）今后你打算继续做哪些与本项目相关的事情？

六、教学示例

项目启动

活动名称	预设课堂双边活动		教学建议与资源支持
	学生活动	教师活动	
跟着课文学习选取典型事件	问题研讨：根据自己的写作，思考如何写好一个人。	聚焦学生文稿中的典型片段，思考在人物出场、事件选取上如何写好一个人物。	引导学生发散思维，同时举出具体例子
	学习借鉴鲁迅的《藤野先生》和魏巍的《我的老师》，看看他们是怎样写自己的老师和母亲的。	提供语段和引导性问题。	
	细读《藤野先生》这一文本，分析作者写作重要人物时选取典型事件的方法。	藤野先生是鲁迅弃医从文之路上的重要影响人物，两人如此深厚的情谊，如此强烈的感情，到底要通过什么事件来承载呢？作者在叙述的过程中，回忆了自己与藤野先生之间交往的诸多典型事件（改讲义、纠正解剖图、关心解剖实习、了解女人裹脚）。	课文语段

续表

活动名称	预设课堂双边活动		教学建议与资源支持
	学生活动	教师活动	
跟着课文学习选取典型事件	示例1： 其时进来的是一个黑瘦的先生，八字须，戴着眼镜，挟着一叠大大小小的书。一将书放在讲台上，便用了缓慢而很有顿挫的声调，向学生介绍自己道："我就是叫作藤野严九郎的……"。 示例2： "我的讲义你能抄下来吗？""从头到末，都用红笔添改过了"——老师的敬业，老师给予我关怀。 "你看，你将这条血管移了一点位置了"——老师的严谨，老师教会我严谨。 "所以很担心，怕你不肯解剖尸体"——老师的尊重，像朋友一样的关心。 "总要看一看才知道。究竟是怎么一回事呢？"——老师的求实，向学生求知。 【学习活动】点评上面的语段，说说你学到了什么。	教师点拨后总结：鲁迅先生说"他的性格，在我的眼里和心里是伟大的"，正因为此，文中所选取的正是能够体现人物形象的典型事例。	

续表

活动名称	预设课堂双边活动		教学建议与资源支持
	学生活动	教师活动	
跟着课文学习选取典型事件	示例 3： 有一件小事，我不知道还值不值得提它，但回想起来，在那时却占据过我的心灵。我父亲那时候在军阀部队里，好几年没有回来，我和母亲非常牵挂他，不知道他的死活。我的母亲常常站在一张褪了色的神像前面焚起香来，把两个象征记号的字条卷着埋在香炉里，然后磕了头，抽出一个来卜问吉凶。我虽不像母亲那样，也略略懂了些事。可是，在孩子群中，我的那些小"反对派"们，常常在我的耳边猛喊："哎哟哟，你爹回不来了哟，他吃了炮子儿！"那时的我，真好像死了父亲似的那么悲伤。这时候蔡老师安慰了我，批评了我的"反对派"们，还写了一封信鼓励我，说我是"心清如水的学生"。一个老师排除孩子世界里的一件小小的纠纷，是多么平常，可是回想起来，那时候我却觉得是给了我莫大的支持！在一个孩子的眼里，他的老师是多么慈爱，多么公平，多么伟大啊。 ——魏巍《我的老师》 【学习活动】点评上面的语段，说说你学到了什么。	教师引导学生发现选材的典型性及其与人物品格的关联。	从学生对文中老师的直观感受入手，再理性分析具体使用的事例特点及其典型性

七、项目评价

项目化学习要求对学生完成项目的过程进行规范、全面的评价，因此，项目化学习的评价应涉及项目实施的全部过程即实施全程评价，既包括对最终公开成果的评价，又包括对学生探究的整个过程进行评价。

（一）对探究过程的评价

探究性实践评价量规

探究性实践评价量规着重对学生的探究能力这一维度进行多角度评价，比如对学生制订和实施方案，收集、分析和解释数据等方面情况进行评价。我们将探究性实践评价中的每个评价维度进行细分，以便在落实时更清晰、更明确。

探究性实践评价维度表

探究性实践评价维度	提出和发现问题	提出自己想要知道的问题；发现自己所要解决的问题。
	产生假设	根据已有的知识来对结果进行假设与推理。
	实施运行	实施方案；运用语文相关技能。
	观察	运用所有的感官来关注相关细节。
	记录	获取信息；记录信息；选取信息；分析信息。
	制订计划	设计方案；列出提纲；考虑可行性。
	修改调整	修改与完善；接近达到目标；根据实践调整策略和方法；审视自己的学习状况和习惯；不断完善接近目标。
	展示交流	用表格、图画或多媒体方式来交流分享，展示作品；给别人介绍作品；用探究过程中收集的证据有力地表达自己的见解。

（二）对公开成果的评价

成果的展示包含两个层次内容：一是对作品本身的展示；第二是对学生完成项目过程中对大观念逐渐理解的学习经历的复盘、总结和反思等方面的梳理、展示。

亲人小传项目学习总结

班级：　　　　　姓名：

1. 最终的作品，最让你骄傲与满意的是什么？

2. 你从这个项目中学到了什么知识？

3. 你从这个项目中学到了什么技能？

4. 在项目中，你遇到的困难有哪些？是如何克服的？

5. 今后你还会继续了解哪些与项目相关的知识？

6. 今后你打算继续做哪些与本项目相关的事情？

7. 其他想说的话：

语文
学习指南

一、你知道为何要开展这个项目吗?

每个人都会珍爱自己,每个人每天都在看、听,在感知。尤其是在还幼小还年少的时候,那些你听到、看到的都会成为你的一部分。朝夕相处的亲人跟你在一起的时间越长,相处越亲密,他们对你的影响就越大越持久,或许可以这样说,是他们塑造了你。

你是否问过自己:你对如此重要的人了解多少?

请你在这个明亮的季节,走近跟他相处的时光,知道得更多些、再多些——童年趣味盎然的小事,少年成长的经历,恋爱的甜美,后来你降生,以至你长大……

现在,你的角色既是传主的亲人,又是"传记作家"。传记作家通过直接(采访)或间接(搜集资料)的方式选取特定的素材,反映人物的品格特质。需要注意的是传记作家并非事无巨细地客观描述传主的事迹,而是在选取材料时带有主观色彩,选择具有代表性的、典型的事件,抓住人物的主要特征进行创作。在某些细节上,传记作家会在忠于事实的基础上发挥想象,补充细节,使得人物形象更丰满立体,例如茨威格在《伟大的悲剧》中对人物形象的塑造即采用这种方法。在人物的事迹中,传记作家通常从平常的生活中挖掘能体现人物某种特质的细节，见微知著，以小见大，知人论世。整体而言，传记作家在选择材料时，既要尊重客观事实，又带有主观倾向性，有选择，也有创造，同时会给出带有结论性的文字，具有理性的意味。

二、你需要呈现哪些作品？

请为你的一位亲人写一部传记。

三、你需要怎样开展项目？

（一）入项活动

［活动一］请你先尝试回答以下问题，与同学们共同交流。

（1）写一部传记，应该首先做什么？

（2）为了完成作品，要做哪些准备工作？

［活动二］明确项目进程。

下面是完成本项目过程中你要做的事情。注意，可能有几个任务是同时进行的。请你根据自己的实际情况做好规划。

（1）阅读《藤野先生》《回忆我的母亲》《列夫·托尔斯泰》《美丽的颜色》四篇文章，跟着课本学写传记。

（2）选择性阅读拓展文本和整本书《红星照耀中国》《人类的群星闪耀时》。

（3）制订采访计划并采访亲人，完成资料的搜集和筛选工作。

（4）每周完成一篇不少于800字的传记内容，总计不少于6篇。

（5）最后撰写前言和后记。

（6）在14岁生日庆典前完成修订、润色、排版、装订等。

（二）知识与能力建构

［活动一］带着问题阅读课内文本。

首先，请你尝试回答：一个人的精神品质是怎样表现出来的？

接着，带着问题阅读下面四篇课内文章。

●《藤野先生》

（1）文章的线索是什么？

（2）作者从哪些方面表现藤野先生的精神品质？

（3）作者如何表现出藤野先生的精神品质？

（4）作者采用什么样的表述方式使他的精神品质表现得清晰、明白？

●《回忆我的母亲》

（1）文章的线索是什么？

（2）作者是从哪些层面来写母亲的？

（3）文章在平实的叙述中穿插着议论和抒情，请找出文中议论和抒情的句子，并说说它们的作用。

●《列夫·托尔斯泰》

（1）作者在课文前半部分极力描写托尔斯泰平庸甚至丑陋的外表，但从全文看，读者仍能感到这位大文豪的不凡之处。这是为什么？前半部分的描写对塑造人物形象有什么作用？

（2）如何理解作者描写、评论托尔斯泰眼睛的关键语句？

●《美丽的颜色》

（1）文中反复提到"极大的快乐""艰苦而且微妙的快乐""最美好而且最快乐"等，对于居里夫妇，为什么这段经历是"艰苦"而又"快乐"的？

（2）作者是居里夫人的小女儿，她写居里夫人，既是写一位伟大的科学家，也是写自己的母亲。这就使得文章的字里行间除了蕴含着崇拜、敬仰的感情外，也能令人感受到一份浓浓的爱意和柔情。这种情感可以从哪些地方读出来？

（3）文中有不少意味深长的语句，对于展现人物形象、表现人物精神品格，具有重要作用。如何理解其中一些具有代表性的句子？

［活动二］拓展阅读。

阅读下面一组"亲人"主题的文章，总结写人记事的切入点；每篇文章找出至少3句富有表现力的描写句或者点睛句，分析鉴赏其好处；说出每篇文章在选材、构思、情感等方面的至少3处异同点。

同时针对提供的 10 个阅读文本，尝试按照不同的标准予以分组。

文章目录：

《芭蕉花》《慈母情深》《父亲的树》《外婆的手纹》《期待父亲的笑》《寻梦》《母亲的书》《我和弟弟差十岁》《祖父和我》《冰糖芋泥》

此外，还建议你阅读《红星照耀中国》《人类的群星闪耀时》两本书，可以让你对传记有更深刻的理解。

（三）探索与形成成果

［活动一］制订采访计划。

请思考并交流：如何搜集素材？在讨论的基础上，列出你的采访计划。

［活动二］根据计划搜集资料

现在，到了行动的时候了。你有了完备的计划，下一步就是按照计划搜集素材了。下面这段材料可以帮助你。

> 要使传记真实可信，首先必须全面搜集、占有丰富翔实的资料，使传记所反映的人物生平事迹准确无误、完整无缺。
>
> 还有，采访时要注意找到适当时间，因为有很多问题要问，而且不只是一两次就可以了，每次采访完之后都要把采访到的资料整理到纸上，以方便利用。采访之前最好先练一下写字速度，如果条件允许，访谈时可用录音设备录音。还有，每次采访完之后要归纳总结出还有什么地方没有问，还有什么方面需要问。

在搜集素材的过程中，你也许会遇到困难。没关系，将你的困难告诉老师或同学，大家共同讨论解决。

［活动三］汇总所有资料并筛选。

现在，你已经搜集了不少素材了。老师必须提醒你，搜集来的资料可能并不都适合放在传记里，要有所取舍。请你考虑：所搜集到的资料中，有哪些是必须使用的，哪些可以删去，为什么？作品最终要表现传主的什么品质？

［活动四］写作并润色加工。（每周一篇）

素材筛选完毕，恭喜你又向前迈进了一步！接下来是更为关键的部分了——你要开始写作。要求是每周写一篇，每篇不少于 800 字。持久写作需要耐心，更需要信心，给自己加把劲！同样，你也需要来自同伴的鼓励，那就组织一场写作心得交流会吧！

你一定知道，字数太少是无法充分展现人物形象的。相信你掌握了足够的素材，写出来更是不在话下。如果你愿意每周多写几篇，那就更棒了！不过，写作的时候，你脑子里还要一直思考这样的问题：既然合理的表述方式会让一个人的精神品质体现得更为明确、清晰。那么什么样的表述方式才合理呢？

（四）评论与修订

［活动一］自评与互评。

请根据自己对优秀传记的理解，设计一个评价表，评价表中要有具体内容和等级。这个评价表像一把尺子，请你用它来评价一下自己的作品，也可以评价其他同学的作品。

请把自己的作品给其他同学读一读，听取他人的建议，在此基础上修改自己的作品。"不识庐山真面目，只缘身在此山中"，别人的建议会给你带来新的视角。

［活动二］撰写前言与后记。

你注意到了吗？一般的书都有前言和后记，想一想，前言和后记有什么作用？

你写的也是一本书，当然也少不了前言和后记。那么该怎么写呢？你可以尝试把下面几个问题的答案写在里面：

（1）这部作品是怎样一步步完成的？

（2）为什么选择他作为传主？对你来说有什么意义和价值？

（3）最终的作品，最让你骄傲与满意的是什么？

除了自己写，你还可以将书稿分享给其他亲人、朋友或老师，让他们给你写一段序言。

［活动三］完成作品。

写完了内容，并不是真正的完成，你还需要完成作品的润色、插图、校对、排版、打印装订等工作。对文字进行润色加工，做到精益求精，然后将相关的图片插入文中，并仔细排版。你可以通过网络自主学习排版知识，到书店去看看书籍、杂志的排版设计。排版结束后，还需要对作品进行校对，可以独立校对，也可以小组合作互换校对。校对完成后，就可以打印并装订了。看到最终完成的作品，你一定成就感十足！

（五）公开成果

［活动一］新书推介会。

像作家一样推销自己的作品吧！你可以设计一系列活动宣传自己的书，例如设计宣传海报，设计广告语，设计封面、书腰等。

［活动二］赠送给亲人，并反馈阅读意见。

可以以节日或学校的一些活动（母亲节、14岁生日庆典等）为契机，把你的书作为礼物送给亲人，并问问对方阅读后的感受是什么。

（六）总结与反思

回顾整个项目的实施过程，你需要进行总结和反思——你会从哪些方面进行总结归纳，请列出来并结合项目中自己的具体行为进行阐述。

四、你可以获得哪些资源？

（一）文本材料

1.《芭蕉花》作者：郭沫若

2.《慈母情深》作者：梁晓声

3.《父亲的树》作者：阎连科

4.《外婆的手纹》作者：李汉荣

5.《期待父亲的笑》作者：林清玄

6.《寻梦》作者：季羡林

7.《母亲的书》作者：琦君

8.《我和弟弟差十岁》作者：孟宇

9.《祖父和我》作者：萧红

10.《冰糖芋泥》作者：林清玄

11.《红星照耀中国》作者：〔美国〕埃德加·斯诺

12.《人类的群星闪耀时》作者：〔奥地利〕斯蒂芬·茨威格

（二）采访示例

1. 母亲访谈录。

感动是年终岁末一段温暖的话题，也是新春伊始一股蓬勃的力量。用第一抹光线的纯净，为世界画一双眼睛；用第一朵花开的声音，为世界唱一首歌曲；用所有春天的消息，为你写下传奇。

我要采访的人是平平凡凡的。她也许在其他人眼中什么也不值得写，没有任何的成就，在她这近四十年的人生之中一直都是他人眼中的弱者，人人都因为她的贫穷而看不起她，都欺负她，处处占她的便宜，什么都让她吃亏。但是她却柔中带刚，一面是女性的温柔细腻，一面是不乏男性的威严与大气。因此每每她有什么动作，如：找到了一份新的临时工，那些人便开始妒忌，并且到处宣扬（当然是带有不屑和气愤地污蔑），她——就是我的母亲。

但是，母亲虽然会生气，可却不会斤斤计较，为人也是很开朗乐观的，不仅如此，她还是很不记仇和大度的人，不过这还是不久前才这样的……

人物简介：

×××，女，汉族，×年×月×日生于×××农家医疗所中，有兄弟姐妹共四人，她是其中最小的一个。我的祖父是村长（那时叫书记），每月有固定的收入，祖母是典型的农村妇女，勤劳踏实，勤俭持家，读书不多的她却持家有方，用祖父微薄的工资硬是养活了一家六口人，而且还略有结余，生活过得算好的。我的母亲由于最小，因此最得祖母的疼爱，所以生活在这样一个家庭里，过得还算好。但小小年纪的她（大约5岁）就已经帮着其他兄妹和父母做家务了。之后就一天不闲着，除了上学以外，她和哥哥姐姐们都要忙着去公社帮忙，还要砍柴、挑水、割猪草，不仅每天要做这些，还要上山下田里去侍弄庄稼，犁地、挑水和浇水、上粪、除草等等一系列的活儿在等着她。但是我母亲虽然忙碌，却也没有忘记学习，她自己说脑子笨学不懂数学，当时也没太在意，但是语文却是她的强项，只有初中文化程度的她虽说识字不多，但作文还得到过学校的表扬。母亲是 19 岁通过相亲嫁给父亲的，于是他们为了谋求更好的生活便来到×××，从此扎根，就没有离开过。

在那期间，大约××—××年之间，是我们家最为不幸的几年，我的父母先后都生了大病，先是我的父亲查出患有绝症，无法治愈，后来母亲因为多年里的积怨，以及祖父祖母的相继去世也一病不起。母亲患病后病情加重，经常会晕倒，很是吓人，我们走访了无数的医院，咨询了不计其数的大夫，花光了几乎所有的积蓄，但就是不管用，无奈只好回家。其实大家都知道母亲得的是心病，于是通过不断有人来如车轮战般的开导，加之自身的改变，几年后才渐渐平复下来，而我今天就是要采访她。

2. **访谈正文。**

记者：妈妈，你能简单讲一讲你小时候的事吗？

采访对象：其实平时都给你讲过了，我们小时候哪有你们现在这么好的条件，天天都是感觉到很饿，一天到头就觉得吃不饱，不知道为什么（哈哈笑着）。不过我们以前都是吃粗粮，像是小米、高粱米、黑米、豆面等等，但当时就是不想吃，就觉得白面特别好吃，不过那只有在过年才能吃得上几个馍。每天要做很多很多的活儿，在山上跑上跑下的，都习惯了。但你别说，就算是我们这样的也会时不时的出事儿，因为山很陡峭，一个不小心就会摔下山崖，摔死的少，大多是摔成残疾，唉——（眼中有惋惜和悲悯）。

记者：好了，我们换个话题吧，妈，你们小时候都玩什么？

采访对象：好多呢！有踢毽子、跳绳、抓石子儿、玩陀螺。我们女生就前三个特别拿手，器材都是自己动手做的，单单毽子我们就能踢出不下 100 种的花样，左右脚轮番，背后踢的等等好多。我常对你说的嘛，都是熟能生巧。跳绳的话不用说一口气不间断地能跳上 200 多个，直到筋疲力尽为止，哪像你们现在动不动就喊累。我们还要走好几里山路回家，到家了还要砍柴、挑水呢。我们抓石子儿一般都是在家里的院子里，因为地面平整才有难度。石头子儿在我们手心里和手背上，可听话了，抛上去然后从容地错开手去接。

陀螺嘛，我很少玩。

记者：妈妈，听说你是"小馋嘴"哦，是不是？

采访对象：哈哈，还真是，当时我最小，所以很馋嘴，有什么好吃的，都可以多吃一点，但家长都是很公平的人，只是私下里多给我吃他们自己的那一份，现在想想父母都一样只会向下疼，他们也想吃呀，他们也应该吃才对。

记者：妈妈，你认为成功的人都有哪些品质？

采访对象：我和你爸不是经常都说嘛，先学会做人，正直、善良，出去了以后要宽容待人，多吃点亏没什么，好好学习当然是一定的，但也要有好身体，再多交些朋友，不要得罪人。

记者：嗯，这个应具备的品质和上面一样，下一个吧。妈妈你现在的工作还喜欢吗？你怎么调整这种差距？

采访对象：还可以吧，像我们这样的文化程度只能给人打工，还好，工作虽然重，我还能应付，所以，要好好学习呀！

记者：知道了，下一个。你在18-22岁之间有什么财富留下来？

采访对象：还有什么，不就是你了。我20岁生下你，想想太早了，但你确实是最大的财富了。（我们都笑了）

记者：下一个啦，你还有什么嘱咐我的意见或建议吗？

采访对象：我和你爸每天都在给你说，每次你走时都说，其实就那些。在外不要像家里一样，要待人宽和、与人为善，不要太自私，听到了没有？要记住了，不说了，说的太多了。

就这样，采访结束了，这就是我的母亲，我无法用语言来表达我对她的崇敬与爱意，我一定不会让她再受苦了！

（三）文体知识

人物传记是通过对典型人物的生平、生活、精神等领域进行系统描述、介绍的一种文学作品形式。作品要求"真、信、活"，以达到对人物特征和深层精神的表达和反映。人物传记是人物或人物资料的有效记录形式，对历史和时代的变迁等方面的研究具有重要意义。

要写好人物传记需要注意以下几点：

1. **体现真实**。

不虚构渲染，不拔高溢美，不贬低批评，做到人真、事真、言真、情真、形象真，以真取信，以真感人。

要使传记真实可信，首先必须全面搜集、占有丰富翔实的资料，使传记所反映的人物生平事迹准确无误、完整无缺。还要抓住人物本质，从环境中说明人。撰写人物传记，应把所写的人物放到他所处的社会关系中去，抓住人物的本质进行记述。

对于收集的大量资料，又要细心鉴别，严格选材，作一番"去粗取精""去伪存真"的分析、研究、考证工作，严格坚持史实的可靠性、准确性。这样，才能为社会所公认，才能经得起历史的检验。如果史实错了，立论也就不正确了，因此编写传记时，一定要占有丰富、翔实、真实可靠的资料，然后再动笔。梅林为了写作《马克思传》，用了几乎20年时间，搜集并深入钻研有关马克思的资料；司马迁写《史记》，经历了10年，如果加上他搜集史料、调查研究所花去的时间，可以说一部《史记》倾注了他的毕生精力。

2. **叙述生动**。

所谓生动，就是要把人物写活，写成的传主既具有鲜明的个性，又能体现时代特征。一要选材典型。编写人物传记要在概括人物全貌的同时，从各种素材中加工、提炼，选择最能表现人物主要性格特征的典型事件来写。这些典型事件，往往是人物一生的关键所在，但细节描写也不可忽视，有时人物的性格特点往往在一些细节中表现出来。二要讲究文采。人物传记虽不能偏向华丽的辞藻、烦琐的描写、曲折的情节，但语言生动形象，用词精当贴切，句子流畅，层次分明，布局合理，还是必须讲究的。

写传记不必面面俱到。可以介绍人物的主要贡献、成长经历、所受影响、生平经历，（或取一个截面）只要能突出主题就行。

（四）写作方法

传记以记叙人物的活动、经历、事迹为主，写人重在刻画人物的性格，并通过这种性格的刻画来反映生活、表达一个深刻的主题。

传记写作一般可以有如下几种方法：

1. 通过人物的肖像写人。

人物的肖像主要指人物的外貌，包括人物的容貌、服饰、姿态和神情等等。肖像描写可以写人物的静态，也可以写人物的动态。

2. 通过人物的语言写人。

人物的语言要充分个性化，能表现人物的出身、教养、经历和性格，让人读了如闻其声，如见其人。

3. 通过人物的行动写人。

人物的行动要符合生活的本质，符合人物的性格发展的逻辑。可以选择具体的、富有特征的行动来显示人物的性格和心理活动。

4. 通过人物的心理写人。

人物的内心世界是很丰富的，心理描写就是要充分揭示出人物内心的喜、怒、哀、乐、爱慕、思念、苦闷、痛苦、怨恨、惊恐、嫉妒等等。常见的心理描写方式有内心独白、思忆联想、梦境幻觉、动作暗示等。

5. 通过人物的活动环境写人。

人总是生活在一定的社会环境中的，人物个性的形成与他所处的环境有关，写好环境对表现人物的性格极为有用。

6. 通过细节描写、侧面描写的方法来写人。

根据人物性格发展的逻辑，捕捉、挑选最具有特征的细节，进行准确、真实的描写，以使人物的性格更鲜明、形象更丰满。通过相关人物的反映、评说，从侧面间接地烘托描写对象，可以起到睹影知竿的作用。侧面描写常常与正面描写结合运用。

7. 通过事件来写人。

可以通过写一件事来刻画一个人，也可以通过写一件事来刻画几个人。

（五）项目成果示例

第一部分　项目方案

1."亲人小传"项目方案

2017级9班　高可隽

拿到亲人小传的项目书，我首先想到的是时间的跨度。为了更好地协调好写作时间，我大致做了一个计划。初步确定九月中旬到十月上旬平均每周创作1-2篇，将采访安排包括访问故地、故人等排到国庆假期，或根据写作进度灵活进行调配，写作后期留出相对充分的时间用于机动安排，可以从设计版面、文字完善润色等角度对文本进行编辑、修订，到十月中旬完成作品。以下是我计划中的目录部分及我在实际完成项目的过程中碰撞出的新的想法，最后成品的目录以下方表格"现目录"方式呈现。

原目录	修改原因	现目录
第一辑：序 ·爸爸眼中的妈妈	无改动。	第一辑：序 ·爸爸眼中的妈妈
第二辑：童年 ·同窗友谊 ·民以食为天 ·游戏、战争	修改原因：同学、食物与游戏似乎占据了童年的大部分时光，自然组成了童年的一个精彩的缩影，但在了解了妈妈与小姨间的故事后，发现姐妹间的相处、经历竟那么有趣，便决定以"姐妹花"作为童年友谊的象征来重点描写、讲述。	第二辑：童年 ·姐妹花 ·民以食为天 ·游戏、战争
第三辑：学业 ·书痴 ·学业趣事	学习了欲扬先抑手法后，便决定添加这篇以运动会为主题的文章，采用欲扬先抑的手法，同时为第三辑增添"趣"的感情基调。	第三辑：学业 ·书痴 ·学业趣事 ·不堪回首
第四辑：我的诞生 ·父母相逢 ·辗转、奔波 ·惊喜、等待	无改动。	第四辑：我的诞生 ·父母相逢 ·辗转、奔波 ·惊喜、等待

续表

原目录	修改原因	现目录
第五辑：我的成长 ·像她一样	本想将其作为后记，但写着写着，不觉感触颇多，童年蠢事，学业成就，青春年华……听妈妈讲过去，听着听着，便仿佛看到了另一个妈妈，一个童真、聪明却有些胆小的妈妈，也联想到妈妈对我童年的帮助与奉献，怀着感激的心，我增添了两篇文章，借此再次表达对母亲的爱。	第五辑：我的成长 ·诗与远方 ·像她一样 ·听妈妈讲过去

2. "亲人小传"项目方案

2017 级 9 班　黄天泽

2018 年 9 月我开始着手勾勒并积极创作一部母亲小传，后将其命名为《这样一个她》。写作过程前后历经近两个月，成书共 21500 字。对于一个初入写作领域的人来说，这样的字数已经可以称得上是长篇小说了。而这样的文字也不是一遍完成的，前后历经了很多改进和增删。如果单单这样说还不够表意明确的话，请大家看一下下面的目录：

第一版

一、在临沂

1.童年

2.学生时代

3.离别家乡

二、在日照

4.高中

5.大学的转机

三、在济南

6.遇见我的爸爸

7.考研的拼搏

8.构建家庭

第二版

一、樱桃、桂花树

二、十载时光流

三、徐徐海风岚山头

四、用尽解数只为前景谋

五、结发又弄璋

六、夜灯明床首

七、青葱岁月虽已逝

八、却换得阖家天长地久

如此便能一目了然了。在目录方面，我做了极大的改动，原因就是为了使其不那么生硬。改动前目录几乎是最稀松平常的，但是我后来将其做了改动，不仅用一个个文字勾勒了一个美好的故事，更是可以将其串联成一首小词，按律《南歌子》：

樱桃桂花树，十载时光流。徐徐海风岚山头，用尽解数只为前景谋。结发又弄璋，夜灯明床首。青葱岁月虽已逝，却换得阖家天长地久。

这样一来，便让目录也有了趣味，有了"灵魂"。

而内容上我也进行了改动，主要是语言的润色和叙事方法的改变，比如有一段描写雪景，原本是直接对于白茫茫大地的描写，可是在第二遍的润色过程中，我将所有的正面描写都隐去了，而是用母亲卧在床上时，所听到的雪声侧面描写，如雪花落地、枯枝禁不住雪压而断裂等。我觉得，在这样一个过程中，不仅仅是对于最终作品的完善，更是对于个人思维以及语文功底、表达能力的提升。一人独自完成一本书，其中的每一句话体现的都是个人的思想感情，力争每一个词语推敲到位。整本书结构合理、紧凑，甚至设置悬念，也体现了思维的整体性和完善与否。

另外，在第一遍改进润色的过程中，我在母亲的童年时代加入了七件物品作为线索，分别为田野、水渠、农行大院、葡萄架、樱桃树、金银桂花树、鸡。前两章的内容，几乎大部分都是围绕这些物品讲述的，但是真正的主角还是母亲，其中，金银桂花树也是母亲和小姨姐妹感情的象征。这一点改进，可算是一种尝试，而得到的是多个线索相互交织的效果。

第二部分　项目采访

项目采访

2017 级 10 班　关佳妮

采访时间：2017 年 9 月 15 日

采访对象：母亲

采访目的：通过对母亲的采访，进一步了解母亲的求学经历，收集并丰富写作资料。

采访内容：本次采访内容专指母亲的求学之路。

采访设备：纸、笔、手机（录音）

新闻报道类型：新闻通讯稿

采访过程（后期进行了文字整理）：

记者：教育可以改变人的一生。据我所知您的求学之路是与众不同的，请您详细谈谈您的相关情况吧。

采访对象：在求学的过程中，我比别人多了更多选择的机会，但求学之路也是复杂的，其实到现在我也不确定这应该算作优势还是劣势。优势可能是为自己提供了更多的可能，劣势是每次转学都需要重新适应，尤其是在不同的学制、不同的教材、不同的地域之间来回切换。我求学过程主要是在哈尔滨和曲阜之间来回穿梭。小学在哈尔滨市的重点小学中山路小学就读，因为校舍老旧需要重建，因此不得不借用离家较远的五十二中的校舍就读，不光路途远，课时也被缩短。家里征求了我的意见后，把我送回了曲阜师大附小读到小学毕业，当时没考虑到学制的问题，所以转学后费了不少劲儿才跟上了五年制的课程，因此小学也少上了一年，应该上六年级的小学变成五年级就毕业了。因为学籍的问题，初中再次回到哈尔滨就读，因为对口直升的初中太差，再次择校到重点中学四十九中就读，直到开学两周后相关手续才办妥。为了考大学，我高中再次转学到曲阜师大附中就读，说来都觉得费劲。此后才算安定下来，在济南读了大学，又回曲阜读了硕士，我的求学之路到此才算完结。

记者：您的求学之路一波三折，那么在这种情况之下，您的成绩如何？受到影响了吗？

采访对象：总的来说，成绩只能说还可以，接受新知识算是比较快的，记忆力也不错，但略有浮躁，也不够踏实，因此学习不够深入，如果那时能认识到的话，成绩应该会好很多。屡次的转学还是会有各种不适应，成绩还是受到了影响的。

记者：您必然有你自己的学习方法，能为我简单介绍一下吗？

采访对象：上课一定要认真听讲，专注力高是保证学习成绩的首要条件；不会的问题一定要弄懂、吃透，学得扎实是取得优异成绩的重要保证；学会总结和复习，这一点至关重要，也会取得事半功倍的效果。

记者：那么您认为，当时的教育和现在的有什么不同吗？

采访对象：由于当时条件所限，教学的内容和手段都相当单一，学生也只是被动地学，对学习不会产生很浓厚的兴趣；而现在的教育让学生从受教者变成了主动参与者，让学生乐在其中，从有兴趣学到主动学，再到探究式学习，提高了学生学习的主观能动性。

第三部分　项目作品

锦瑟流年——母亲轶事

2017 级 4 班　靖林烨

目录

序

（1）最美是童年

（2）猫

（3）盼

（4）中学时代

（5）我是医学生

（6）医事

后记

（跋一）妈妈的话

（跋二）爸爸的话

（跋三）来自朋友

序

当接到撰写《亲人小传》的任务时，我心里十分兴奋、激动，同时也感到巨大的压力。开始总觉得无从下笔，每一句话、每一件事都再三斟酌——用词是否恰当，描绘是否生动、真实……

历时一个半月，每天妈妈都在闲暇时接受我的采访，把她的故事向我娓娓道来。在听母亲讲述和每周整理加工文字的过程中，我惊讶地发现我竟然不太认识我笔下的母亲，原来工作中一丝不苟的妈妈竟也有过天真淘气的孩提时代，平日里精明能干的妈妈竟也有彷徨无依的时候。当妈妈谈起她无忧无虑的童年时光和轰轰烈烈的青春岁月时，妈妈眼眸中流露出的激动、欣慰，让我决定用最美好的文字记录下每一件让妈妈怀念的事情，即使再难，都是值得的。作为儿女，我们能为父母做的太少太少，《亲人小传》恰是我们为父母做一件事的好机会，既然有这样的机会，我有什么理由不去做好呢？

零零散散的小事在笔下汇聚，从一开始的无从下笔、抱怨任务繁重，到渐渐身临其境、享受采访和写作的过程，《母亲小传》的写作渐入佳境。转眼间到了小传完结的期限了，我笔下所形成的文字，却仍只能算是妈妈几十年来生活的冰山一角，这样想来，竟有些不舍得停笔。妈妈虽然没有惊天动地的传奇经历，但每个人、每一位母亲的故事都是独一无二的。谨以此书，献给最亲爱的母亲，祝天下父母健康、平安。

2018.10.20

（1）最美是童年

1978年腊月，隆冬时节，在商河县孙集乡，一个名不见经传的小村庄，我的妈妈出生了。听姥姥讲，妈妈出生时只有1.5公斤重，很可能夭折，但姥姥硬是把妈妈拉扯大了。因为天冷，所以妈妈刚出生的几个月都是在姥姥的怀里度过的。

妈妈的故乡是个美丽的小村庄，"那里天是蓝汪汪的，宛如情人温柔的眼波，草是嫩绿绿的，像是铺满一地的翡翠……"妈妈回忆道。一说起她纯真的孩提时代，妈妈的眼里就闪着温柔的光芒。

村北有一条大河，时常有几只鸭子在宽阔的河面上嬉戏，岸边是一望无垠的麦田。春天，麦宝宝们齐刷刷地拱出地皮，个个披一身嫩绿，麦地里翠绿一片，如烟似海。秋天，地里一片金黄，阵风拂过，田野好像变成了金色的海洋，金色的麦浪一起一伏，叫人看得心醉神迷。妈妈常常在麦田边上一玩就是一天，有时候只是坐在那里，什么也不干，一坐就是半晌，那是因为麦田里能听见世上最美的乐章：麦子的根贪婪地吮吸水分的滋滋声，麦叶迎风招展的哗哗声，各种小虫的叫声，各种小动物的脚步声……所有的这些汇在一起，就是一组完整的田园交响乐。不时地鸟鸣声，那是歌唱家前来捧场。这样的合奏让你永远也听不够，音色之纯赛过阳光，音色之美动人心弦。

妈妈的童年是无忧无虑的，每天看哥哥背着一篓刚拔的草喂猪，看姥姥提着篮子伴着"咯哒咯哒"的叫声，准确无误地从鸡窝里取出一枚枚热乎乎的鸡蛋。和小伙伴一起在河堤上玩游戏：跳房子，跳大绳，踢毽子，跳皮筋……各种各样的游戏，妈妈无不精通。妈妈身子十分灵巧，这么一钩，那么一绕，毽子就在空中旋转成一朵蓬松的花，半天不会掉下来，然后又准确地接住毽子。妈妈也是跳皮筋的高手，可以把皮筋从脚踝一直抬高到举过头顶的指尖上。就像春日灵巧的紫燕，在皮筋的弹动伸缩中灵活跳跃着。河堤上常常传来欢快的童谣：马兰开花二十一，二五六，二五七，二八、二九、三十一……

妈妈尤其喜欢在河里抓鱼。在罐头瓶上系一根长绳，另一端系上竹竿，就做好了一根简易的鱼竿。在瓶子里放点馒头，把瓶子放入水中，等到鱼游进瓶子里，快速把竹竿提起，就把鱼抓上来了。如果运气好，一天能抓四五条小鱼。妈妈常常玩起来就忘记了时间，直到夕阳与河水吻别，天边染上红晕，直到缕缕炊烟轻轻散落在屋瓦上，如一方莲灰色的手绢，无声又深情地召唤着贪玩的孩子回家。

　　回到家里，姥姥大多时候是在准备饭菜，几乎没有闲暇的时候。在妈妈的印象中，姥姥与灶头总是密不可分，所以灶头给妈妈的回忆十分清晰、温暖。母亲童年的灶头，现在几乎销声匿迹了：灶台是石头砌的，灶眼上放着一口铁锅，灶台旁紧挨着风箱；灶头上一个平台放着油盐酱醋等等，伸手就能拿到，十分方便；灶头永远那么温暖地红着，冬天的时候，可以蜷缩在灶头旁取暖；可以把棉鞋放在灶口，过一会儿拿来穿上，冻得麻木的双脚就得到了一个温暖的拥抱。想起灶头，就想起许多现在没有了的味道。姥姥蒸的包子尤为美味，沉重的锅盖全然盖不住包子的香味。妈妈每次都忍不住想先尝一尝，这时候，姥姥就会爱怜地嗔骂道："你个小馋鬼，再等等，别烫着。"姥姥每天立在灶头前，用一双巧手，丰富了孩子们童年的味蕾。姥姥烧饭的时候，妈妈也常常跟在后边当"烧火丫头"，把灶膛边的柴火拗断了，一根根递到灶膛里，有时是干树枝，有时是玉米秸秆。每每看到灶膛里燃起的火苗，她心里还是很有成就感的。后来妈妈去县城读小学，带风箱的灶台就不再用了，改用蜂窝煤炉烧饭。再后来，都用了煤气灶，但妈妈总觉得煤气灶蓝莹莹的火苗不及灶头的火暖。厨房不再烟熏火燎了，但也失去了很多童年的乐趣。氤氲的水汽，灶火的红光，姥姥专注的眼神和鬓角细密的汗珠……姥姥灶台旁做饭的情景，将永远是妈妈童年温暖的记忆。

　　妈妈六岁上小学的时候，就离开了村庄去了县城的学校。妈妈美好的孩提时代好像也似那袅袅炊烟，渐渐飘远，但在那里生活的一幕幕难以忘怀的

情景，都深深地镌刻在妈妈的心头。

（2）猫

妈妈是很喜欢猫的，只要一看到小猫就拔不动腿。邻居家有一只小猫，妈妈几乎每天都要去邻居家逗逗猫。有时还带着自己都舍不得吃的小鱼干。时间一长，那猫看到她竟比自家主人还亲。

不久，邻居家的小猫生了四只猫崽儿，姥姥便去抱了一只回家。这是一只狸花猫，身上黑灰相间的斑纹，十分富有光泽，绿莹莹的眼睛，像是蓄着翠绿的湖水。猫的眼睛一日三变，清早还像个枣核，到了中午，便成了一条缝，晚上，就变得圆溜溜的像个葡萄。妈妈给它起名叫"花花"。姥姥做好了饭，就"花花、花花……"地叫，唤它进屋吃饭。妈妈把馒头嚼碎了，放到盘子里，它就乖乖地低下头来吃。家里很少能做鱼吃，鱼肉在当时算是少有的美味，但是妈妈却每次都把鱼刺挑出来，把美味的鱼肉趁姥姥不注意放在花花的盘子里。姥姥一次次叮嘱："给猫吃鱼刺就行。"但妈妈却不听，因此而被责骂。这只猫是捕鼠高手，村里谁家有老鼠，便来请它上阵，花花捉老鼠是战无不胜的，听到一点响动，它的耳朵就如雷达似的竖起，然后悄无声息地走到老鼠洞旁，屏息凝视，等到老鼠出洞，它在一旁后腿一蹬，在空中划出一道优美的弧线，用锋利的爪子紧紧按住老鼠并迅即扼住它的喉咙，顷刻间就将作恶多端的老鼠制服了。它抓住老鼠之后，通常都要叼到妈妈面前，炫耀一番才享用美味。花花生性温驯，从来不会弄得满院枝折花落或是爬上爬下。它最喜欢姥姥织毛衣的线球，叼起一端便顺着毛线不停地跑，直到弄得满屋都是散落的毛线才肯罢休。妈妈喜欢拿着毛线球逗它，只要一在家就寻花花来玩。一天，妈妈在田埂上玩完，刚要跑回家找花花，却在半路上发现了走路跟跟跄跄、口吐白沫的花花，连忙抱它回家，姥姥见了，便说："完了，花花吃了老鼠药！"妈妈抱着奄奄一息的花花，眼泪抑制不住地涌了出来，过了半晌，花花就闭上眼睛不动弹了，妈妈还一直晃动小猫的身子，哭着求它醒过来。小猫死了之后的几天，妈妈一直都萎靡不振，连出去玩都忘记了，只是坐在台阶上出神。姥姥便到处打听谁家有猫，过了十几天，家里又来了一只新的小猫。

这只小猫又分散了妈妈的大部分精力。这是一只通体雪白的小猫，全身没有一根杂毛，妈妈仍叫它"花花"，但是它却与上一只"花花"的性子大相径庭。这只小猫异常活泼，每天在院子里爬上爬下，蹦来蹦去，刚才还在屋顶上，一眨眼的功夫，就爬到树上去了。妈妈给它买了三只白色的小铃铛，用一根红绳穿起来，戴在它的脖子上，它一跑起来就叮当作响，声音清脆喜人。它每天都在院子里搞"破坏"，在地上滚来滚去，活像一个沾了泥土的白雪球。花花最喜欢的"游戏"就是追着鸡窝里的鸡满院子跑，扒出母鸡刚下的蛋，然后把母鸡赶到院子里，只要听到院子里"咯咯咯咯"的鸡叫声，就知道花花又在赶鸡了，每次它都搞得院子里狼藉一片。有一次，它竟然赶着母鸡将蛋下在了院子里，"啪"的一声脆响……鸡蛋摔碎了，姥姥为此很是心疼。为了防止它再乱跑，姥姥在它的脖子上套了个铁圈，在铁圈上缀着一个破旧的收音机喇叭，但铁圈依旧圈不住它爱玩的心，它竟然拖着沉重的喇叭上了院墙，当它纵身想跳出院墙时，就被吊在了墙头，活活吊死了。妈妈十分心疼，姥姥也很自责。过了大概两三个月，姥姥又带了一只小猫回家，妈妈又有了"新欢"。

第三只猫是一只黄色的虎皮猫，身上的皮毛在阳光的照射下耀眼极了，妈妈还是唤它"花花"，但是它的性子又与前两只猫大不相同。它的性子懒惰又忧郁，只喜欢畏缩在别人怀里，叫声也是懒懒的。它甚至连走路都觉得费力气，趴在墙根里，半眯着眼睛晒太阳，一天天地虚度着光阴。姥姥以为它病了，常给它炒鸡蛋吃，鸡蛋是自己都舍不得吃的，姥姥一顿饭却给花花炒了两个鸡蛋。它天天除了吃，便是趴着晒太阳，一个月便成了一只胖猫，肚子圆鼓鼓的，像一只黄色的皮球。冬天院里落了雪，它便在灶台旁取暖。一次，姥姥做完饭，还没有完全熄火，它竟然钻进了灶台，一直跑到了与灶台相通的土坑里。姥姥连忙把土坑砖扒开，抱出小猫，小猫已经被烧脱了几块皮，毛也被烧焦了，只过了一天，小猫就死了。

妈妈上学了，也就不养猫了，但直到现在，妈妈仍然很喜欢猫。有这三只"花花"陪伴的时光，也会被妈妈悉数珍藏在记忆中。

（3）盼

到了上学的年纪，在县城做中学教师的姥爷便把妈妈接去了县城，妈妈跟着爸爸和哥哥在县城住，姥姥一人住在乡下。妈妈每周五下午回乡下过周末，那时，妈妈是极其盼望周末的。每到了周四的晚上，妈妈就迫不及待想着回乡下，躺在床上，脑子里却想着回到乡下要玩什么、吃什么。周五下午放了学，妈妈就赶快把书包塞进包里，"飞"出校门，让姥爷带她坐车回乡下。妈妈晕车晕得厉害，从来都是被硬拉上车，只有回乡下的这趟车，她是心甘情愿坐的。

回到乡下，妈妈一下子就把晕车的难受忘到了九霄云外，蹦蹦跳跳地冲进了姥姥的怀里，姥姥也早就备好了一桌的饭菜，等着全家团聚了。妈妈在院子里左瞧瞧，右看看，去鸡窝里摸一个热乎乎的鸡蛋，给猪圈里小猪添把饲料……傍晚，妈妈坐在炕上，靠在姥姥身上，看姥姥织毛衣，纳鞋底。姥姥灵巧的双手在针线间翻飞，细细密密的针脚，都在一针一线、一拉一拽中完成。一年四季，单鞋棉鞋，都出自姥姥一双巧手。妈妈也吵着要学，姥姥便一步一步、一针一针地教妈妈，妈妈织出一个个小巧玲珑的蝴蝶结，然后央求姥姥把毛线织的蝴蝶结缝在领口、袖口，本来单调的衣服有了花蝴蝶驻足，果真漂亮极了。入夜，妈妈躺在姥姥的怀里，听着姥姥温柔的歌谣和古老的传说，睡得酣甜。

第二天清早，妈妈一睁眼就飞快地穿好衣服，直奔河堤，和小伙伴们分享县城的趣闻、新学的课文，比赛背乘法口诀……妈妈只要学了新歌，就教小伙伴们唱，配上腰鼓队新教的步伐。大家都学会了，就排着方队，迈着整齐划一的步伐，围着村子，走街串巷去表演，一唱就是半天，丝毫不知疲惫。大人们见了，就笑着说："咱们村的小合唱团又来表演哩。"

赶上麦子收获的季节，妈妈每周末都要去帮忙晒麦子。麦子丰收了，不晾晒就要发霉。把麦子摊在院子里，烈日下，麦子闪着耀眼的金光，空气中弥漫着麦子的香气，沁人心脾。赤脚踏上去，蹚出一条条麦沟，麦粒在脚边游动，在脚上溜过，留下一道长长的印记，就像一叶小舟在水面上留下的皱痕。用双脚感受麦粒的温暖，洒下的滴滴汗水，让麦粒光亮如珠。妈妈伸手翻动着麦粒，把脱离了群体的麦粒用手一拢，便将它们呼唤回来了。看着饱满金黄的小麦，妈妈的心里甜丝丝的。

到了周日下午，就要回县城了，妈妈每次都央求多待一会儿，姥姥用各色的头花给妈妈编好了辫子，在妈妈的包里塞上一罐儿妈妈最爱吃的豆腐乳，就送她们回县城了。又到了星期一，妈妈又开始了五天的期盼。

最盼的，除了周末还有过年。好不容易挨到了寒假，回到乡下，就开始扳着手指等过年了。年前一个月，姥姥就开始给孩子们赶制新衣了，上裁缝铺裁上几尺布，叫裁缝给做几件款式好看的花棉袄。大年初一，孩子们从头到脚换上新的。年初一之前，妈妈就偷偷试了又试，在镜子前转着圈欣赏新衣服，但大人只让年初一再换上新衣过年。岁末年初，村子里的空气都弥漫着过年的味道，不到腊月二十三，村里就时常有几声鞭炮响起来，家家都在试鞭炮。到了年三十和初一，鞭炮就如雷霆般响声不断了。那时候，哪家的鞭炮一放完，孩子们就一拥而上，慌忙地在鞭炮屑中乱抓，看能不能碰上运气捡到一两个没响的炮，即便呛得眼泪直流也不在乎，如果找到一个"漏网之鱼"，就能高兴好一阵子。空气里的火药味好闻极了，那时候的物质并不丰富，孩子们总是很容易满足，就盼着穿一件新衣，盼着吃上一口水煮肉，盼头能吃到一个肉馅的饺子。

过年了，人们总要犒劳一下自己，带着红枣的馒头和花卷、炸鱼、炸肉、香气四溢的煮白肉都是孩子们的美味……除夕一早，煎炸烹炒的浓香就和着剁肉馅的声音不断地从各家各户传出来。孩子们最喜欢的无疑是年初一早上，让大人们领着去串门，能得到三毛五毛的压岁钱。妈妈收了压岁钱，都是一张一张地理整齐，放在小布包里攒着，孩子嘴馋了就去买几块水果糖吃，够花上好几个月的。年二十六的大集也是孩子们很期待的，"姑娘爱花，小子要炮"，妈妈去赶完集，总要买两个红头花，蜡纸做的，别在头上，就戴着来回疯跑，好像要让大家都看到她新买的头花。

时光荏苒，红了樱桃，绿了芭蕉，日子悄无声息地过去，许多年俗相继退出了历史的舞台，但那甜甜的灶糖、飘香的煮白肉、噼里啪啦的鞭炮……浓浓的年味都留在妈妈的心底，那是时光冲不淡的记忆。

（4）中学时代

姥爷是中学教师，妈妈小学毕了业，便顺理成章地升到了姥爷任教的中学读初中。因为姥爷是学校职员，虽然不教妈妈的班级，却也能时时接到老师们打的"小报告"。

"张老师，玉霞的政治背得不太理想啊。""我觉得她最近英语学得很好，张老师，您应该表扬她。""这不光学英语，把别的落下了嘛。"政治老师颇为不满。这一幕是办公室里每天都上演的，每到这时，姥爷就爽朗一笑："你们可别争了，这么想累死玉霞啊。"姥爷对这些每天如潮水般涌来的"小报告"并不放在心上。妈妈发现姥爷不在意老师们告的状，这才松了口气。

对于中学时候的很多老师，妈妈的记忆已经淡去，唯独教语文的赵老师，在妈妈的心中留下了冲不淡的记忆。其实，妈妈并不是很喜欢语文，对语文的学习也不太上心，时常会闹出些笑话。"玉霞，你背一下昨天学的诗。""几处早莺争暖树，浅草才能没马蹄，乱花渐欲迷人眼，谁家新燕啄春泥。""停！你自己找下错误吧。"

"有，有错吗？"妈妈眉头紧锁，思考良久，却没有发现一点出错的地方，班里的同学都憋不住笑出了声。"那你一会儿再好好看看，先回答我，作者是谁？"老师不想再为难妈妈，可妈妈却依旧糊里糊涂，"苏……苏轼！"妈妈笃定地喊到。"你再想想。"

"苏……东坡！""苏轼和苏东坡是一个人啊！"老师无奈地摇了摇头，示意妈妈坐下。班里的同学都已经笑得东倒西歪、满脸通红了。妈妈对语文的知识基本都是一窍不通，学得稀里糊涂，考试自然也没法蒙混过关。到了期末，妈妈在考场上绞尽脑汁地想答案，也想不出正确的，作文也写得杂乱无章、文不对题。发了成绩单，妈妈每科都是优秀分数，只有语文没有及格，血红的分数极其刺眼，让妈妈根本没有勇气面对。放了学，妈妈也不敢去找姥爷，头脑中思绪乱作一团。爸爸会打我吗？语文老师会批评我吗？妈妈甚至想过撕掉成绩单，伪造分数骗过姥爷。语文老师看到妈妈，语重心长地说："一次分数别放在心上，这不是决定命运的考试，你看这棵树。"老师指着柳树被砍倒后的树墩说，"树墩已经没有任何光泽了，但它依然坚守着。这不，新的柳枝已经长出来了，不能因为挫折而失去信心，要愈挫愈勇。就像李白诗中'长风破浪会有时，直挂云帆济沧海'，要有坚定的信念，好好学习。语文学习其实是很有意思的，不要认为语文就是一味地背知识点，默写古诗词。语文不仅仅在课堂，语文学习的天地是广阔无边的。要学会多观察生活。作文的源头不就在这些小事中吗？语文不就在这些小事中吗？生活中时时处处都是语文课，你要用心去感受语文的美。"老师一番话，好像春雨洒在妈妈的心田，让深埋的种子破土发芽，妈妈渐渐地喜欢上了语文，曾谈书色变的妈妈突然嗜书如命，成绩也突飞猛进。"感谢赵老师点醒了我，庆幸能与语文为伴，感受文字的美。若不是赵老师，我可能一生也没有机会了。"妈妈笑道。

初二暑假，姥爷查出了肺癌，这个消息就像投入水中的石头，在妈妈心中溅起水花。姥姥每天都得陪姥爷去济南作放疗、化疗，妈妈就时常寄宿在邻居家、同学家。初三下学期，姥爷的病情急速恶化，躺在病床上几乎不能动弹，呼吸也愈发困难，中心型肺癌无法进行手术，姥爷只能任由病痛折磨。妈妈看到躺在病床上的姥爷，面色蜡黄，两颊凹陷，呼吸微弱，连话都没有力气说了，只能用混浊呆滞的眼睛看着妈妈。再后来，就连睁眼也十分困难，妈妈抓着姥爷枯瘦的手，哭得连眼泪都流干了。妈妈时常蜷缩在医院的走廊里过夜，惨白的灯光和刺鼻的消毒水味让妈妈全身发冷，窗外是如墨的苍穹，无端的恐惧侵蚀着妈妈。姥姥也憔悴了许多，眼中布满了血丝，一夜之间冒出许多白发，身子也更加弱不禁风，仿佛一阵风就能吹倒。只有心电图"滴、滴……"的苍白无力的响声证明姥爷还活着。陪伴姥爷的日子里，妈妈晚上根本不敢睡熟，生怕第二天一睁眼，那唯一能证明姥爷还活着的线条再也跳动不起来了。

妈妈中考前几周，姥爷永远地离开了她，妈妈哭肿了眼睛，却还要挑灯夜战，准备中考，但妈妈每每从照片里读到姥爷黑色镜框里肃然的面容，便燃起满心斗志，全然忘记了疲劳。姥爷的去世，给家里带来了沉重的打击，失去重要的经济来源，还要供舅舅在济南读大学，妈妈若是上了高中，就又多了一笔不小的开销。姥姥就觉得让妈妈辍学太对不起她，就选择了让妈妈上专科院校，可以早工作，减轻家里的经济负担。妈妈的成绩一直都名列前茅，考上重点高中很轻松，即使妈妈很想上高中，但还是听从了家人的意愿，报考了山东医科大学卫生学校。因为姥爷的病是"不治之症"，妈妈就下定决心要钻研医学，将来能治好更多像姥爷一样的病人。

妈妈的行李极其简单，被褥、牙刷、水杯、一罐咸菜和炒好的面——怕食堂的菜太贵，配上咸菜就当一顿饭了。妈妈就此踏上了医学的征途，这条道路上或许布满荆棘，却必须坚持前行，因为它的尽头，种着"梦想"。

（5）我是医学生

在护理学院学习的日子是很艰苦的，学院对学生的要求异常严格。每天都要严查宿舍卫生，地面要扫得一尘不染——若有一根头发丝，都要重新打扫，被子要叠成严格的豆腐块，床单不能有一点褶皱。衣服一概放在橱子里，必须叠得整整齐齐。床下最多有两双鞋，脏衣服更不能不洗，最甚者，洗手间的脸盆都要摆成一条直线，编号按顺序排好。不仅日常生活时刻不敢懈怠，还要备受专业课的折磨。

护理技术操作课同样令人难以接受，为了能实践正确的操作流程，通常都是同位之间互相试验。同学们都怕自己的技术不过关而迟迟不敢对同位下手，"你如果不试，就永远没法进步。"老师对学生们说。于是，大家也就渐渐接受了，上课都是同位互相试，下了课就只能拿自己下手了，妈妈常常扎得自己整只手臂都肿起来，甚至插胃管都要在自己身上试。

每次考试之前都是十分难熬的，几十本医学书堆在桌子上，通宵背书是很正常的，熄灯之后，医学生在走廊里的声控灯下边跺脚边背书，枕边都是厚厚的专业书，日夜揣摩。只《生理学》一门课就有大大小小十几本书，其他的更不用说了，各类医学课本都冗长烦琐至极，最厚的一千多页，薄的也有三四百页，《内科护理学》《外科护理学》《儿科护理学》……所有要背的书加起来，比四大名著也要多出几百万字，熬过这书堆的万水千山，靠的只有一份做医生的愿望。每次去食堂吃饭，医学生通常都会展开一场激烈的学术讨论："这是什么动物的什么肌？有什么作用？里面都有哪些血管神经？"若是未能达成一致，有甚者还会十分兴奋地拿出课本来争论，因此，其他系的学生只要看到医学生，便会敬而远之。

毕业前，学院会组织学生去医院实习、看手术。妈妈印象最深的是一台颅脑手术，需要十分精细的技术。妈妈站在一旁，负责给主刀医生擦汗、递水。一站便是十几个小时，不用说做手术的医生，站在一旁看的学生都累得够呛。有的时候大大小小的手术一天要做六七台，没排到的患者还会想办法，跪求医生多做一台。

其实医生也和普通人一样，他们付出了常人所不能理解的辛苦，不辞辛劳地在医学的道路上摸索前行，只为了能穿上那一身无瑕的白，为了能听到别人口中一声"大夫"，为了追寻平凡之中的非比寻常。经过一次次的历练，经受了繁重的课业，克服了对死尸的恐惧，纵使还有九九八十一难在前方等着，只要能见到生命的鲜活，一切对他们来说，都值得去做。

（6）医事

卫校毕业之后，学校就开始分配工作了。妈妈本想当急诊科护士或者手术室护士，但因妈妈的输液操作技术过硬，是从事新生儿专业的好手，所以，经医院调剂后进入了齐鲁医院新生儿科工作。妈妈在工作后也不忘学习，白天上班，下

了班就直奔图书馆，一头扎进书海；若是夜班，就从清晨学到傍晚，稍事休息就去上夜班。因为妈妈学习刻苦，在工作的同时，也考取了护理的本科和研究生学位。

　　新生儿科的护士工作压力、难度都是最大的，每天面对的患者都是不谙世事、只知道哭的婴儿，每天萦绕在耳边的，只有孩子的哭闹声和家长的抱怨声。每个带孩子来就诊的家庭都把孩子视若心肝宝贝，生怕护士把孩子弄疼了。妈妈每次给孩子扎针，都是在家长的严密监视下进行的，有时一个患儿就有六七名家属陪同。只要不按住孩子，针是必定扎不进去的，家长还偏偏不让护士使劲按住孩子。面对血管细微，又不停扭动、哭闹的孩子，妈妈的额头沁出细密的汗珠。

　　无从下针，一旦针扎不进去或是一针未能见血，家长就会不耐烦，轻者冷眼催促，更有甚者开始指责、谩骂，"你这是什么技术呀，还给孩子打针。""新来的吧，快点换人！""就是，换个老护士来，俺孩子不是让你练手的。"像这样的指责不知听过多少次，要求换人也时常发生。每次被患者指责和要求换人时，妈妈都十分失落，恐惧和自责包围着她，只能低下头来，悄悄地退到后面，泪水不停地在眼眶里打转，妈妈紧紧地咬住下唇，心里说不出的委屈。患者的指责打击着妈妈的信心，但是信念告诉她不能放弃，妈妈终究是熬过了这段最艰难的时期。

　　妈妈不知给多少孩子打过针，留下深刻印象的，是一位名叫洋洋的小女孩。她得的病是"过敏性紫癜"，只要食用了带有动物蛋白的食物，就会显现出过敏症状。她第一次来到医院时，是妈妈给她打的针，别的孩子都十分惧怕疼痛，来回乱动躲避针头，只有她一动不动，冲妈妈甜甜地笑着说："阿姨，我不怕疼。"这让妈妈十分顺利地完成了工作。临走时，洋洋还送给妈妈一颗水果糖，"阿姨，您们工作很辛苦，累了就吃颗糖吧。"妈妈剥开糖放进嘴里，甜蜜从舌尖氤氲开来，妈妈的心里也像蜜一样甜。从此以后，洋洋每次来医院打针，都跑到妈妈面前，"阿

姨，您给我打针吧。"其他的小朋友看到洋洋喜欢找妈妈打针，也就都嚷着让妈妈打针。"妈妈，刚才的阿姨打的针一点都不疼"，有几个孩子向自己的妈妈夸赞。洋洋送给妈妈的毛绒小熊，至今还摆在妈妈的桌子上，她给了刚参加工作的妈妈无限的信心和力量。

妈妈在医务工作中救治过的孩子不计其数，印象最深的是一名出生时不及九百克的早产儿。她的身体极为虚弱，只有正常成人的巴掌大小，出生之后呼吸也十分微弱，依靠呼吸机维持。她几次生命垂危，妈妈都立即放下手中的事直奔特护病房。孩子病情严重时，妈妈整日整夜地陪在旁边，吃饭、睡觉都在病区。我只记得那几天妈妈几乎没有在家，回家后和我们聊得也都是这个早产儿的情况。孩子的母亲一直想生个孩子，但是几次都没有成功，好不容易怀孕，生下这个孩子，家人几次三番地央求妈妈和她的同事们，央求着一定要救好这个孩子。妈妈每天都和家属交流病情，安慰孩子的母亲。为了孩子能恢复健康，妈妈不辞辛劳，经过全体医护人员三个月的精心治疗，孩子终于达到了健康出院的标准。当孩子的母亲接过孩子，搂在怀中时，禁不住热泪盈眶，一直念叨着感谢的话，说妈妈是孩子的第二位母亲。孩子渐渐长大，每年的护士节都会寄送贺卡或者回来看看，到病房找"张妈妈"，领她看一看她最初三个月的"家"——她住过的暖箱。

妈妈工作时向来兢兢业业、一丝不苟，常常是刚进家门，一个电话打来就又回医院抢救病人去了。输液、护理、换药……仿佛不知疲倦地穿梭在走廊里，从这间病房到那间病房，从这张病床到那张病床。真实的护理工作既充盈着"白衣天使"的自豪，更充满了辛苦、疲倦、委屈……，但是"天使"从未动摇过信念，他们无怨无悔地坚守在岗位上，铭记着南丁格尔的

誓言——那是不变的信仰。

护士服、燕尾帽已经陪伴着妈妈走过了二十一个寒暑。正如南丁格尔所说:"护理工作是平凡的,然而,护理人员却用真诚的爱去抚平病人心灵的创伤,用火一样的热情去点燃患者战胜疾病的勇气。"

后记

跋一:妈妈的话

女儿说要采访我,为我写传记,虽然过去的日子没有做过什么轰轰烈烈的事,但平凡而有意义的医务工作经历,或深或浅,隐隐地在我的脑海里浮现,勾起了我很多美好的回忆。

和女儿聊起美好的童年,感觉自己真的又回到了童年时代,记忆一点点在我的脑海里浮现。儿时的老屋、村庄、麦田,还有伴我整个童年的猫咪……妈妈认真地给女儿讲,孩子边听边记。打开话匣子竟然收不住了,一边讲着,自己不自觉地笑了,透着童年的甜蜜,女儿听得津津有味,尤其讲到我养猫的经历,女儿的笔刷刷地记录着。我时而欢笑,时而眼里泪水微盈,津津乐道地给女儿诉说着我的童年。也想过自己能把自己的过去记录下来,总觉得自己文笔差,也没有时间去回忆、去记录,只好深深地在脑海里存放,当女儿采访我时,记忆的闸门打开了,一倾而出,滔滔不绝,女儿眼中的我的童年是什么样子的呢?心中非常忐忑,好期待有文采的宝贝女儿的文笔。

我向女儿讲起意气风发少年时代。小学时光非常轻松愉快,记得那时的小学没有什么学习压力,小学时期我和哥哥跟爸爸在县城读书,妈妈还在农村,最盼望的就是每周末回家见妈妈,想妈妈的怀抱,想妈妈做的饭菜,想小时候的玩伴,想可以让我撒欢的宽广的河堤。一周的学习结束后回到老家,招呼小伙伴们一起去河堤玩耍,自己当小老师,骄傲地教小伙伴们唱我新学的歌曲、跳我新学的舞蹈,和小朋友们去麦场追逐。老人有句话:"老年人怕过年,孩子们盼过年。"儿时的我也最盼望过年,盼望放松的假期、漂亮的新衣服、诱人的美食,还有最盼望的压岁钱。在女儿的采访过程中,当我聊起童年时光时,女儿也会滔滔不绝地问我很多的问题:"妈妈,妈妈,只有过年才能穿新衣服吗？压岁钱都有多少？"我顺着女儿的疑问，耐心地给她讲解，解答她每一个问题。再看看女儿的采访笔记已经记录了很多，如果不是这次采访还真的没有机会和女儿在一起聊聊我儿时的岁月，好期待女儿对我儿时的精彩描绘。

很期待女儿的再次采访，一直想和女儿诉说我的初中时代，妈妈一生中最后悔的就是没有上高中，总觉得高中这三年是人生中非常重要的阶段，无论是知识面还是人生价值观等，在人的一生中能起到决定性作用的，我非常遗憾缺失了这一个阶段。我的爸爸就是初中老师，初中就是在爸爸中学就读的，哪个科目学得好，哪个科目又落下了，老师们总是悄悄地向爸爸报告，这也证明了每一位老师对我的关心关爱。老爸对我比较严厉，不管哪一门科目出现问题，爸爸总是先鼓励我，让我努力、尽力做好，偶尔也批评我。

初中的时候记得自己语文总是不开窍，背古诗词、写作文都很糟糕。自从遇到我的赵老师，我的语文成绩才真的有了起色。赵老师不厌其烦地讲解，一次次地鼓励，激发了我学习语文的兴趣，语文成绩也提高了，初二、初三学习成绩也非常优秀。接下来和女儿讲述爸爸生病去世的一段，我的心里非常沉重，眼泪在眼眶里打转，强忍着不要流下来，女儿听得也特别认真，眼睛里也泛着泪花。初二时爸爸得了肺癌，妈妈奔波在各大城市给爸爸治病，希望这个顶梁柱不要倒下，我也时常寄宿在邻居家里，此时的我，感觉一下子长大了很多，要学医的种子此时在我的心里种下，我更加努力学习，不辜负家人。初三下学期，爸爸病情急剧恶化，看着病床上的爸爸，还有日渐憔悴的妈妈，我伤心不已，也经常自己躲在屋子里哭泣，心中默默祈祷，让我爸爸能够康复。临近中考时，爸爸离开了我们，家里的唯一的经济来源没有了，顶梁柱倒塌了，此时唯一能够报答家人的就是一定要考出好的成绩，我决心全身心积极备考。中考成绩出来后，过了重点高中分数线很多。为了能够为家庭减少花销，妈妈和亲戚朋友商议决定让我读中专，我选择了山东医科大学卫生学校。没上高中我心有不甘，但也算是圆了我的学医梦。

和女儿讲述我的卫校生活，女儿听得也非常认真，也提出很多问题，手中的笔没有停歇，刷刷地记录着。学护理必须有过硬的操作技能，中专时代的我也是非常刻苦的，勤学苦练，一次次地拿自己进行操作演练，这让我练就了过硬的技术，也为将来能找到理想的工作打下了坚实的基础。

中专毕业后，我走上了理想的工作岗位，当了一名儿科护士。工作二十余年来，在繁忙的工作之余，我一直坚持学习相关专业知识，经过多年的刻苦努力，相继拿到了本科和研究生学历，从一名普通护士成长为一名年轻有为的护士长。和女儿说到这里时心中也感到自豪。也是因为工作和学习的努力缺失了很多对女儿的陪伴，同时也潜移默化地促使女儿养成了个性独立、刻苦学习的好习惯。和女儿讲到工作中的点点滴滴，讲到感恩的小患者，女儿听得津津有味，我也讲得滔滔不绝。

女儿的采访就要结束了，万千思绪在我脑海中萦绕，心中也有一丝丝的遗憾。在这段时间里，女儿的采访勾起了我很多回忆，期待通过女儿的妙笔记录我这段记忆，期待女儿对"灰姑娘"的精彩刻画。

跋二：爸爸的话

时光荏苒，我们亲爱的女儿平平安安地在我们身边长大，快快乐乐地迎来花季。豆蔻年华，一个生命的盛放期到来，也意味着另一个生命的青春逝去。

十月怀胎的艰辛，一朝分娩的痛苦，十几年如一日的付出，"母爱如海"是妈妈为女儿含辛茹苦的最好注脚。母爱在每日的早餐里，母爱在夏夜的蒲扇里，母爱在换季的棉衣里，母爱在灯光下的陪读里，母爱在那鱼尾纹和华发里……母爱如海，无需你的刻意寻找，她都在那里绵延不断，博大包容。妻子一直默默地奉献着自己，用自己的生命付出与培育，女儿的优秀是最好的回报。

妻子是平凡的，但绝不平庸，骨子里有一股永不言弃的倔强，那是对生活的热爱，是对美好的追求。无忧的童年，懵懂的少年，奋斗的青春，直到走出那座小县城，若不是女儿写亲人小传，那段时光我们也很少提及。我们相识是在工作以后。妻子在工作中淋漓尽致地体现了医者仁心和精益求精，这一点无愧"白衣天使"的称号，甚至有些行为习惯在外行看来简直是强迫症。妻子对自己的要求很严格，奉行"终生学习"的理念，工作之余充电提高，决不懈怠，一直是单位各种岗位技能大赛的扛把子，一摞摞的荣誉证书是最好的备注。

妻子上得厅堂，下得厨房，居家温婉贤良。回想我们的婚后生活，妻子绝对是"三好学生"——好妻子、好儿媳、好妯娌，大事小情的不再赘述，直接给个大写的"赞"吧！

最浪漫的承诺是相守，最长情的告白是陪伴，感谢过往岁月也祝福未来时光，我和家人们一起拥有爱，拥有彼此。

跋三：来自朋友

我心目中的张老师对待工作严谨细致、一丝不苟，对待患儿及其家属非常有爱心、耐心和同理心。工作之余的张老师非常和蔼可亲、乐观幽默，同时善于鼓励自己的下属和学生积极进取、发展职业规划。总之张老师严于律己、宽以待人的做人做事风格一直是我学习的榜样，而从考研、读研再到工作也是张老师一直在激励我、指导我，所以她是我最尊敬的老师之一。

——周松（学生）

在学生时期，她就是品学兼优的优等生，从初中到大学毕业，一直担任班干部，而且带领着班里的同学都积极向上。工作中，她敬业、奉献、严于律己，各项工作都出类拔萃。她勤恳务实、善于学习、不断进取，业务知识扎实，业务水平优秀，在工作和生活中是同学们的榜样。因为其工作的特殊性——救死扶伤的白衣天使，不管是朋友、同学、亲戚，也不管下班后、还是节假日，有时甚至是深夜，只要找到她，她都会第一时间尽其所能及地去帮助求助于她的朋友。生活中，她怀着一颗孝顺之心、体贴之心、慈爱之心，用自己的实际行动践行着为人女、为人妻、为人母的不同角色，夫妇恩爱，家庭和谐，一家人其乐融融，她用自己的美德良行诠释了"孝"和"爱"的传统美德。

——李晶（闺蜜）

我认识的张老师是一个性格开朗、特别有爱心和亲和力的人。对待工作她严谨认真，专注细致；对待同事，工作上严格要求，私下里又像朋友一样亲和；对于我，她像老师指导我学习，又像朋友帮助我进步。

——王智超（同事）

五、你学会了什么？

通过完成本项目，你将能够：

1. 鉴赏文本，抓住细节阐释文本材料与文章中心或主题的关系；

2. 根据创作的需要，设计完整的调查采访程序，顺利完成信息采集任务，获取并有效地筛选出所需要的信息；

3. 选择典型的材料，运用恰当的表现手法，创作出主题和中心明确的作品。

六、你真的学会了吗？

2022 年 4 月 23 日，是第 27 个世界读书日。山东大学附属中学 2021 级博学团队组织了"云端共读"活动（图 1），同学们针对自己的在读书目各抒己见，同时也提出了自己在阅读中遇到的一些问题，讨论甚是热烈。现选取此次活动中的两个热点问题，希望能得到你的帮助。

图 1 2021 级博学团队"云端共读"现场

问题1：我们初中阶段会遇到鲁迅的《从百草园到三味书屋》《社戏》《故乡》等作品，从中可以看到一个丰富且立体的鲁迅，只是有些文字很深奥，我们在理解上存在很多问题。既然《鲁迅入门读本》这本书旨在引领我们走近鲁迅的世界，那么编者在选择篇目、编排目录的时候是如何达到这一目的的呢？（图2、图3）

目　录

第一编　感受鲁迅：人之子与人之父
一、父亲与儿子
　　我家的海婴
　　五猖会
　　我们现在怎样做父亲
二、儿时故乡的蛊惑
　　阿长与《山海经》
　　社戏（节选）
　　我的第一个师父
　　风筝
第二编　阅读鲁迅（一）：人·动物·鬼·神
一、人与动物
　　兔和猫
　　鸭的喜剧
　　狗·猫·鼠
二、人·鬼·神
　　无常
　　补天
　　铸剑
三、生命元素的想象
　　死火
　　雪
　　秋夜
四、诗与画
　　鲁迅新诗与旧体诗选（八首）
　　看司徒乔君的画
第三编　阅读鲁迅（二）：睁了眼看
一、睁了眼看
　　论睁了眼看
　　夜颂
　　中国人失掉自信力了吗
二、另一种"看"
　　示众
　　孔乙己
　　药
　　狂人日记
三、聪明人和傻子和奴才
　　聪明人和傻子和奴才
　　再论雷峰塔的倒掉
　　暴君的臣民
第四编　阅读鲁迅（三）：生命的路
一、生命的路
　　导师
　　生命的路
　　补白（节选）
二、自己做主，说自己的话
　　读书杂谈
　　作文秘诀
　　无声的中国

图2　《鲁迅入门读本》
（鲁迅原著，钱理群选
编导读）

图3　《鲁迅入门读本》目录

问题2：我很喜欢苏轼，目前我家里有两本关于他的传记，一本是林语堂的《苏东坡传》，另一本是李一冰的《苏东坡新传》。我对比了两本书的目录部分（图4、图5），可谓是各有千秋，只是同样一个人被两位不同的作家进行刻画，他们是如何做到凸显人物的精神品质的呢？

原序	卷二 壮年	卷三 老练	卷四 流放岁月
卷一 童年与青年	宋仁宗嘉祐七年至神宗元丰	神宗元丰三年至哲宗元祐八年	哲宗绍圣元年至徽宗建中靖
宋仁宗景祐三年至嘉祐六年	二年	（一〇八〇——一〇九三）	国元年
（一〇三六——一〇六一）	（一〇六二——一〇七九）	第十五章 东坡居士	（一〇九四——一一〇一）
第一章 文忠公	第六章 神、鬼、人	第十六章 赤壁赋	第二十四章 二度迫害
第二章 眉山	第七章 王安石变法	第十七章 瑜伽与炼丹	第二十五章 岭南流放
第三章 童年与青年	第八章 拗相公	第十八章 浪迹天涯	第二十六章 仙居
第四章 应试	第九章 人的恶行	第十九章 太后恩宠	第二十七章 域外
第五章 父与子	第十章 两兄弟	第二十章 国画	第二十八章 终了
	第十一章 诗人、名妓、高僧	第二十一章 谦退之道	附录一 年谱
	第十二章 抗暴诗	第二十二章 工程与赈灾	附录二 参考书目及资料来源
	第十三章 黄楼	第二十三章 百姓之友	
	第十四章 逮捕与审判		

图 4 《苏东坡传》（林语堂著）

上册	下册
寻找李一冰	第九章 书斋内外
第一章 食蓼少年	第十章 杭州去来
第二章 变法与党争	第十一章 颍州·扬州·定州
第三章 马入尘埃	第十二章 惠州流人
第四章 黄楼	第十三章 海外东坡
第五章 乌台诗狱	第十四章 北归
第六章 黄州五年	后 记
第七章 飘泊江淮	缥缈孤鸿影：父亲与《苏东坡新传》
第八章 风雨京华	附录 苏轼及宋大事年表

图 5 《苏东坡新传》（李一冰著）

七、你需要如何管理自己的项目？

以下工具可以帮助你更好地完成项目：

（一）写作计划模板

写作计划模板
我想写的人是：
原因是：
我希望从以下方面搜集素材（画出气泡图）：

（二）传记创作知识清单

传记创作知识清单		
学到的知识	来　源	应用举例

（三）亲人小传项目学习总结

亲人小传项目学习总结
班级：　　　姓名：
1.最终的作品，最让你骄傲与满意的是什么？
2.你从这个项目中学到了什么知识？

3. 你从这个项目中学到了什么技能?

4. 在项目中，你遇到的困难有哪些? 如何克服的?

5. 今后你还会继续了解哪些与项目相关的知识?

6. 今后你打算继续做哪些与本项目相关的事情?

7. 其他想说的话:

素养本位的项目式学习 ｜初中英语｜

Tell traditional Chinese stories
讲好中国故事、传播中国文化

● 编写人员：薛　璐　董　梅

英 语
教学指南

一、项目概要

项目主题： 讲好中国故事、传播中国文化

项目性质： 英语学科

学段及学科： 初中八年级下册英语

学时安排： 6 学时

项目简介：

寓言、民间传说和童话故事等是人类文明传递与传播的重要载体，也是青少年了解世界、探索文化和丰富精神世界的重要形式。中国传统故事是中国悠久历史文化的积淀，蕴含了中国人民对生活的热爱和对真善美的歌颂。英语学习者肩负着让世界听见中国声音的历史使命，而用英语讲好中国故事是向世界传播中国优秀文化的优质途径。这不仅有利于提升语言知识和能力，更能深刻理解中国传统文化内涵，增强民族意识和文化自信心。

本项目以人教版八年级下册 Unit 6 An old man tried to move the mountains. 的单元内容为基础，成果通过汇编《中国传统故事集（英文版）》并进行中国传统故事英语戏剧录制与发布的形式呈现。《中国传统故事集（英文版）》可以作为赠予友好学校的礼物，而网络平台发布的中国传统故事英语戏剧将

以互联网为媒介，让世界各国的人们更直观地了解中国故事，体会其蕴含的文化和精神。

为了完成项目任务，学生将学习课内语篇，选读课外语篇，习得必备的语言知识和技能，获取其中的文化知识，完成学习活动的同时开展项目活动，最终用英语以书面形式呈现一个完整的中国传统故事和内涵表述，并将其录制成英语故事戏剧展演的视频，发布于视频平台，以达到传播中华文化的效果。在完成具体项目任务的过程中，学生能在书面和口头表达过程中提升其在真实情境中的语言表达和沟通能力；通过对传统故事的思想认同和对传统故事的讲述行为，学生增强了家国情怀和本民族的文化自信心；学生在选择、比较、分析和评价故事的过程中，提升了其对事物的价值判断力；学生选择合适的途径搜寻故事素材，查找故事信息，优化了其学习的方法和策略。

二、相关课程内容分析

（一）分析相关知识、技能

1. 课标分析。

本项目属于《义务教育英语课程标准（2022 版）》中提出的三大主题中的"人与社会"范畴，属于该范畴下的"社会服务与人际交流"的主题群和"跨文化沟通与交流，语言与文化"子主题。本项目的语篇以记叙文（故事）为主，是新课标三级目标中明确要求学习的语篇类型，它们承载了表达主题的语言知识、文化知识。

从语言知识和语言技能的角度，新课标要求学生能在听、读、看的过程中，围绕语篇内容记录重点信息，整体理解和简要概括主要内容，能分析和梳理故事类语篇的基本结构特征，在书面表达中，能选用不同句式结构和时态，描述和介绍小组选定的传统故事，表达情感、态度和观点等。本项目的驱动任务之一为汇编《中国传统故事集（英文版）》，内容和目标与课标要求完全相符，完成项目任务的过程有助于学生达到课标要求。

从文化知识的角度，新课标文化意识的三级目标要求学生尊重文化的多样性和差异性，能用所学语言描述文化现象与文化差异，表达自己的价值取向，认同中华文化，理解与感悟中外优秀文化的内涵，领会所学简短语篇蕴含的人文精神、科学精神和劳动价值，感悟诚实、友善等社会传统美德。本项目旨在树立文化自信，传播中华文化，与课标要求完全一致。

2. **教材分析。**

本项目主要基于人教版八年级下册 Unit 6 An old man tried to move the mountains 展开。第六单元的听、说部分包括《愚公移山》《皇帝的新装》两则故事。通过这两个听说部分的语篇学习，学生们能初步掌握英文故事标题的书写方式和故事情节的讲述方法。本单元中的阅读部分包括《美猴王》《糖果屋》两则故事，故事中的过去时的复现使用，为学生提供了讲述故事情节的基本时态；一般现在时的使用，为学生们提供了讲述故事内涵的语法支持；《糖果屋》的故事是以戏剧的形式呈现，学生在学习戏剧特点的同时，可以尝试使用一般过去时练习复写故事情节，以便加深对两种不同时态的认识并加强时态的准确应用。补充材料中呈现的多个中外传统故事，从不同侧面为学生呈现了故事情节的讲述方式，为学生讲述和描写故事情节提供了更多的语言支架和文章框架结构。同时学生可以进一步体会中外故事内涵的异同。这将帮助他们在讲述和描写中国传统故事的内涵方面做到更恰当、更准确。实现由语言输入到语言输出的过程。

3. **概况总结。**

为了完成本项目中汇编《中国传统故事集（英文版）》和戏剧展演两个任务，教师需要引导学生掌握以下知识和技能。

所需知识：

（1）英语故事的讲述和写作需具备的六要素；

（2）讲述英语故事、内涵和个人观点所需的基本词汇、句型；

（3）一般过去时用于讲述故事情节，一般现在时用于讲故事内涵和观点；

（4）英语戏剧的结构和语言特点；

（5）中国传统故事的深刻内涵。

所需技能：

（1）能提取故事要素、提炼讲述故事所需的语言知识；

（2）能提炼表达观点所需的语言知识；

（3）能精确表达故事情节的逻辑性；

（4）能精准表达小组选定故事的内涵与个人观点；

（5）能在组内创编剧本，并演出戏剧。

（二）提炼学科大观念

本项目通过用英语讲中国传统故事达到传播中国优秀文化的目的，学生将学习《愚公移山》《美猴王》《皇帝的新装》《糖果屋》四则用英语叙写的中外故事，并有选择性地学习多则中外故事。教师基于这些故事的事实性知识，引导学生关注并提炼出故事背后蕴含的中西方文化异同、真善美、邪恶的概念，进而理解中国故事的精髓在于对真善美的传播和对生活的热爱。而要达到适切地传递中国文化的目的，需要学生具备必要的语言知识与语言技能，主要包括能把握文体特征，能选择并正确使用时态，能恰当地选词，能正确使用直接引语，能进行结构化写作。以此为基础，学生能用英语讲中国传统故事，并提炼出描写人物、情节、关系、对话、观点等的方法，进而达到用英语讲中国故事的适切性。

因此，本项目的大观念为"用英语讲好中国故事，能向世界传播中华民族的优秀文化"。

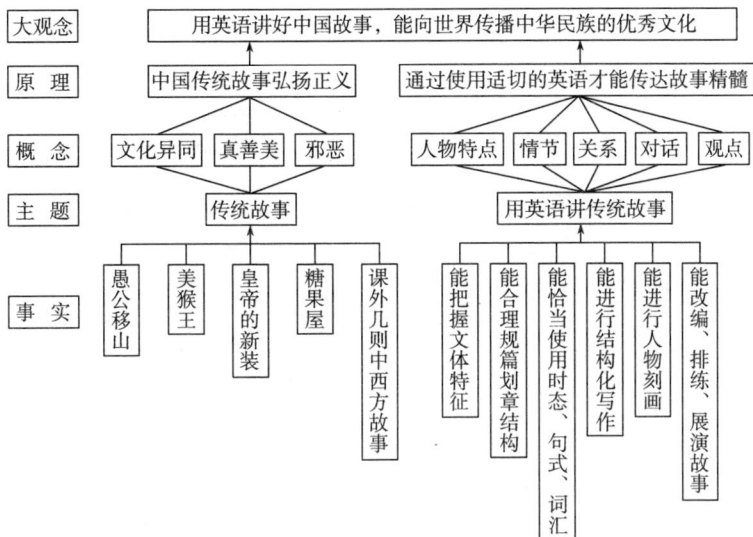

图 1　大观念提炼图

（三）绘制以大观念为核心的知识、技能结构图

以"用英语讲好中国故事，能向世界传播中华民族的优秀文化"大观念为核心的知识和技能结构，如图 2 所示。

要生成"用英语讲好中国故事，能向世界传播中华民族的优秀文化"的大观念，意味着学生要能理解英语语篇内容与内涵，并能用适切的英语讲述中国故事，实现跨文化交流。这就需要学生具备讲好中国故事的必备知识和关键能力。学生在学习过程中，通过对课内故事的听、读、复述以及课外补充素材的泛读，关注并思考中国传统故事背后的文化内涵、中西方文化异同，学习并掌握必要的词汇、语法、行文方面的知识，同时发展语言技能。学生通过小组合作，进行学习内容的分析、对比、总结，提炼出讲好故事所需的关键能力，掌握讲述故事情节与表述故事内涵所需的关键能力，即能把握文体特征，能合理规划篇章结构，能恰当使用时态、句式、词汇，能进行结构化写作，能刻画人物，能改编、排练、展演故事。最终以汇编故事集与拍摄戏剧的形式呈现作品，通过恰当的平台与外国友人分享，从而实现传播中国文化的目的。

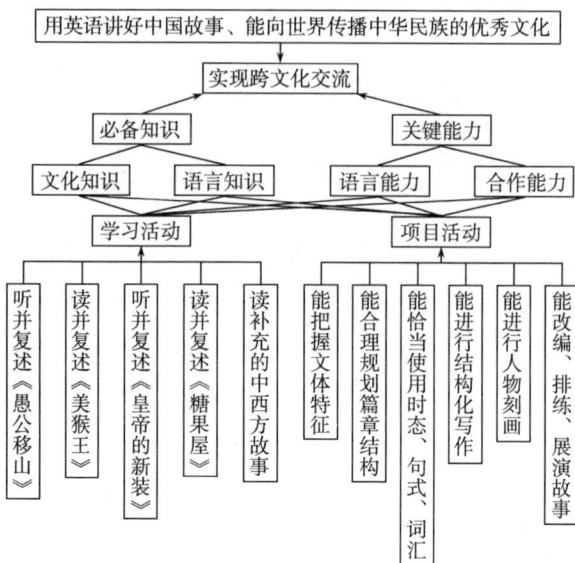

图2　以大观念为核心的知识、技能结构图

三、素养目标

1.能在听、读故事的过程中，围绕四则故事的语篇内容记录重点信息，整体理解和简要概括主要内容；能分析和梳理故事类语篇的基本结构特征；在写故事过程中，能用简单的连接词建立语义联系；能选用不同句式结构和时态，描述和介绍小组选定的传统故事内容，并表达情感、态度和观点；能根据小组选定的故事内容创编剧本，并完成戏剧排演。（语言能力）

2.能根据故事情节推断人物的心理，推断信息之间简单的逻辑关系；能从不同角度解读故事，推断故事的深层含义，做出正确的价值判断；能在课内四则故事中获取、归纳中外传统故事的文化信息，认识不同文化，尊重文化的多样性和差异性。（思维品质）

3.能用所学语言描述故事中的文化现象，阐释自己的价值取向，认同中华文化。（文化意识）

4.能在项目各环节中积极与组内成员合作，共同完成本项目的任务；能在学习过程中积极思考，主动探究，发现并尝试使用多种策略解决项目任务

中的问题。（学习能力）

四、项目设计整体构思

（一）项目构思

本项目以完成"《中国传统故事集（英文版）》和中国传统故事英语戏剧视频录制"为驱动任务。

为了实现驱动任务，学生要完成项目所需知识的学习，同时开展指向项目完成的活动，如图 3 所示。在项目启动时，让学生了解本项目的主题、任务、意义、要求、讨论成果形式和评价方式等，制订项目计划书。学生通过学习四则中外传统故事，获取写故事的必备知识和技能，如文体特征、文章结构、观点表达、人物描写等。与此同时，开展组内的项目活动。首先，选择故事，为了使所选的故事不重复，各班负责人负责统筹班内故事并跨班协调，最终确定每个小组的故事。学生然后尝试讨论故事情节与内涵、对比文化异同、提取语言支架、提炼写作手法，进行初写故事和完善故事的活动。各班负责人负责整编排序，最终成集。至此，第一个驱动任务完成。学生以组内故事为基础，改编成剧本，并排练演出，录制视频并发布到社交平台。最终，第二个任务达成。项目评价贯穿于项目实施的始末，既包括对项目产品的评价，也包括对于整个学习过程的评价。

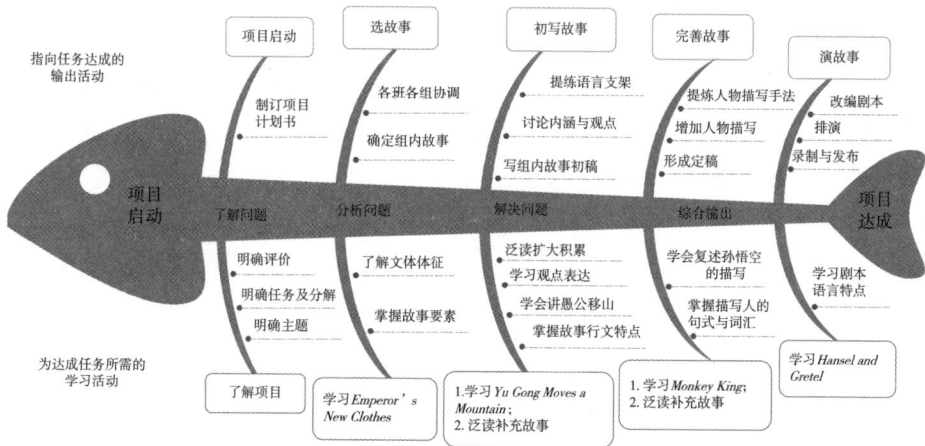

图 3　项目构思鱼骨图

（二）项目任务、问题或活动进程

项目进程		项目要求或任务	驱动问题及问题链	学习或探究活动
项目启动		1. 明确项目的主题与任务：了解任务的分解与基本流程； 2. 确定成果形式与评价方式； 3. 形成项目计划。	驱动问题： 《中国传统故事集（英文版）》； 中国传统故事英语戏剧录制与视频平台发布。 问题链： 1. 怎样的成果能称之为优秀的作品？ 2. 为了完成项目，小组的计划和分工是什么？	讨论并商定项目评价标准。 讨论并商定分工，完成项目计划表。
项目实施	初步感知	1. 听懂《皇帝的新装》故事情节，并能提取故事的六大要素； 2. 能抓住作者的叙事手法； 3. 能复述该故事。	驱动问题： 英语故事的基本特征是什么？ 问题链： 1. 故事情节是什么？ 2. 故事具备了哪些要素？ 3. 以怎样的方式叙事？ 4. 选取怎样的故事来写？	小组讨论、提炼写故事所需的要素、叙事手法，在组内进行该故事的复述。 班级负责人收集各组选取故事的意向，协调各班与各组，保障故事不重复。

续表

项目进程		项目要求或任务	驱动问题及问题链	学习或探究活动
项目实施	赏析与积累	1. 能听懂、读懂《愚公移山》的故事情节，能掌握故事续写的结构特点，能提取讲故事必要的语言知识； 2. 能挖掘并表述故事的内涵，并发表个人观点，能完成组内选定故事的初稿。	驱动问题： 完整记叙英语故事。 问题链： 1. 故事的梗概是什么？ 2. 蕴含的精神是什么？ 3. 作者如何谋篇布局？ 4. 使用了怎样的时态来写故事？以什么时态来发表观点？ 5. 怎样进行细节描写？你对这个故事有什么看法？ 6. 我们使用怎样的英语语言来表述个人观点？	小组讨论并记录问题链 3-6 的讨论结果。 小组代表分享组内讨论结果。 在教师的指导下，各小组修订。 小组借助互联网收集组内故事资料，分工合作形成初稿。
	整合提升	1. 读懂《美猴王》的故事内容； 2. 能提炼出作者描写人物的手法； 3. 提炼出用于写人的句式与词汇等； 4. 完善组内故事的人物描写。	驱动问题： 如何描写人物。 问题链： 1. 描写了美猴王的哪些方面？ 2. 作者对美猴王的评价是什么？ 3. 你对人物的看法如何？ 4. 怎样描写故事中的人物？哪些修辞手法适用？	小组讨论《美猴王》的写作手法，并选择补充素材中的语篇，提取更多人物描写手法，完成问题链。 各组代表分享。在教师的指导下，各组补充修订。 小组内补充组内的故事的人物描写，在教师指导下，进行打磨修改，完成故事定稿。

续表

项目进程		项目要求或任务	驱动问题及问题链	学习或探究活动
项目实施	综合输出	1. 读懂《糖果屋》剧本情节； 2. 能提炼出剧本的写作特点； 3. 能完成组内故事的剧本创编； 4. 能排演戏剧。	驱动问题： 创编故事戏剧并录制视频 问题链： 1.《糖果屋》讲了怎样的一个故事？ 2. 剧本与讲故事文体差异是什么？ 3. 怎样的语言适合用于剧本？ 4. 排演要如何分工？有哪些注意事项？	小组讨论并提炼剧本与故事文体上的差异；总结剧本的语言特点，完成问题链2-3。 小组内分工改编剧本；分工排演。 录制视频，发布在视频平台上。
项目达成		1. 故事成集； 2. 戏剧录制与发布。	评价。	复盘、评价与反思。

五、项目流程

（一）项目准备

教师为顺利实施项目做必要的准备：

1. 项目开始前需要考虑的问题有：

（1）我们应在这个项目上投入多少时间？进度如何安排？

（2）学生已经具备了哪些可以应用到这个项目中的基本技能？还需要进行哪方面的培训？

2. 为了保障项目的顺利开展，教师需要做的资源准备：

（1）搜集关于中国传统故事的英文讲述、视频音频及图文材料，在学生学习相关技能时，可有选择地进行补充阅读。

（2）需要提前联系图文社进行中国传统故事集样本的设计和印刷。

（3）戏剧展演需准备道具、服装、场地、设备等。

（4）确定成果展示的平台。

（二）项目启动

1. 教师向学生介绍"讲述中国传统故事，弘扬中华民族文化"这个项目，让学生明确项目主题及要求。

教师向学生介绍该项目的主题及意义，介绍项目过程性成果及终结性成果，提出项目完成过程性要求和终结性要求。学生就以下问题进行头脑风暴：

（1）我们要讲一个什么中国传统故事？

（2）故事中有哪些主要的人物和重要的情节？

（3）除了故事和人物本身，我们还需要从哪些方面让大家更加了解这个故事呢？

（4）我们对这个故事或人物有哪些自己独特的观点或者建议呢？

（5）怎样用地道的英语准确地讲述或改编这个中国传统故事呢？

（6）中国传统故事集怎样才能更具有吸引力？

（7）故事表演视频录制需要做哪些准备工作？

2. 教师和学生讨论确定项目成果的呈现形式以及评价方式。

（1）成果呈现形式：

中国传统故事集的要求：

① 内容需包含故事名称及作者、故事内容的英文描述、故事中人物的分析、故事的影响力或历史、故事的内涵与启示；

② 语言表达得当，无语法与拼写错误；

③ A4 纸，纵向，需图文结合、简洁大方；

④ 内容较多可分两页。

中国传统故事戏剧录制与发布的要求：

① 组内全员参与，分工明确，做好剧本、道具、设备、背景音乐等方面的准备。

② MP4 格式，要求画质清晰、双语字幕、发音准确、语速适中。

③ 时长以 5-10 分钟为宜。

（2）评价方式：

评价内容	评价对象	组织形式	评价指标	评价类型
阅读评价表	个人	教师评价	见评价表1	过程性评价
《愚公移山》故事复述及评论	个人	组内评价	见评价表2	过程性评价
中国传统故事的英文讲述	个人/小组	组内评价	见评价表3	过程性评价
人物及影响力的英文讲述	个人/小组	组内评价	见评价表4	过程性评价
最佳男、女演员	个人	班内评价	见评价表5	结果性评价
最佳表演小组	小组	班内评价	见评价表6	结果性评价
《中国传统故事集（英文版）》	小组	教师评价	见评价表7	结果性评价
项目最终评价	个人	教师评价	见评价表8	结果性评价

3. 学生分组，并讨论组内分工。

小组内根据头脑风暴的结果，完成《小组项目计划书》及组内分工，组员领取各自项目任务。

（三）项目实施

● 任务一：汇编中国传统故事集

问题研讨：如何运用语言支架讲述中国传统故事，体现故事内涵？

学科活动：为解决这一问题，引领学生开展语言学习及学科探究活动。

合作学习：阅读补充材料，讲述中国传统故事。

共同商定：头脑风暴，讨论选择本组在项目中将要讲述的中国传统故事。

过程评价：学生利用评价表1、2、3、4进行过程性评价。

预期成果：完整、美观的《中国传统故事集（英文版）》。

● 任务二：中国传统故事戏剧展演

问题研讨：如何进行中国传统故事剧本改编并录制成英语戏剧视频？

学科活动：为解决这一问题，引领学生开展语言学习及学科探究活动。

合作学习：剧本改编。

共同商定：角色任务分工及展演方案。

过程评价： 学生利用评价表 5、6、7、8 进行评价。

预期成果： 中国传统故事戏剧展演顺利录制并成功上传平台。

（四）项目作品展示与评估

1. **完成《中国传统故事集（英文版）》中的故事叙写，成册集结，进行年级展示。**

自主学习，小组交流，小组所选故事以 A4 活页纸形式呈现。以年级为单位选择优秀作品汇总入《中国传统故事集（英文版）》。教师进行评价打分（评价表 7）。

2. **进行中国传统故事戏剧视频的班级展示。**

每个小组进行戏剧展演。班内学生利用评价表为各小组视频打分（评价表 6）；选出最佳男、女演员（评价表 5）。

3. **各班选定展示平台并上传。**

4. **自我反思评价。**

学生结合项目学习经历和观众评价，针对自己的作品集和故事戏剧的效果写出反思。

5. **教师对学生项目中的表现做出评价。**

教师结合学生项目过程中的表现及项目作品呈现状况，对学生进行终结性评价（评价表 8）。

6. **项目反思及整理。**

教师就本项目开展的过程和结果，进行反思总结，写出心得体会，为下一步项目的开展积累经验。

六、教学示例

（一）项目启动

活动名称 Day 1	预设课堂双边活动		教学建议与资源支持
	学生活动	教师活动	
项目介绍	1. 了解项目主题意义； 2. 明确单元学习过程； 3. 明晰项目成果呈现方式（中国传统故事集 / 传统故事戏剧录制）。	1. 介绍项目主题意义； 2. 讲解项目所在单元的学习过程； 3. 说明项目成果呈现方式（中国传统故事集 / 传统故事戏剧录制）。	1. 建议使用视频引发学生对用英语讲中国传统故事的兴趣和思考； 2. 使用可视化流程图呈现单元学习过程； 3. 不建议使用成型项目成果限制学生对最终成果的想象思考。
讨论并确定项目成果呈现方式	1. 小组讨论； 2. 小组分享讨论结果； 3. 记录员记录讨论结果； 4. 投票确定最终项目成果呈现方式。	1. 组织小组讨论； 2. 指导小组讨论内容； 3. 邀请小组代表分享讨论结果； 4. 组织班级投票确定最终项目成果呈现方式。	1. 建议教师掌控讨论时长和纪律； 2. 建议教师使用小组评价表指导讨论过程。
讨论并确定项目成果评价方式	1. 小组讨论； 2. 小组分享讨论结果； 3. 全班投票确定最优项目成果评价方案； 4. 讨论、优化评价方案。	1. 组织小组讨论； 2. 指导小组讨论内容； 3. 邀请小组代表分享讨论结果； 4. 组织班级投票确定最优项目成果评价方案； 5. 组织全班讨论、优化评价方案。	1. 建议教师提供可供借鉴的评价表样例； 2. 建议教师鼓励学生结合评价表样例和项目成果，制订切实可行的评价表。

续表

活动名称 Day 1	预设课堂双边活动		教学建议与资源支持
	学生活动	教师活动	
讨论并确定项目计划书	1.了解项目计划书内容； 2.讨论项目计划书内容； 3.完成项目计划书。	1.展示项目计划书； 2.组织学生讨论项目计划书内容； 3.解答项目书疑问； 4.指导完善项目计划书。	建议教师指导学生根据单元学习进度确定项目进度和步骤。
作业	1.小组完善项目计划书； 2.班级负责人收集各班项目成果评价表上交教师。		

活动名称 Day 2	预设课堂双边活动		教学建议与 资源支持
	学生活动	教师活动	
学习 Emperor's New Clothes 故事	1.基于图片和已有知识，猜测故事的名称及图片顺序； 2.听对话，验证预测，理解故事大意； 3.再次听对话，理解对话细节，如 who, when, where, what, why, how； 4.听录音跟读，关注语音、语调、节奏、连读、重读等。	1.启发并鼓励学生预测图片顺序和故事名称； 2.播放听力，展示与故事细节有关的问题； 3.观察学生回答问题的表现，评价其利用情境线索预测对话内容的能力和听取关键信息的能力； 4.教师根据不同能力水平学生朗读的情况，给予指导或鼓励。	1.建议教师多提供与故事有关的直观的图片信息； 2.建议教师多鼓励学生进行猜测。

续表

活动名称 Day 2	预设课堂双边活动		教学建议与资源支持
	学生活动	教师活动	
掌握故事要素	1. 梳理、归纳故事中的核心语言知识（once upon a time, an emperor, Europe, love beautiful clothes, two brothers, cheat, a young boy, underwear, 一般过去时）； 2. 根据教师的板书和启发，梳理、归纳出故事的六要素（who, where, when, what, how, why）； 3. 根据教师板书的思维导图，复述故事； 4. 根据评价表进行小组内评价。	1. 指导学生梳理、归纳故事中的核心语言知识（词汇知识、语法知识）； 2. 教师启发并板书出故事的六要素（who, where, when, what, how, why）； 3. 观察学生能够借助板书呈现的语言支架复述故事，根据学生表现给予必要的提示和指导。	建议教师将故事的六要素以思维导图的形式呈现，以利于学生理解和复述故事。
了解文体特征	1. 阅读《皇帝的新装》语篇，讨论故事的文体（记叙文）和文体特征； 2. 在教师的指导下，梳理、归纳记叙文的文体特征。	1. 提供《皇帝的新装》故事的语篇，指导学生讨论故事的文体（记叙文）及文体特征； 2. 根据学生的回答，启发学生利用已有知识，确定本故事的文体特征（人物、故事发展顺序等）。	建议教师提供较为详细的《皇帝的新装》故事，以利于学生梳理、总结文体特征。
作业	1. 小组选定组内故事； 2. 班级负责人收集各组选定的故事，协调各班各组，保障故事不重复。		

续表

活动名称 Day 3	预设课堂双边活动		教学建议与 资源支持
	学生活动	教师活动	
了解中国 传统故事	1. 了解中国传统故事; 2. 学习中国传统故事标题及格式; 3. 完成 1a 图片故事标题配对活动。	1. 通过图片介绍中国传统故事; 2. 讲解 1a 中国传统故事英文标题及格式; 3. 指导完成 1a 图片故事标题配对活动。	建议使用多模态展示多个中国传统故事来调取学生对中国传统故事的经验。
学习《愚公移山》故事	1. 听 1b《愚公移山》故事开头并完成听力任务; 2. 订正 1b 听力任务答案; 3. 与同伴一起讨论完成《愚公移山》故事开头介绍; 4. 分享《愚公移山》故事开头介绍; 5. 听 2a、2b《愚公移山》故事后半部分听力并完成听力任务; 6. 订正 2a、2b 听力任务答案; 7. 归纳总结故事结构与时态特点; 8. 准备《愚公移山》故事的口头复述; 9. 讲述完整的《愚公移山》故事。	1. 播放 1b《愚公移山》故事开头听力并指导完成听力任务; 2. 邀请学生分享听力任务答案并予以评价; 3. 组织同伴讨论完成《愚公移山》故事开头介绍; 4. 邀请学生分享《愚公移山》故事开头介绍并予以评价; 5. 播放 2a、2b《愚公移山》故事后半部分听力并指导完成听力任务; 6. 邀请学生分享听力任务答案并予以评价; 7. 指导学生归纳总结故事结构与时态特点; 8. 指导学生根据听力内容准备《愚公移山》故事的口头复述; 9. 邀请学生讲述《愚公移山》故事。	1. 建议教师在听力任务完成后追问听力任务未涉及到的故事关键信息; 2. 建议教师在指导学生完成听力后讲解重点语言点。

续表

活动名称 Day 3	预设课堂双边活动		教学建议与 资源支持
	学生活动	教师活动	
学习评价《愚公移山》故事	1. 阅读文本找出不同人对《愚公移山》故事的评价； 2. 小组讨论文本对《愚公移山》故事的评价观点； 3. 小组代表分享观点； 4. 归纳总结故事评价维度。	1. 指导学生根据教师所提问题引导阅读 2d 文本，找出不同人对《愚公移山》故事的评价； 2. 组织学生小组讨论文本中对《愚公移山》故事的评价观点； 3. 邀请小组代表分享观点； 4. 指导学生归纳总结从哪些维度对故事进行评价。	建议教师在小组讨论的过程中引导学生形成积极向上的评价观点。
作业	小组合作完成组内故事初稿		

活动名称 Day 4	预设课堂双边活动		教学建议与 资源支持
	学生活动	教师活动	
学习关于孙悟空的篇章	阅读文本，回答文中的三个关键问题：Which book is talked about? Who is the main character? What is he like?	1. 通过图片解读，引导学生尝试用英语来介绍孙悟空这个中国文学传统角色； 2. 引导学生通过回答文中三个关键问句来理解文章。	建议使用英文版的关于孙悟空的视频来直观感受孙悟空的角色特点。
提炼关于描写孙悟空的句型	1. 学生通过归纳 what he can do 和 what he cannot do 来梳理表达人物特点的句式，如：can, be able to； 2. 学生学习复杂句式并尝试使用。	1. 引导学生重读文章并总结 3b 的表格内容来归纳孙悟空的角色特点； 2. 引导学生分析文中特殊句式，如：伴随状语和 unless 引导的条件状语从句，并要求学生在具体语境中尝试使用。	学习和使用复杂句式，建议学有余力的学生尝试在新语境中使用。

续表

活动名称 Day 4	预设课堂双边活动		教学建议与 资源支持
	学生活动	教师活动	
尝试复述关于孙悟空的描写	学生根据归纳的句式和文章内容，对角色特点进行复述。	板书描述人物的句式，并要求学生根据文章内容和句式复述孙悟空的角色特点。	不同水平的学生可以有不同的要求。基本句式和高级句式的表达可以分层使用。
学习介绍孙悟空角色的 4b 课后练习文本	学生通过练习，认识到一般现在时可以表达人物特点。学习将人物特点与人物能力进行匹配来表现人物品质：孙悟空使用 72 变，惩恶扬善。	引导学生通过练习，进一步学习补充表达角色特点的一般现在时的句式结构。	在篇章学习过程中，我们除了引导学生关注文本的关键句式外，还要引导学生从文章框架上去分析结构，如：总—分—总结构。
作业	小组完善故事形成定稿		

活动名称 Day 5	预设课堂双边活动		教学建议与 资源支持
	学生活动	教师活动	
学习《糖果屋》的故事	1. 学生阅读糖果屋第一段，并总结故事要素； 2. 学生阅读故事情节，并完成 2c 练习。将段落大意与每段内容进行匹配； 3. 学生通过教师引导，发现二到八段与第一段的文体不同，了解剧本与故事的不同。	1. 引导学生阅读《糖果屋》第一段，总结故事的时间、地点、人物和矛盾； 2. 要求学生阅读二到八段并总结每段段落大意； 3. 引导学生观察二到八段的格式与第一段格式的区别，并猜测文体。	可以使用电影片段或者简介等视频资源，让学生更加直观地对故事情节有深入了解。

续表

活动名称 Day 5	预设课堂双边活动		教学建议与 资源支持
	学生活动	教师活动	
复述《糖果屋》的故事	学生根据对故事情节和故事中的语言知识的学习，简要复述故事情节。	板书重点词汇和句式，并要求学生根据学习内容对故事情节进行复述。	教师需要根据学生的表现给与不同程度的提示或者帮助，以便学生顺利完成复述任务。
预测故事结局	学生根据故事发展的规律，对故事结局进行预测。	带领学生阅读第九段并引导学生对接下来的情节进行预测。	教师鼓励学生大胆发言，进行头脑风暴。
人物分析	学生思考故事中的主要人物，并对人物特点进行适切的分析。	引导学生思考故事中的主要人物及其特点，并要求学生使用学习过的句式进行恰当表达。	引导学生对文中出现的四个人物进行分析。
作业	小组改编剧本并排演		

活动名称 Day 6	预设课堂双边活动		教学建议与 资源支持
	学生活动	教师活动	
戏剧展演	1. 知晓评价标准； 2. 小组戏剧展演视频展播。	1. 展示评价标准； 2. 组织学生观看戏剧视频。	建议教师引导学生了解评价细则，以评促演，让学生课前将录好的视频提前存入教室的电脑上。

续表

活动名称 Day 6	预设课堂双边活动		教学建议与 资源支持
	学生活动	教师活动	
戏剧评价	1. 非展演小组成员对展播作品进行评价；2. 展演小组记录教师评价反馈的内容。	1. 组织非展演小组成员对展播作品进行评价；2. 安排展演小组记录教师评价反馈的内容。	建议教师把控评价方向。
作业	1. 收集小组评价表；2. 根据评价表完善作品。		

七、项目评价

（一）过程性评价

评价表 1　自评表（Self-evaluation）

英文故事阅读评价表

Title		Writer	
Date		Serial	
New Words			
Summary			
My Gain			
My Thought			
Self-evaluation	★ ★ ★ ★ ★		
Teacher's words			

注：不计入终结性性评价

评价表 2　互评表（peer-evaluation）

《愚公移山》故事复述评价

Group ＿＿＿	Aspects				Scores（0-20）
	Completeness（0-5）	Logic（0-5）	Fluency（0-5）	Accuracy（0-5）	
Group member 1 ＿＿＿					
Group member 2 ＿＿＿					
Group member 3 ＿＿＿					

注：不计入终结性性评价

评价表 3　情节讲述互评表（Evaluation for telling stories)

传统故事的英文讲述评价表

Student name ＿＿＿	Aspects				Scores（0-20）
	Completeness（0-5）	Logic（0-5）	Fluency（0-5）	Accuracy（0-5）	
Group member 1 ＿＿＿					
Group member 2 ＿＿＿					
Group member 3 ＿＿＿					
Self-evaluation ＿＿＿					
Average score of the group members ＿＿＿					

注：计入终结性评价 10'

评价表 4　人物描写互评表（Evaluation for describing characters）

人物及影响力的英文讲述评价表

Student name ＿＿＿	Aspects			Scores（0-20）
	Content（0-2）	Logic（0-2）	Fluency & Accuracy（0-1）	
Group member 1 ＿＿＿				

续表

Student name _____	Aspects			Scores (0–20)
	Content (0–2)	Logic (0–2)	Fluency & Accuracy (0–1)	
Group member 2 _____				
Group member 3 _____				
Self-evaluation _____				
Average score of the group members _____				

注：计入终结性评价 10'

（二）结果评价

评价表 5　个人表演互评表（Evaluation for performance）

最佳男 / 女演员评价表

Best Actress & Best Actor	Language accuracy& pronunciation (50 points)	Emotion and body language (30 points)	Eye contact & performance skills (20 points)	Total Score (100 points)
Student 1 _____				
Student 2 _____				
Student 3 _____				
Student 4 _____				

注：计入终结性评价 10'

评价表 6 小组表演评价表（Evaluation for group performance）

最佳表演小组评价表

Best Group	Aspects				Scores（100'）
	Content completeness（30 points）	Language fluency and accuracy（10 points）	Creativity（10 points）	Props preparation（50 points）	
Group 1 _____					
Group 2 _____					
Group 3 _____					

注：计入终结性评价 40'

评价表 7 教师评价（teacher-evaluation）

《中国传统故事集》评价表

Group Name _____   Story _____

Evaluation for Posters 100'				
Aspects	Level A	Level B	Level C	Score
Spelling（20'）	No spelling mistakes（20'）	Only 1 or 2 spelling mistakes（11-19'）	Several spelling mistakes（1-10'）	
Hand Writing（20'）	Neat and careful（20'）	Mostly careful and neat（11-19'）	Illegible, messy, or careless（1-10'）	
Language accuracy（20'）	No grammar mistakes（20'）	Only 1 or 2 grammar mistakes（11-19'）	Several grammar mistakes（1-10'）	
Creativity（20'）	Idea is creative and original.（20'）	Idea is mostly original with some older ideas incorporated（11-19'）	Idea is unoriginal with little creativity.（1-10'）	

续表

Evaluation for Posters 100'				
Connotation（10'）	Deep and positive connotations with good expression ways.（10'）	Positive connotations but not very deep with good expression ways.（6-9'）	Positive connotations with common expression ways.（1-5'）	
Aesthetics（10'）	Very neat and nice, with Chinese characteristics（20'）	Mostly neat and nice（11-19'）	Kind of sloppy（1-10'）	
Total Scores（100points）				

注：计入终结性评价 20'

评价表 8　个人终结性评价汇总表（Summative evaluation）

项目最终评价表

Student Name ＿＿＿＿＿＿＿＿＿＿＿＿＿＿

	评价表 3 故事讲述（10 分）	评价表 4 故事分析（10 分）	评价表 5 展演个人表现（10 分）	评价表 6 展演小组表现（40 分）	评价表 8 故事集海报（20 分）
分数					
总分					
教师评语					

项目自我评估表

反思总结	通过这个项目，我的收获是：
教师评语	

八、学生补充学习材料

★ Supplementary Material 1《愚公移山》英文故事

版本 1

Yu Gong Moves Away the Mountains

In ancient times, there was an old man named Yu Gong. He was nearly 90 years old. There were two mountains in front of his house. One was the Taihang Mountain, the other the Wangwu Mountain. It was very inconvenient for people to come and go.

One day, Yu Gong said to the whole family:

"These two mountains block the doorway of our house. It is very inconvenient to come and go. Let our whole family make every effort to move away these two mountains. How about it?"

Upon hearing this, all his sons and grandsons said, "You are right. Let us start tomorrow!"

But his wife felt it too difficult to move the mountains. She said, "Do you know how high these two mountains are? How can you move such big mountains?

Where can you put all the stones and earth?"

Everybody said: "So long as we work hard together, we can certainly move away these two mountains. We can carry the stones and earth of the mountains to the sea."

The following day, Yu Gong led the whole family and started to move the mountains. His neighbor was a widow with a son, only 7 or 8 years old. When he heard of this, he also came to help happily. They worked nonstop every day, fearing neither heat in summer nor cold in winter, neither wind nor rain. When a shrewd （精明的）old man named Zhi Sou saw Yu Gong's family moving the mountains, he thought it foolish and said to Yu Gong,

"You are so old that you can hardly walk. Can you move the mountains?"

Yu Gong replied, "You are not even as clever as a child. Though I am about to die, I have sons. When my sons die, there are still grandsons. Generation after generation, my offspring（后代）are endless. But with more and more stones being removed, smaller and smaller will the mountains become. Not a grain of earth or a piece of stone will grow on the mountains. If we keep working every day, why can't we move away the mountains?"

Zhi Sou, who thought himself clever, had nothing more to say.

Yu Gong led his family digging the mountains continually from early morning till late night. They finally moved（感动）God, who sent two celestials（神仙）to the world to move away these two mountains.

版本 2

Mr. Fool Wants to Move the Mountain

There were two high mountains between Jizhou in the south and Heyang in the north. One was called Taihang Mountain and the other Wangwu Mountain. Both of the mountains were very high.

Just to the north of the mountains lived an old man called Mr. Fool who was nearly 90 years old. With the two high mountains just in front of his house, his family and he had to walk a long way around the mountains whenever they had something to do on the other side of the mountains.

One day, Mr. Fool called all his family together to talk about how to move the two mountains to other places. His wife said, "An old man like you cannot even move a small hill, not to mention the two high mountains. Even if you can, where can you throw so much earth and stone?"

"The Bohai Sea is big enough to contain all the earth and stone," Mr. Fool said. So it was decided. His children started to dig the mountains, led by the old man Mr. Fool.

A man named Smart saw them and tried to stop them, saying, "You are so silly! You're so old and weak that you can't even take away the grass and trees. How can you move the high mountains?"

"You're wrong," Mr. Fool said with a sigh. "Look, my sons can continue my work after my death. When my sons die, my grandchildren will continue. So generations after generations, there's no end. But the mountains can't grow higher. Do you still say I can't move them away?"

Later the Heaven God, upon learning of Mr. Fool's story, was greatly moved. He then ordered another god to come down and take the two high mountains away.

★ Supplementary Material 2

The Cowherd and the Girl Weaver (牛郎织女)

On the east bank of the heavenly river lived a girl weaver, the daughter of the emperor of heaven. She worked hard year in and year out, weaving colorful clothes for gods and goddesses.

Since she lived all alone, the emperor took

pity on her and allowed her to marry the cowherd on the west bank of the river. However, she stopped weaving after she was married. Greatly outraged, the emperor forced the girl back across the river and allowed her to meet with her husband only once a year.

On the seventh day of each autumn, magpies would suddenly become bald-headed for no obvious reasons at all. According to legend, that day the cowherd and the weaver met on the east bank of the river, and magpies gathered to form a bridge for them. And for this reason the down on their heads was worn out.

★ Supplementary Material 3

Nu Wa Made Men（女娲造人）

It is said that there were no men when the sky and the earth were separated. It was Nu Wa who made men by molding yellow clay. The work was so taxing that her strength was not equal to it. So she dipped a rope into the mud and then lifted it. The mud that dripped from the rope also became men. Those made by molding yellow clay were rich and noble, while those made by lifting the rope were poor and low.

★ Supplementary Material 4

The Bird Jingwei Tries to Fill the Sea（精卫填海）

Long long time ago, there lived a little princess named Nu Wa（女娃）who was the youngest daughter of Emperor Yan, the legendary ruler in ancient Chinese mythology.

The little princess loved watching the sunrise, admiring the spectacle of nature. She once asked her father where the sun rises. Her father said it was in the Eastern Sea and promised to take her there to see sunrise on a boat, but he had been too busy to do that.

One day, the little princess got a boat behind her father's back, sailing to the

Eastern Sea. When she was away from the shore, unfortunately, a strong wind rose and overthrew her boat. She was buried by the surging waves, being drowned quickly.

After her death, her soul turned into a beautiful bird with white beak and red claws. Since it often stood on a branch, mourning herself sadly in the sound "Jing Wei, Jing Wei", people called it "Jing Wei".

Jing Wei hated the sea very much for taking her life. In order to revenge and keep other kids from being drown, the small bird decided to fill up the roaring sea.

From then on, Jing Wei flew to and fro between the mountain and the Eastern sea, carrying a twig or a pebble and dropping it into the sea. Day after day, it never stopped.

Puzzled by its behaviors, the sea said to Jing Wei with irony, "Stop doing that, poor little bird, it is totally meaningless! You'll never fill me up."

To it, Jing Wei replied firmly, "I'll fill you up no doubt! I will, even if it'll take me thousands of years! I'll fight on until doomsday!"

The brave little bird kept carrying twigs and pebbles from the mountain to the Eastern Sea without taking a rest.

★ Supplementary Material 5

Chang'e Flying to the Moon（嫦娥奔月）

Legend says that there were once ten suns in the sky, which made plants wither, water in rivers and lakes run dry. It was too hot to live in the sun.

Hou Yi, a young man who was good at archery was sympathetic with people's torture, so he decided to save them. He took out his bow, ascended up to the peak of the Kunlun Mountain and shot down nine of the ten suns one by one, and he might have shot the last one if he was not called off by others. Thus the severe drought was gone.

Hou Yi thus was respected and honored by people as a hero. Young men who were fond of archery flocked to him to learn shooting.

Hou Yi later married a pretty lady called Chang'e and lived a happy life with her.

One day on his way to a friend' home in the Kunlun Mountain, Hou Yi came across the Heavenly Empress. Hou Yi was enamored of the happy life with his wife and wanted to be with her forever so he asked the Heavenly Empress to give him some elixir. The elixir was strictly controlled off normal people. The Heavenly Empress, however, was moved by Hou Yi's contribution and affection to love and gave him one. The drug was said very powerful and people who took it could fly to the heaven and became an immortal immediately. However, the content was only enough for one person and Hou Yi was reluctant to leave his beloved wife alone on the earth so he gave the elixir to Chang'e to preserve and wanted to seek another one for his wife. Chang'e carefully stored it in a wooden box while her action was peeked by the evil Fengmeng—one of his husband's adherents.

Three days afterward, Hou Yi led his disciples to go out for hunting but Fengmeng who wanted to steal the elixir, stayed at home deliberately.

No sooner as Hou Yi left home, Fengmeng knocked into the courtyard where Chang'e was working. He wielded his glitter sword and threatened Chang'e to give him the elixir.

Chang'e had no better idea than swallowed the elixir herself.

As soon as she took it, Chang'e flew from her house toward the heaven and finally landed on the moon.

Hou Yi was told what was happening in the evening when he returned home from bumper hunting. He was astonished, anguished and then very angry so he decided to kill the evil man. But Fengmeng had fled away. Chang'e was transferred to the moon and has lived there since ever.

Chang'e decides to live on the moon because it is nearest to the earth. There she lives a simple and contented life. Even though she is in Heaven, her heart remains in the world of mortals. Never does she forget the deep love she has for Hou Yi.

★ Supplementary Material 6

Kua Fu Chasing the Sun（夸父逐日）

In ancient times, there was a man named Kuafu. He is so strong that he can pull up a big tree with one hand; he can cross a big river by taking a step with his foot.

At that time, people lived in the woods, wore bark, and ate wild fruits. Life was very difficult. Every winter night, people are cold and hungry, so everyone is afraid of the night and hopes that the sun can stay longer during the day.

The kind-hearted Kuafu decided to catch up with the sun and asked him to stay for a while during the day.

Kuafu stood on the top of the mountain. When the sun appeared, he shouted: "Sun, can you go slower and make the day longer?" The sun did not answer, and Xi hurried away.

The next day, Kuafu came to the top of the mountain again and shouted at the newly rising sun: "Sun, can you go slower and give people more sunshine and warmth?" The sun still ignored him.

Kuafu chased, chased, ran and ran, the big fireball of Dayang made his throat almost smoke, he was getting thirsty and tired, and he was about to fall down. So Kuafu ran to the Yellow River, plunged into the water, and drank the Yellow River water quickly.

But he was still very thirsty, so he came to the edge of the Weishui, and drank the Weishui all at once.

Kuafu continued to chase the sun. But he was so tired and thirsty, he fell to the ground and never stood up again.

After Kuafu died, his tall body became a mountain, his hair became a tree, his blood became a river, and the stick he threw out became a peach forest.

★ Supplementary Material 7

《西游记》双语小故事

故事1：

Monkey Hit Lady White Bone Thrice

The Tang Priest (San zang) and his three disciples were on their way to the Western Heaven to get Buddhist scriptures. One day they were walking in a high mountain. When Monkey (Wukong) saw it was cloudy and misting in the valley, he knew this mountain was bound to harbor fiends. He drew a magic circle with his cudgel on the ground to protect his master. He told Pig and Friar Sand to protect the Tang Priest and for the three of them not to leave the circle. He then went to have a look at the mountain and pick some fruit to bring back.

This mountain did indeed have a corpse fiend called Lady White Bone, who had been here for a thousand years. It had heard that anyone who ate a piece of the Tand Priest's flesh will live forever, so it tried three times to capture him. The first time it changed itself into a young, beautiful girl holding a basket of food. With her charming smile, she almost succeeded in talking the master and his two disciples into coming out of the circle. Just at the last moment, Monkey came. Realizing that she was an evil spirit, he raised his cudgel and hit her. The fiend changed into a gust of smoke and fled. The second time the fiend turned itself into an old woman, who walked towards them leaning on a stick with a crooked handle. Monkey recognized it and struck it again. Like the first time, the fiend fled.

The third time it turned itself into an old man, sitting before a hut waiting for the Tang Priest to come. Monkey saw through the fiend's disguise, raised his cudgel and struck it down. The fiend this time left a piece of cloth from the cloud, saying: "If you're as kind as a Buddha, how can you kill? Keep Wukong with you and no scriptures will you get." Sanzang believed the writing. He blamed Wukong for killing three people one after another, and forced him to leave. Without Monkey, Lady White Bone captured the Tang Priest easily and invited its mother to eat Sanzang's flesh together with it. But, Wukong came just in time to save him. He killed the old fiend on the way to its daughters', impersonated it, then got into the cave and saved the Tang Priest.

三打白骨精

唐僧师徒去西天取经。一日，走到一座大山中，只见天色阴沉，谷中浓雾弥漫，悟空料定必有妖怪。他用金箍棒在地上划了个圈，让八戒、沙僧保护师父在圈内休息，他去探听虚实，顺便采些鲜果来充饥。

这座山内有个千年修行的白骨精，她听说吃了唐僧肉可长生不老，于是三次设计捉拿唐僧。第一次，她变成一个美丽少女，手提一篮馒头，笑着想把师徒三人从圈内骗出，悟空赶到，举棒就打，女妖化一缕青烟跑掉。第二次，她变成老婆婆，拄一根拐杖从山后走来，悟空认出又是白骨精变的，举棒又打，白骨精故技重演，化烟脱逃。第三次变作一个老头，在一间茅屋前坐等唐僧的到来。悟空看见，上来就打，白骨精招架不住，便用计从云端扔下一黄绢，上写：佛心慈悲，切勿杀生；再留悟空，难取真经。唐僧信以为真，怪悟空连伤三命，逼悟空离开。悟空走后，白骨精顺利地捉了唐僧，在白骨精邀母亲来吃唐僧肉时，孙悟空赶到，打死老妖，并变成白骨精的母亲进洞救出了唐僧。

故事 2

Leaping out of the Eight Trigrams Furnace

The Great Sage caused havoc in Heaven and the Jade Emperor ordered

Heavenly soldiers and generals to punish him. But no one could manage to subdue him. Then the Lord Lao Zi threw his Diamond Jade bracelet at the Monkey King, who was then preoccupied with fighting the God Erlang, and it hit him neatly on the head. Thus the Great Sage was caught.

The Jade Emperor wanted to execute him but failed to inflict a single wound on him by sabers, axes, fire and thunder. Then Lord Lao Zi put him into the Eight Trigrams Furnace, which is used for refining elixir, and wanted to burn him to ashes. The furnace was made up of Eight Trigrams—Qian, Kan, Gen, Zhen, Xun, Li, Kun and Dui—so he squeezed himself into the "Palace of Xun," for xun was the wind, and where there was wind there could be no fire.

All that happened was that the smoke made both his eyes red. After the fire burning forty-nine days, the Lord Lao Zi thought the Great Sage must be ashes so he opened the furnace. At the moment, the Great Sage leapt out of the furnace with his as-you-will cudgel, knocked all soldiers down and left. From then on, he had a pair of fire eyes with golden pupils.

跳出八卦炉

孙猴子大闹天宫，玉皇大帝降旨严惩，无奈天兵天将都对付不了他。太上老君献计说他有法对付。在孙猴子和二郎神打得难解难分之际，太上老君暗中把金钢琢扔在孙猴子的天灵盖上，捉住了孙猴子。玉皇想处死孙猴子，但任凭刀砍斧劈，火烧雷击，都伤不到孙猴子的一根毫毛。太上老君请令，把孙猴子扔进炼金丹用的八卦炉，想用猛火把孙猴子烧成灰。八卦炉是按天、水、山、震、风、火、地、泽划分的，孙猴子知道其中的奥妙，进去后便钻进"巽宫"位置上。巽是风，有风无火，烧不到他，只是烟熏了他的一双眼睛。孙猴子在八卦炉中，烧了七七四十九天，太上老君以为孙猴子已化成灰烬，下令开炉。谁知孙猴子手提金箍棒一跃而起，打倒众天将而去。从此，孙猴子更炼就一双"火眼金睛"。

★ Supplementary Material 8

Hansel and Gretel（糖果屋）

A poor woodcutter and his wife had two children named Hansel and Gretel. Their mother died when they were young. Hansel and Gretel were very sad. Soon their father remarried but their stepmother was very cruel. One day, she took the children deep into the forest and left them there. Clever Hansel had some breadcrumbs in his pocket and had dropped them on the way so that they could find their way back home. Alas! The birds ate all the crumbs and they couldn't find the path that led back home.

Hansel and Gretel went deeper and deeper into the forest. They were hungry and tired. Finally, after walking for a long time, they saw a cottage made of chocolate, candies, and cake. "Look, Hansel! A chocolate brick!" shouted Gretel in delight and both ate it hungrily.

Now, a wicked witch lived there. When she saw Hansel and Gretel, she wanted to eat them. She grabbed the children and locked them in a cage. The witch decided to make a soup out of Hansel and eat him first. She began boiling a huge pot of water for the soup. Just then, Gretel crept out of her cage. She gave the wicked witch a mighty push from behind and the witch fell into the boiling water. She howled in pain and died instantly. Hansel and Gretel found treasure lying around the cottage. They carried it home with them. Their stepmother had died and their father welcomed them back with tears of joy. They never went hungry again!

英 语

学习指南

一、你知道为何要开展这个项目吗?

寓言、民间传说和童话故事等是人类文明传递与传播的重要载体,也是青少年了解世界、探索文化和丰富其精神世界的重要形式。中国传统故事是中国悠久历史文化的积淀,蕴含了中国人民对生活的热爱和对真善美的歌颂。英语学习者肩负着让世界听见中国声音的历史使命,而用英语讲好中国故事是向世界传播中国优秀文化的优质途径。通过完成本项目,你将不仅提升语言知识和能力,更能深刻理解中国传统文化内涵,增强民族意识和文化自信心。

本项目以人教版八年级下册 Unit 6 An old man tried to move the mountains. 的单元内容为基础,成果以汇编《中国传统故事集(英文版)》和进行中国传统故事英语戏剧录制与发布的形式呈现。《中国传统故事集(英文版)》可以作为赠予友好学校的礼物,网络平台发表的中国传统故事英语戏剧将以互联网为载体,让世界各国的人们更直观地了解中国故事,体会其蕴含的文化和精神。你准备好要为中国文化发声了吗?

二、你需要呈现哪些作品?

你将跟你的小组同伴一起完成《中国传统故事集(英文版)》中的一个

中国传统故事的英文版叙写，语言得体且准确，内涵挖掘到位且表述清晰；在此基础上，你们还要把此故事改编成英语剧本，然后排演成中国传统故事英语戏剧并进行录制及视频平台发布。

中国传统故事集的要求：

1.内容需包含故事名称、作者及故事内容的英文描述，包括故事中人物的分析、故事的影响力或历史、故事的内涵与启示；

2.语言表达得当，无语法与拼写错误；

3.A4 纸，纵向，要求图文结合、简洁大方；

4.内容较多可分两页。

中国传统故事戏剧录制与发布的要求：

1.组内全员参与，分工明确，做好剧本、道具、设备、背景音乐等方面的准备；

2.MP4 格式，要求画质清晰、双语字幕、发音准确、语速适中；

3.时长以 5-10 分钟为宜。

三、你需要怎样开展项目？

为了完成两个任务，将进行完成项目所需知识的学习和开展指向项目完成的活动，同时思考一下你们将如何开展项目活动。

通过集中学习四则中外传统故事，你会获取写故事的必备知识和技能，如文体特征、文章结构、时态和词汇的选用、观点的表达、人物的描写等，与此同时，你和你的同伴们将进行项目启动、项目实施、项目达成三个阶段的学习和活动。

在项目启动时，你将了解本项目的主题、任务、意义、要求、讨论成果形式和评价方式等，制订项目计划书。

在项目实施阶段，为了完成两个任务，你需要做如下思考：

● **任务一：汇编《中国传统故事集（英文版）》**

问题研讨： 如何运用语言支架讲述中国传统故事、清晰地表述故事内涵？

学科活动： 为解决这一问题，我们在课内集中学习和课后选择性学习中要着重积累哪些语言知识？

合作学习： 从学习中能提炼出什么？（文体特征、篇章结构、人物描写等）

共同商定： 我们要讲述哪则中国传统故事？

过程评价： 借助评价表1、2、3、4进行过程性评价，反思我们做得怎么样？所写的英文版中国传统故事足够好了吗？

● **任务二：中国传统故事戏剧录制与发布**

问题研讨： 如何进行传统故事剧本改编并进行剧本视频录制？

学科活动： 为解决这一问题，我们要学习英语戏剧剧本的哪些方面？

合作学习： 剧本的语言与讲故事有什么区别？如何通过对话突出人物特点？

共同商定： 角色怎么样安排？所有演出任务如何分工？

过程评价： 借助评价表5、6、7、8，评价本组的中国传统故事戏剧流程各环节足够好了吗？

图1将帮助你更清晰我们的整体进程。

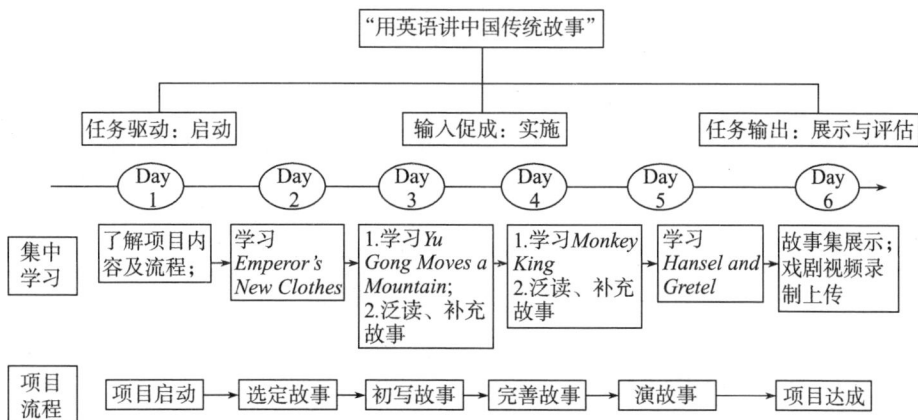

图1　本项目的基本流程

你准备好了吗？ Let's go! 先做小组项目计划书吧！

项目计划书

"讲述中国传统故事，弘扬中华民族文化" 项目计划书		
组别：	组长：	组员：
项目成果愿景：		
时间	项目子任务内容	小组分工
Day 1　Date：		
Day 2　Date：		
Day 3　Date：		
Day 4　Date：		
Day 5　Date：		
Day 6　Date：		
预测项目达成过程中遇到的最大问题：		
最大问题如何解决：		
需要学校提供哪些资源支持：		

小组讨论记录表

项目名称：	组别：	时间：

1. 项目实施过程中我们讨论的问题是哪些？

2. 针对这些问题，我们讨论的结果是什么？	发言者：

3. 讨论结果对推动项目有什么价值和帮助？

小组收集资料（可打印）

项目名称：	组别：	时间：

1. 项目实施过程中哪些任务需要收集资料？

2. 我们收集的资料有：	我们收集数据的方法是：

3. 谁参与了资料收集？	具体分工是：

4. 资料收集对推动项目有什么价值和帮助？

小组传统故事初稿构思及初稿

初稿思维导图：

初稿内容：

小组传统故事修改稿

故事剧本

戏剧展演记录表（反馈记录表）

项目名称：	组别：	时间：

1. 小组戏剧展演角色分工和责任是什么？

2. 为了展示成果，我们的排练计划是：

3. 为了展演成功，我们需要的服装、道具、背景音乐有哪些？

项目成果评价反思记录表

项目名称：	组别：	时间：

1. 戏剧展演过程中我们的优点有哪些？

2. 戏剧展演过程中我们的不足有哪些？

3. 戏剧展演后教师和其他小组同学对我们的评价反馈是什么？

4. 根据评价反馈，我们如何调整戏剧展演？

四、你可以获得哪些资源？

1. **课内语篇**。

通过听、读、复述 The Emperor's New Clothes 你将了解故事的基本叙事特征；

通过听、读、复述、讨论 Yu Gong Moves the Mountains 及意义，你将掌握细节的描写、时态的选用和观点表达的基本手法；

通过阅读与复述 Monkey King，你将掌握人物描写的手法；

通过阅读 Hansel and Gretel，你将了解剧本的特征和写作手法。

2. **课外补充语篇**。

课外语篇以泛读为主。你可以泛读以下语篇，在多则中外故事中，进一步体会文化异同，并获取更多的语言支架和灵感。可以借助互联网或课外刊物、书籍等，搜索所需资料；

★ Supplementary Material 1《**愚公移山**》**英文故事**

版本 1

Yu Gong Moves Away the Mountains

In ancient times, there was an old man named Yu Gong. He was nearly 90 years old. There were two mountains in front of his house. One was the Taihang Mountain, the other the Wangwu Mountain. It was very inconvenient for people to come and go.

One day, Yu Gong said to the whole family:

"These two mountains block the doorway of our house. It is very inconvenient to come and go. Let our whole family make every effort to move away these two mountains. How about it?"

Upon hearing this, all his sons and grandsons said, "You are right. Let us start tomorrow!"

But his wife felt it too difficult to move the mountains. She said, "Do you know how high these two mountains are? How can you move such big mountains? Where can you put all the stones and earth?"

Everybody said: "So long as we work hard together, we can certainly move away these two mountains. We can carry the stones and earth of the mountains to the sea."

The following day, Yu Gong led the whole family and started to move the mountains. His neighbor was a widow with a son, only 7 or 8 years old. When he heard of this, he also came to help happily. They worked nonstop every day, fearing neither heat in summer nor cold in winter, neither wind nor rain. When a shrewd （精明的） old man named Zhi Sou saw Yu Gong's family moving the mountains, he thought it foolish and said to Yu Gong,

"You are so old that you can hardly walk. Can you move the mountains?"

Yu Gong replied, "You are not even as clever as a child. Though I am about to die, I have sons. When my sons die, there are still grandsons. Generation after generation, my offspring（后代） are endless. But with more and more stones being removed, smaller and smaller will the mountains become. Not a grain of earth or a piece of stone will grow on the mountains. If we keep working every day, why can't we move away the mountains?"

Zhi Sou, who thought himself clever, had nothing more to say.

Yu Gong led his family digging the mountains continually from early morning till late night. They finally moved （感动） God, who sent two celestials（神仙）to the world to move away these two mountains.

版本 2

Mr. Fool Wants to Move the Mountain

There were two high mountains between Jizhou in the south and Heyang in the north. One was called Taihang Mountain and the other Wangwu Mountain. Both of the mountains were very high.

Just to the north of the mountains lived an old man called Mr. Fool who was nearly 90 years old. With the two high mountains just in front of his house, his family and he had to walk a long way around the mountains whenever they had something to do on the other side of the mountains.

One day, Mr. Fool called all his family together to talk about how to move the two mountains to other places. His wife said, "An old man like you cannot even move a small hill, not to mention the two high mountains. Even if you can, where can you throw so much earth and stone?"

"The Bohai Sea is big enough to contain all the earth and stone," Mr. Fool said. So it was decided. His children started to dig the mountains, led by the old man Mr. Fool.

A man named Smart saw them and tried to stop them, saying, "You are so silly! You're so old and weak that you can't even take away the grass and trees. How can you move the high mountains?"

"You're wrong," Mr. Fool said with a sigh. "Look, my sons can continue my work after my death. When my sons die, my grandchildren will continue. So generations after generations, there's no end. But the mountains can't grow higher. Do you still say I can't move them away?"

Later the Heaven God, upon learning of Mr. Fool's story, was greatly moved. He then ordered another god to come down and take the two high mountains away.

★ Supplementary Material 2

The Cowherd and the Girl Weaver（牛郎织女）

On the east bank of the heavenly river lived a girl weaver, the daughter of the emperor of heaven. She worked hard year in and year out, weaving colorful clothes for gods and goddesses.

Since she lived all alone, the emperor took pity on her and allowed her to marry the cowherd on the west bank of the river. However, she stopped weaving after she was married. Greatly outraged, the emperor forced the girl back across the river and allowed her to meet with her husband only once a year.

On the seventh day of each autumn, magpies would suddenly become bald-headed for no obvious reasons at all. According to legend, that day the cowherd and the weaver met on the east bank of the river, and magpies gathered to form a bridge for them. And for this reason the down on their heads was worn out.

★ Supplementary Material 3

Nu Wa Made Men（女娲造人）

It is said that there were no men when the sky and the earth were separated. It was Nu Wa who made men by molding yellow clay. The work was so taxing that her strength was not equal to it. So she dipped a rope into the mud and then lifted it. The mud that dripped from the rope also became men. Those made by molding yellow clay were rich and noble, while those made by lifting the rope were poor and low.

★ Supplementary Material 4

The Bird Jingwei Tries to Fill the Sea（精卫填海）

Long long time ago, there lived a little princess named Nu Wa（女娃）who was the youngest daughter of Emperor Yan, the legendary ruler in ancient Chinese mythology.

The little princess loved watching the sunrise, admiring the spectacle of nature. She once asked her father where the sun rises. Her father said it was in the Eastern Sea and promised to take her there to see sunrise on a boat, but he had been too busy to do that.

One day, the little princess got a boat behind her father's back, sailing to the Eastern Sea. When she was away from the shore, unfortunately, a strong wind rose and overthrew her boat. She was buried by the surging waves, being drowned quickly.

After her death, her soul turned into a beautiful bird with white beak and red claws. Since it often stood on a branch, mourning herself sadly in the sound "Jing Wei, Jing Wei", people called it "Jing Wei".

Jing Wei hated the sea very much for taking her life. In order to revenge and keep other kids from being drown, the small bird decided to fill up the roaring sea.

From then on, Jing Wei flew to and fro between the mountain and the Eastern sea, carrying a twig or a pebble and dropping it into the sea. Day after day, it never stopped.

Puzzled by its behaviors, the sea said to Jing Wei with irony, "Stop doing that, poor little bird, it is totally meaningless! You'll never fill me up."

To it, Jing Wei replied firmly, "I'll fill you up no doubt! I will, even if it'll take me thousands of years! I'll fight on until doomsday!"

The brave little bird kept carrying twigs and pebbles from the mountain to the Eastern Sea without taking a rest.

★ Supplementary Material 5

Chang'e Flying to the Moon（嫦娥奔月）

Legend says that there were once ten suns in the sky, which made plants wither, water in rivers and lakes run dry. It was too hot to live in the sun.

Hou Yi, a young man who was good at archery was sympathetic with people's torture, so he decided to save them. He took out his bow, ascended up to the peak of the Kunlun Mountain and shot down nine of the ten suns one by one, and he might have shot the last one if he was not called off by others. Thus the severe drought was gone.

Hou Yi thus was respected and honored by people as a hero. Young men who were fond of archery flocked to him to learn shooting.

Hou Yi later married a pretty lady called Chang'e and lived a happy life with her.

One day on his way to a friend' home in the Kunlun Mountain, Hou Yi came across the Heavenly Empress. Hou Yi was enamored of the happy life with his wife and wanted to be with her forever so he asked the Heavenly Empress to give him some elixir. The elixir was strictly controlled off normal people. The Heavenly Empress, however, was moved by Hou Yi's contribution and affection to love and gave him one. The drug was said very powerful and people who took it could fly to the heaven and became an immortal immediately. However, the content was only enough for one person and Hou Yi was reluctant to leave his beloved wife alone on the earth so he gave the elixir to Chang'e to preserve and wanted to seek another one for his wife. Chang'e carefully stored it in a wooden box while her action was peeked by the evil Fengmeng—one of his husband's adherents.

Three days afterward, Hou Yi led his disciples to go out for hunting but Fengmeng who wanted to steal the elixir, stayed at home deliberately.

No sooner as Hou Yi left home, Fengmeng knocked into the courtyard where Chang'e was working. He wielded his glitter sword and threatened Chang'e to give him the elixir.

Chang'e had no better idea than swallowed the elixir herself.

As soon as she took it, Chang'e flew from her house toward the heaven and finally landed on the moon.

Hou Yi was told what was happening in the evening when he returned home from bumper hunting. He was astonished, anguished and then very angry so he decided to kill the evil man. But Fengmeng had fled away. Chang'e was transferred to the moon and has lived there since ever.

Chang'e decides to live on the moon because it is nearest to the earth. There she lives a simple and contented life. Even though she is in Heaven, her heart remains in the world of mortals. Never does she forget the deep love she has for Hou Yi.

★ Supplementary Material 6

Kua Fu Chasing the Sun（夸父逐日）

In ancient times, there was a man named Kuafu. He is so strong that he can pull up a big tree with one hand; he can cross a big river by taking a step with his foot.

At that time, people lived in the woods, wore bark, and ate wild fruits. Life was very difficult. Every winter night, people are cold and hungry, so everyone is afraid of the night and hopes that the sun can stay longer during the day.

The kind-hearted Kuafu decided to catch up with the sun and asked him to stay for a while during the day.

Kuafu stood on the top of the mountain. When the sun appeared, he shouted: "Sun, can you go slower and make the day longer?" The sun did not answer, and Xi hurried away.

The next day, Kuafu came to the top of the mountain again and shouted at the newly rising sun: "Sun, can you go slower and give people more sunshine and warmth?" The sun still ignored him.

Kuafu chased, chased, ran and ran, the big fireball of Dayang made his throat almost smoke, he was getting thirsty and tired, and he was about to fall down. So Kuafu ran to the Yellow River, plunged into the water, and drank the Yellow River water quickly.

But he was still very thirsty, so he came to the edge of the Weishui, and drank the Weishui all at once.

Kuafu continued to chase the sun. But he was so tired and thirsty, he fell to the ground and never stood up again.

After Kuafu died, his tall body became a mountain, his hair became a tree, his blood became a river, and the stick he threw out became a peach forest.

★ Supplementary Material 7

《西游记》双语小故事

故事 1：

Monkey Hit Lady White Bone Thrice

The Tang Priest (San zang) and his three disciples were on their way to the Western Heaven to get Buddhist scriptures. One day they were walking in a high mountain. When Monkey (Wukong) saw it was cloudy and misting in the valley, he knew this mountain was bound to harbor fiends. He drew a magic circle with his cudgel on the ground to protect his master. He told Pig and Friar Sand to protect the Tang Priest and for the three of them not to leave the circle. He then went to have a look at the mountain and pick some fruit to bring back.

This mountain did indeed have a corpse fiend called Lady White Bone, who had been here for a thousand years. It had heard that anyone who ate a piece of the Tand Priest's flesh will live forever, so it tried three times to capture him. The first time it changed itself into a young, beautiful girl holding a basket of food. With her charming smile, she almost succeeded in talking the master and his two disciples into coming out of the circle. Just at the last moment, Monkey came. Realizing that she was an evil spirit, he raised his cudgel and hit her. The fiend changed into a gust of smoke and fled. The second time the fiend turned itself into an old woman, who walked towards them leaning on a stick with a crooked handle. Monkey recognized it and struck it again. Like the first time, the fiend fled.

The third time it turned itself into an old man, sitting before a hut waiting for the Tang Priest to come. Monkey saw through the fiend's disguise, raised his cudgel and struck it down. The fiend this time left a piece of cloth from the cloud, saying: "If you're as kind as a Buddha, how can you kill? Keep Wukong with you and no scriptures will you get." Sanzang believed the writing. He blamed Wukong for killing three people one after another, and forced him to leave. Without Monkey, Lady White Bone captured the Tang Priest easily and invited its mother to eat Sanzang's flesh together with it. But, Wukong came just in time to save him. He killed the old fiend on the way to its daughters', impersonated it, then got into the cave and saved the Tang Priest.

三打白骨精

唐僧师徒去西天取经。一日，走到一座大山中，只见天色阴沉，谷中浓雾弥漫，悟空料定必有妖怪。他用金箍棒在地上划了个圈，让八戒、沙僧保护师父在圈内休息，他去探听虚实，顺便采些鲜果来充饥。

这座山内有个千年修行的白骨精，她听说吃了唐僧肉可长生不老，于是三次设计捉拿唐僧。第一次，她变成一个美丽少女，手提一篮馒头，笑着想把师徒三人从圈内骗出，悟空赶到，举棒就打，女妖化一缕青烟跑掉。第二次，她变成老婆婆，拄一根拐杖从山后走来，悟空认出又是白骨精变的，举棒又打，白骨精故技重演，化烟脱逃。第三次变作一个老头，在一间茅屋前坐等唐僧的到来。悟空看见，上来就打，白骨精招架不住，便用计从云端扔下一黄绢，上写：佛心慈悲，切勿杀生；再留悟空，难取真经。唐僧信以为真，怪悟空连伤三命，逼悟空离开。悟空走后，白骨精顺利地捉了唐僧，在白骨精邀母亲来吃唐僧肉时，孙悟空赶到，打死老妖，并变成白骨精的母亲进洞救出了唐僧。

故事 2

Leaping out of the Eight Trigrams Furnace

The Great Sage caused havoc in Heaven and the Jade Emperor ordered Heavenly soldiers and generals to punish him. But no one could manage to subdue him. Then the Lord Lao Zi threw his Diamond Jade bracelet at the Monkey King, who was then preoccupied with fighting the God Erlang, and it hit him neatly on the head. Thus the Great Sage was caught.

The Jade Emperor wanted to execute him but failed to inflict a single wound on him by sabers, axes, fire and thunder. Then Lord Lao Zi put him into the Eight Trigrams Furnace, which is used for refining elixir, and wanted to burn him to ashes. The furnace was made up of Eight Trigrams—Qian, Kan, Gen, Zhen, Xun, Li, Kun and Dui—so he squeezed himself into the "Palace of Xun," for xun was the wind, and where there was wind there could be no fire.

All that happened was that the smoke made both his eyes red. After the fire burning forty-nine days, the Lord Lao Zi thought the Great Sage must be ashes so he opened the furnace. At the moment, the Great Sage leapt out of the furnace with his as-you-will cudgel, knocked all soldiers down and left. From then on, he had a pair of fire eyes with golden pupils.

跳出八卦炉

孙猴子大闹天宫，玉皇大帝降旨严惩，无奈天兵天将都对付不了他。太上老君献计说他有法对付。在孙猴子和二郎神打得难解难分之际，太上老君暗中把金钢琢扔在孙猴子的天灵盖上，捉住了孙猴子。玉皇想处死孙猴子，但任凭刀砍斧劈，火烧雷击，都伤不到孙猴子的一根毫毛。太上老君请令，把孙猴子扔进炼金丹用的八卦炉，想用猛火把孙猴子烧成灰。八卦炉是按天、水、山、震、风、火、地、泽划分的，孙猴子知道其中的奥妙，进去后便钻进"巽宫"位置上。巽是风，有风无火，烧不到他，只是烟熏了他的一双眼睛。孙猴子在八卦炉中，烧了七七四十九天，太上老君以为孙猴子已化成灰烬，下令开炉。谁知孙猴子手提金箍棒一跃而起，打倒众天将而去。从此，孙猴子更炼就一双"火眼金睛"。

★ Supplementary Material 8

Hansel and Gretel（糖果屋）

A poor woodcutter and his wife had two children named Hansel and Gretel. Their mother died when they were young. Hansel and Gretel were very sad. Soon their father remarried but their stepmother was very cruel. One day, she took the children deep into the forest and left them there. Clever Hansel had some breadcrumbs in his pocket and had dropped them on the way so that they could find their way back home. Alas! The birds ate all the crumbs and they couldn't find the path that led back home.

Hansel and Gretel went deeper and deeper into the forest. They were hungry and tired. Finally, after walking for a long time, they saw a cottage made of chocolate, candies, and cake. "Look, Hansel! A chocolate brick!" shouted Gretel in delight and both ate it hungrily.

Now, a wicked witch lived there. When she saw Hansel and Gretel, she wanted to eat them. She grabbed the children and locked them in a cage. The witch decided to make a soup out of Hansel and eat him first. She began boiling a huge pot of water for the soup. Just then, Gretel crept out of her cage. She gave the wicked witch a mighty push from behind and the witch fell into the boiling water. She howled in pain and died instantly. Hansel and Gretel found treasure lying around the cottage. They carried it home with them. Their stepmother had died and their father welcomed them back with tears of joy. They never went hungry again!

五、你学会了什么?

1. 能在听、读故事的过程中,围绕四则故事的语篇内容记录重点信息,整体理解和简要概括主要内容;能分析和梳理故事类语篇的基本结构特征;在写故事过程中,能用简单的连接词建立语义联系;能选用不同句式结构和时态,描述和介绍小组选定的传统故事内容,并表达情感、态度和观点;能根据小组选定的故事内容,创编剧本,并完成话剧排演。(语言能力)

2. 能根据故事情节推断人物的心理,推断信息之间简单的逻辑关系;能从不同角度解读故事,推断故事的深层含义,作出正确的价值判断;能在课内四则故事中获取、归纳中外传统故事的文化信息,认识不同文化,尊重文化的多样性和差异性。(思维品质)

3. 能用所学语言描述故事中的文化现象,阐释自己的价值取向,认同中华文化。(文化意识)

4. 能在项目各环节中积极与组内成员合作,共同完成本项目的任务;能在学习过程中积极思考,主动探究,发现并尝试使用多种策略解决项目任务中的问题。(学习能力)

六、你真的学会了吗?

请以思维导图的形式总结一下如何讲好中国故事和如何做好中国故事戏剧视频。

How to tell chinese
stories well

How to make a
perfect video?

七、你需要如何管理你的项目？

你的学习过程和项目活动过程的评价表、成果的评价表都在下面了。请每完成一项的学习或者活动就进行评价，看看你达到的水平如何，这将帮助你能更好地认识自己。

评价形式：

评价内容	评价对象	组织形式	评价指标	评价类型
阅读评价表	个人	教师评价	见评价表 1	过程性评价
《愚公移山》故事复述及评论	个人	组内评价	见评价表 2	过程性评价
传统故事的英文讲述	个人 / 小组	组内评价	见评价表 3	过程性评价
人物及影响力的英文讲述	个人 / 小组	组内评价	见评价表 4	过程性评价
最佳男、女演员	个人	班内评价	见评价表 5	结果性评价

续表

评价内容	评价对象	组织形式	评价指标	评价类型
最佳表演小组	小组	班内评价	见评价表 6	结果性评价
《中国传统故事集》（英文版）	小组	教师评价	见评价表 7	结果性评价
项目最终评价	个人	教师评价	见评价表 8	结果性评价

评价表 1　自评表（Self-evaluation）

英文故事阅读评价表

Title		Writer	
Date		Serial	
New Words			
Summary			
My Gain			
My Thought			
Self-evaluation	★ ★ ★ ★ ★		
Teacher's words			

注：不计入终结性性评价

评价表 2　互评表（peer-evaluation）

《愚公移山》故事复述评价

Group _____	Aspects				Scores （0–20）
	Completeness （0–5）	Logic （0–5）	Fluency （0–5）	Accuracy （0–5）	
Group member 1 _____					

续表

Group _____	Aspects				Scores (0–20)
	Completeness (0–5)	Logic (0–5)	Fluency (0–5)	Accuracy (0–5)	
Group member 2 _____					
Group member 3 _____					

注：不计入终结性性评价

评价表 3　情节讲述互评表（Evaluation for telling stories)

传统故事的英文讲述评价表

Student name _____	Aspects				Scores (0–20)
	Completeness (0–5)	Logic (0–5)	Fluency (0–5)	Accuracy (0–5)	
Group member 1 _____					
Group member 2 _____					
Group member 3 _____					
Self-evaluation _____					
Average score of the group members _____					

注：计入终结性评价 10'

评价表 4　人物描写互评表（Evaluation for describing characters）

人物及影响力的英文讲述评价表

Student name _____	Aspects			Scores (0–20)
	Content (0–2)	Logic (0–2)	Fluency & Accuracy (0–1)	
Group member 1 _____				
Group member 2 _____				

续表

Student name _____	Aspects			Scores (0–20)
	Content (0–2)	Logic (0–2)	Fluency & Accuracy (0–1)	
Group member 3 _____				
Self-evaluation _____				
Average score of the group members _____				

注：计入终结性评价 10'

（二）结果评价

评价表 5　个人表演互评表（Evaluation for performance）

最佳男/女演员评价表

Best Actress & Best Actor	Language accuracy& pronunciation (50 points)	Emotion and body language (30 points)	Eye contact & performance skills (20 points)	Total Score (100 points)
Student 1 _____				
Student 2 _____				
Student 3 _____				
Student 4 _____				

注：计入终结性评价 10'

评价表6　小组表演评价表（Evaluation for group performance）

最佳表演小组评价表

Best Group	Aspects				Scores（100'）
	Content completeness（30 points）	Language fluency and accuracy（10 points）	Creativity（10 points）	Props preparation（50 points）	
Group 1 ＿＿＿					
Group 2 ＿＿＿					
Group 3 ＿＿＿					

注：计入终结性评价40'

评价表7　教师评价（teacher-evaluation）

《中国传统故事集》评价表

Group Name ＿＿＿＿＿＿＿＿＿　　　Story ＿＿＿＿＿＿＿＿＿

Evaluation for Posters 100'				
Aspects	Level A	Level B	Level C	Score
Spelling（20'）	No spelling mistakes（20'）	Only 1 or 2 spelling mistakes（11-19'）	Several spelling mistakes（1-10'）	
Hand Writing（20'）	Neat and careful（20'）	Mostly careful and neat（11-19'）	Illegible, messy, or careless（1-10'）	
Language accuracy（20'）	No grammar mistakes（20'）	Only 1 or 2 grammar mistakes（11-19'）	Several grammar mistakes（1-10'）	
Creativity（20'）	Idea is creative and original.（20'）	Idea is mostly original with some older ideas incorporated（11-19'）	Idea is unoriginal with little creativity.（1-10'）	

续表

Evaluation for Posters 100'				
Connotation（10'）	Deep and positive connotations with good expression ways.（10'）	Positive connotations but not very deep with good expression ways.（6-9'）	Positive connotations with common expression ways.（1-5'）	
Aesthetics（10'）	Very neat and nice, with Chinese characteristics（20'）	Mostly neat and nice（11-19'）	Kind of sloppy（1-10'）	
Total Scores（100points）				

注：计入终结性评价20'

评价表8　个人终结性评价汇总表（Summative evaluation）

项目最终评价表

Student Name _____

	评价表3故事讲述（10分）	评价表4故事分析（10分）	评价表5展演个人表现（10分）	评价表6展演小组表现（40分）	评价表8故事集海报（20分）
分数					
总分					
教师评语					

项目自我评估表

反思总结	通过这个项目，我的收获是：
教师评语	

模拟人大——为学校的发展建言献策

● 编写人员：李建全　刘　斐　赵晓艺　郑　超　周文清

道德与法治
教学指南

一、项目概要

项目主题: 模拟人大——为学校的发展建言献策

项目性质: 道德与法治学科项目

学段及学科: 初中八年级下册道德与法治

学时安排: 6 学时

项目简介:

每年三月,两千多位全国人大代表齐聚北京,参政议政,共商国是。一直以来,全国人民代表大会的召开吸引着国人的关注目光。面对这一真实的情境,让初中学生从简单的"听闻"走向深度的"感知",需要教师精心设计学习项目。

本项目要求学生在"模拟人大"的基础上,完成"为学校建言献策"的任务。为此,学生需要认识我国的人民代表大会制度、国家权力机关的职能、民主集中制的组织活动原则及公民的民主参与等。在"选代表""写议案""共评议""督落实"的过程中,培养学生的民主参与意识,增强学生的政治认同感。

二、相关课程内容分析

（一）分析相关知识、技能

1. 课标分析。

本项目需要学生通过"模拟人大"的方式为学校的发展建言献策。为了完成任务，学生需要主动了解什么是"人大"，包括人民代表大会、人民代表大会制度、人大代表的权利与义务、民主集中制、公民参与政治生活的途径等内容。在为学校建言献策的过程中，学生不仅在学习人民代表大会制度的基本内容，而且加深对实现人民当家作主整个过程的理解，增强对我国根本政治制度的认同感。

师生共同讨论项目开展的基本流程，明确要遵循"选代表""写议案""共评议"等过程，从而了解我国根本政治制度的内容，感知全过程民主的制度优势；学生选举代表组成班级学生代表大会，作为班级层面的"权力机构"，并开展"撰写议案""民主评议"等活动，从而认识了人大代表由人民选举产生、人大代表组成国家权力机关、人大代表有提出议案的职权、国家机构内部实行民主集中制的组织活动原则及我国公民依法享有选举权和被选举权、监督权等，从而认识到公民的基本权利和义务，体会公民参与民主生活的重要意义。

结合义教版新课标，本项目所依据的课程标准是：

> 了解人民代表大会制度是我国的根本政治制度，理解全过程民主的制度优势。
> 懂得公民的基本权利和义务，正确行使公民权利，自觉履行公民义务。
> 认识主要国家机关，理解权力是由人民赋予的，行使权力必须受法律的约束。

2. 教材分析。

在本项目中，要顺利完成各项任务要求，需要学生了解人民代表大会制度的基本内容，认识国家权力机关的职权，知道人大代表的权利和义务，理解民主集中制的组织活动原则，了解公民的基本权利和义务，正确行使权利，自觉履行义务。分析道德与法治部编教材，本项目涉及的教材内容包括八年级下册第三课"政治自由和权利"、八年级下册第五课"根本政治制度"、八年级下册第六课第一框"国家权力机关"等内容。

八年级下册第三课"政治自由和权利"中，介绍了公民的基本权利，例如选举权、被选举权、监督权等；八年级下册第五课"根本政治制度"中，介绍了人民代表大会制度的基本内容和人大代表的权利和义务；八年级下册第六课中介绍了国家权力机关的职权。如下图所示。

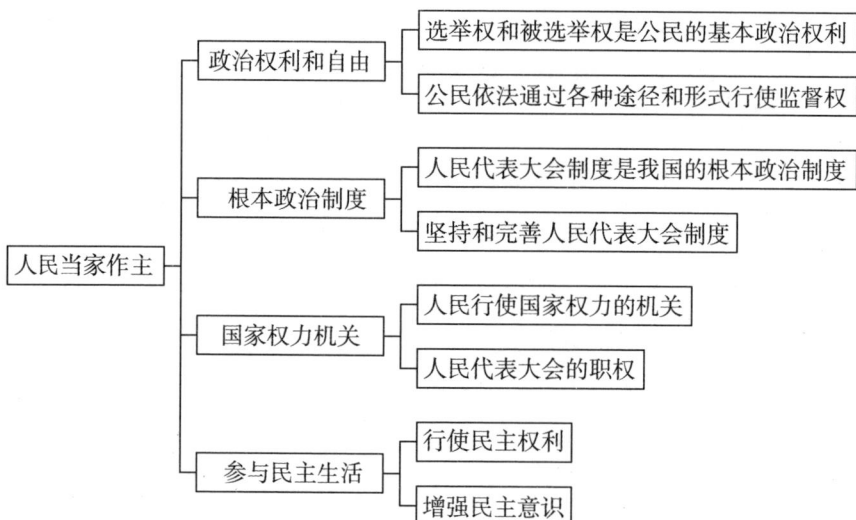

图 1

3. 概括总结。

综合对课标和教材的分析，本项目需要的知识、技能有：

分类	具体描述
知识	1. 公民的基本权利和基本义务。
	2. 人大代表的权利和义务。
	3. 人民代表大会制度是我国的根本政治制度。
	4. 人民代表大会的构成、性质及职权。
	5. 民主集中制的内涵。

续表

分类	具体描述
技能	1. 能根据自己的意愿进行投票。
	2. 能汇集同学们的意见或心声。
	3. 能撰写符合格式要求的议案。
	4. 能清晰准确地介绍班级议案。
	5. 能对班级议案质疑或提建议。
	6. 能通过合适的方式反馈意见。

（二）提炼学科大观念

1. 分析并提炼项目所需知识技能背后的关键概念、原则或大观念，建立其层级和逻辑关系。

人民当家作主是我国民主政治最本质的特征

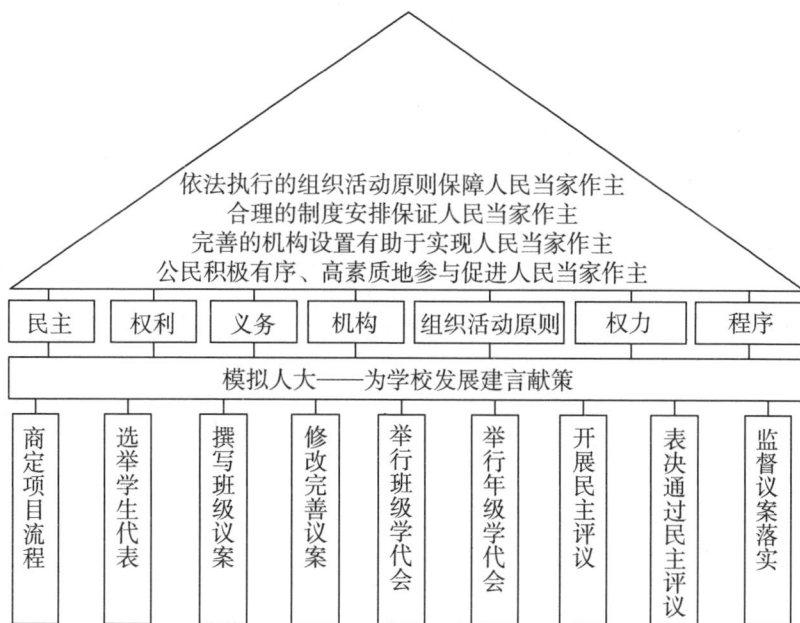

依法执行的组织活动原则保障人民当家作主
合理的制度安排保证人民当家作主
完善的机构设置有助于实现人民当家作主
公民积极有序、高素质地参与促进人民当家作主

| 民主 | 权利 | 义务 | 机构 | 组织活动原则 | 权力 | 程序 |

模拟人大——为学校发展建言献策

| 商定项目流程 | 选举学生代表 | 撰写班级议案 | 修改完善议案 | 举行班级学代会 | 举行年级学代会 | 开展民主评议 | 表决通过民主评议 | 监督议案落实 |

图 2　大观念提炼路径图

学生商定项目开展的基本流程，了解我国的人民代表大会制度及召开人民代表大会的组织流程，在这一过程中，提炼出制度、民主、人民的概念，概括出"合理的制度安排保证人民当家作主"；师生共同商定学生代表的推选程序，制订学生代表的选举标准，小组推荐学生代表，全班举手投票选举，学生代表演讲争取同学们的支持。在这一过程中，提炼出程序、权利、义务、组织活动原则、民主参与的概念，概括出"依法执行的组织活动原则保障人民当家作主""公民积极有序、高素质地参与促进人民当家作主"；学生代表组成班级权力机构，带领学生商定议案、撰写议案，在班级层面开展民主评议活动，提炼出机构、权力的概念，概括出"完善的机构设置有助于实现人民当家作主"；学生代表撰写议案，组织开展民主评议，督导议案落实，提炼出大大代表、议案、监督、评议的概念，概括出"人大代表通过提交议案、民主评议和民主监督等方式进行参政议政，实现人民当家作主"。

基于以上分析，我们将"人民当家作主是我国民主政治最本质的特征"作为本项目最核心的学科大观念。

2. 用陈述句的方式将项目所指向的学科大观念的具体内涵表述出来。

人民当家作主是我国民主政治最本质的特征。

人民当家作主需要合理的制度安排（人民代表大会制度）、完善的机构设置（人民代表大会及其他国家机关）、严格依法执行的组织活动原则（民主集中制）、公民高素质的参政意识和参政能力（人大代表及其公民）。

公民通过民主选举人大代表参与政治生活，人大代表通过提交议案、民主评议和民主监督等方式进行参政议政，实现人民当家作主。

（三）绘制以大观念为核心的知识、技能结构图

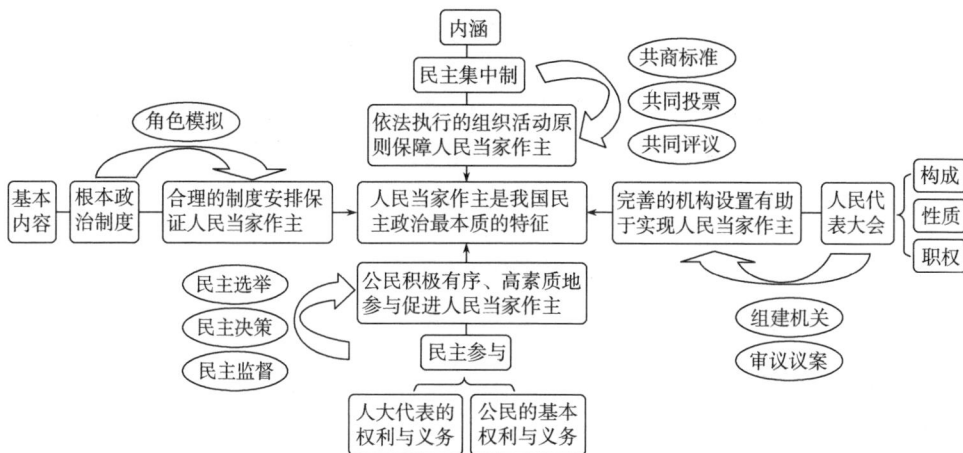

图 3　以大观念为核心的知识、技能结构图

三、素养目标

1. 能结合对我国民主政治本质的理解，认识我国的根本政治制度和国家机构设置，增强制度自信。（政治认同）

2. 能从我国的组织活动原则出发，理解在"选代表""写议案""共评议"中开展"民主集中"的价值。（政治认同）

3. 能结合我国人大代表的产生过程，阐述班级"学生代表"的权利是学生赋予的，必须对学生负责，受学生监督。（法治观念）

4. 能结合公民高素质参与与民主的关系，主动提高参与意识，自觉行使民主权利。（责任意识）

5. 能从联系、发展的角度，正确看待学校发展中存在的问题，调查问题存在的原因，并通过合作、交流与沟通积极寻求解决问题的有效办法。（跨学科素养）

四、项目整体设计构思

（一）项目构思

本项目通过引导学生模拟"人大"的方式参与学校的民主生活，为学校的发展建言献策。本项目以每年国家召开的"人民代表大会"为真实情境，设置了为学校发展建言献策这一驱动任务，引导学生完成选代表、写议案、共评议、督落实等子任务，开展多种形式的学习探究活动，例如自主学习、小组调查、合作探究、展示交流等，让学生在做中学、用中学、创中学、合作中学，培养学生的社会参与力与政治认同感，提升学生的批判性意识、创造性解决问题能力和合作交流能力。

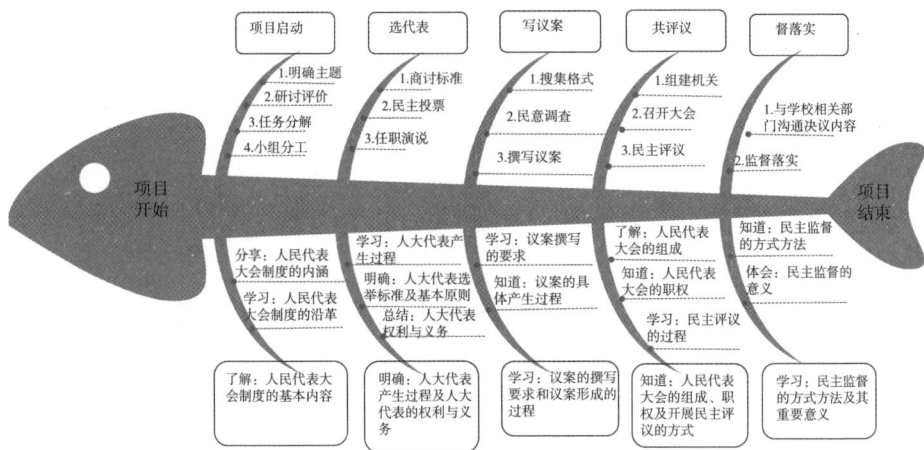

图 4 项目构思鱼骨图

（二）项目任务、问题或活动进程

进程		项目要求或任务	驱动问题及问题链	学习或探究活动
入项活动		1. 引出本项目，明确项目主题； 2. 通过研讨、探究，对本项目有一个初步认识； 3. 讨论制订本项目的评价方案； 4. 小组讨论，分解项目任务及流程； 5. 组建项目团队，研讨成员分工。	驱动问题： 如何通过合理且有效的方式为学校的发展建言献策？ 问题链： 1. 我们为何要为学校发展建言献策？ 2. 为学校建言献策有哪些方式？ 3. "模拟人大"的方式是一种怎样的方式？	明确项目的整体开展流程及任务分工。
项目计划		撰写项目计划书。	驱动问题： 如何撰写项目计划书？ 问题链： 1. 你打算如何实施这一项目？要遵循的流程是什么？ 2. 项目团队如何分工？分别承担哪些任务？	个人或小组规划本项目的实施与开展流程；明确小组成员的任务与分工。
项目实施	选代表	1. 学生与学生、老师一起商定班级学生代表的选举标准及基本流程； 2. 学生竞选班级学生代表，全体同学进行民主选举，选举产生班级学生代表。	驱动问题： 人大代表如何产生？ 问题链： 1. 人大代表的选举标准如何制订？ 2. 人大代表的选举流程是什么？ 3. 人大代表如何得到人民的信任和支持？ 4. 如何进行投票和表决？	合作探究人大代表的产生过程及人大代表的选举标准及选举流程。

续表

进程		项目要求或任务	驱动问题及问题链	学习或探究活动
项目实施	写议案	班级学生代表在开展调研的基础上，充分征求小组同学的意见，共同撰写、修改、完善班级议案。	驱动问题： 如何撰写议案？ 问题链： 1.人大代表写议案的格式要求是什么？ 2.一份议案最终通过要经历怎样的历程？ 3.如何充分征求小组同学的意见，共同撰写、修改、完善班级议案？为什么这么做？	搜集、咨询议案的撰写格式和要求； 通过调查或采访了解班级同学的心声，通过讨论交流，共同撰写、修改班级议案。
项目展示	共评议	1.成立学生代表大会常务委员会，共同商定班级议案民主评议的流程及方式，并按照法定程序进行民主评议； 2.撰写会议决议书。	驱动问题： 如何在班级开展民主评议活动？ 问题链： 1.如何成立班级学生代表大会？为何要成立？ 2.学生代表大会的职能是什么？ 3.民主评议的程序是如何开展的？合理吗？	组建学生代表大会常务委员会； 共同商定班级议案的科学性、合理性。
	督落实	探究全国人民代表大会通过决议的落实情况，了解促进决议落实的方式和方法。	驱动问题： 如何推动通过的班级议案真正得以落实？ 问题链： 1.议案应与学校哪些部门对接？为什么？ 2.如何分类提交给对应部门？ 3.如何监督学校相关部门落实会议决议？为何要行使监督权？	督导议案在学校的落实。

续表

进程	项目要求或任务	驱动问题及问题链	学习或探究活动
项目评价	1. 学生对本项目的收获进行自我反思，并进行自我评价； 2. 教师总结本次活动的收获与不足。	驱动问题： 怎样对项目及学生进行评价？ 问题链： 1. 评价的方式有哪些？ 2. 评价的主体有哪些？ 3. 评价的内容有哪些？	对项目的实施进行评价与反思。

五、项目流程

（一）项目准备

教师为顺利实施项目做必要的准备。

项目开始前需要考虑的问题有：

1. 我们应在这个项目上投入多少时间？进度如何安排？

为了完成这个项目，教师与学生至少需要 6 个学时，其中，有 4 个学时需要在课上完成，包括项目启动、选代表、共评议、项目评价；有 2 个学时需要学生课外完成，包括调查学生需求撰写议案、监督议案的落实等。

进度安排如下：

学时	主题	目的
第 1 学时	项目启动	明确项目整体流程，完成项目计划书，做好分工
第 2 学时	选举代表	商定学生代表选举标准，选出班级学生代表
第 3 学时	撰写议案	调查学生的意见或建议，撰写议案
第 4 学时	共同评议	开展班级民主评议
第 5 学时	项目评价	完成互评、自评，总结收获
第 6 学时	督导落实	监督、关注议案的落实情况

2. 学生已有的经验是什么？哪些经验或技能可以应用到本项目中来？还需要进行哪些方面的培训？

在小学六年级，学生学过有关人民代表大会制度的内容，有一定的知识储备，同时，通过观看或收听每年的"两会"新闻，对我国的根本政治制度也积累了一些感性的认识，这为项目的开展提供了基本条件。

但是，因学生缺乏真实的民主生活经历，对我国的根本政治制度缺乏情感的体验与认同，需要教师在项目开展的过程中进行更有针对性的培养。

3. 为了保障项目的顺利开展，教师需要做好必要的准备：

（1）搜集关于人民代表大会的相关视频或图文材料，学生在进行自主学习、小组探究的过程中，根据学生的需要，可向学生进行有选择性的推送。

（2）与学校相关部门（如政教处、教务处等）提前做好沟通，明确组织这一模拟项目的目的，后期召开学生代表大会，邀请部分学校领导参加。

（3）提前准备好学生代表进行选举使用的投票箱和选票，营造更加真实的学习氛围。

（4）提前联系好模拟人大会议的场地，并做好场地的设计与布置。

（5）提前联系好学生记者，及时做好新闻报道工作。

（二）项目启动

1. 教师向学生介绍"模拟人大——我为学校的发展建言献策"这个项目，让学生明确项目主题及要求。

问题引导：你眼中的山师附中是什么样子？她有哪些可爱的地方？又有哪些存在的问题？你可以通过哪些合理的方式让学校了解你的建议或意见？

聊聊人大：相对于其他方式，通过模拟人大的方式为学校发展建言献策有哪些优势？可能会遇到哪些困难或挑战？

头脑风暴：以小组为单位，共同商定项目开展的基本流程，并在全班范围内进行交流讨论。

制订计划：以小组为单位，完成项目计划书，做好任务梳理与分工。

2. **教师和学生讨论项目成果的呈现形式及评价方式。**

成果呈现形式：

（1）项目计划书。

（2）过程性评价。

（3）班级议案。

（4）自我评估表。

评价方式：

评价内容	评价对象	组织形式	评价指标	评价类型
项目计划书	团队	教师评价	见附表 1	表现性评价
过程性评价	团队	自评互评	见附表 2	过程性评价
班级议案	团队	自评互评	见附表 3	表现性评价
自我反思	个人	自我评价	见附表 4	描述性评价

（三）项目实施

● **任务一：选代表**

问题引导：你认为，班级学生代表应该如何产生？

探究活动：在选班级代表之前，学生需要了解人大代表的产生过程。学生可以通过阅读材料、观看视频或互相交流的方式开启探究学习，教师做好活动的组织、引导与讲解。

共同商定：学生与老师一起商定班级学生代表的选举标准及基本流程。

民主投票：班级学生代表发表竞选誓词，全体同学进行民主选举，选举产生班级学生代表。

重新编组：根据班级学生代表的人数，重新划分小组。

预期成果：产生班级学生代表。

● **任务二：写议案**

问题引导：班级学生代表如何为学校的发展建言献策呢？

探究活动：可借助网络查阅资料，或结合老师提供的学习资料，探究人大代表的权利与义务，并把了解到的相关知识在班级进行分享交流，明确"撰写议案"是人大代表参与政治生活、代表人民行使政治权利的重要途径。

撰写提案：班级学生代表在开展调研的基础上，充分征求小组同学的意见，共同撰写、修改、完善班级议案。

预期成果：班级议案。

● **任务三：共评议**

问题引导：班级议案形成后，如何推动议案科学化、合理化，得到同学的支持与拥护？

探究活动：结合网络视频或教师提供的学习材料，学生以小组为单位探究人大代表大会处理议案的方式，了解对议案进行民主评议的途径。

组建机关：成立学生代表大会常务委员会，师生共同商定班级议案民主评议的流程及方式。

民主评议：邀请学校相关部门负责人参与议案的民主评议活动，按照法定程序进行民主评议，分为班级层面和年级层面。

形成决议：撰写会议决议书。

● **任务四：督落实**

问题引导：如何推动通过的议案真正得以落实？

探究活动：探究全国人民代表大会通过决议的落实情况，了解促进决议落实的方式方法。

民主监督：与学校相关部门进行沟通，监督学校相关部门落实会议决议。

预期成果：大会决议得以落实。

（四）项目作品展示与评估

1. **学生完成项目计划书，教师进行评价。**

教师对各组完成的项目计划书进行评价（见附件1），共同完善项目计划书。

2. **撰写班级议案。**

班级学生代表在广泛征求同学意见基础上形成班级提案，并在班级层面

进行民主评议，表决通过。（见附件3）

3. **自我反思评价。**

学生对本项目的收获进行自我反思，并进行自我评价。（见附件4）

4. **总结项目收获与不足。**

教师总结本次活动的收获与不足，整理项目案例，书写心得体会，为下一步项目的开展积累经验。

六、教学示例

（一）项目启动

活动名称	预设课堂双边活动		教学建议与资源支持
	学生活动	教师活动	
问题引导	学生分享眼中的附中的样子，有哪些可爱的地方，又有哪些需要改善的地方，以及为学校的发展提供有效的方法。	你眼中的附中是什么样子？她有哪些可爱的地方？又有哪些需要改善的地方？你可以通过哪些合理且有效的方式为学校的发展建言献策？	引导学生畅所欲言，分享如何为学校出谋划策，例如，写信、写邮件、告诉班主任/校长、通过家长反馈等，重点引导学生思考"合理且有效"。
聊聊人大	学生以小组为单位，借助学校网络、教师推送的资源，了解我国人民代表大会制度，并思考它的优越性。	你了解我国人民当家作主的方式吗？相对于其他方式，通过模拟人大的方式为学校发展出谋划策有哪些优势？可能会遇到哪些困难或挑战？	补充学习材料"人民代表大会的介绍"和"人民当家作主"具体怎样实现"。

续表

活动名称	预设课堂双边活动		教学建议与资源支持
	学生活动	教师活动	
头脑风暴	学生以小组为单位，共同商定项目开展的基本流程，并在全班范围内进行交流讨论。	教师引导学生从整体上思考项目开展的流程，可组织学生在全班范围内进行讨论。在此基础上，进行有针对性的补充，帮助学生完善项目流程。	在学生交流的基础上，教师要引导学生达成基本的共识，遵循"选代表—写议案—共评议—督落实"的任务开展路径。
制订计划	学生以小组为单位，共同完成项目计划书。	教师引导学生思考：开展这个项目需要完成哪几个任务？小组成员如何进行分工？各组完成项目计划书。	教师提供学习支架：项目计划书；建议学生以小组为单位进行展示交流，各组互相学习借鉴。

任务一：选代表

活动名称	预设课堂双边活动		教学建议与资源支持
	学生活动	教师活动	
问题引导	学生分享学生代表产生的办法，激发对人大代表产生过程的探究欲望。	教师抛出问题——班级学生代表该如何产生，引导学生进行讨论交流。	允许学生自由发言，共同商定学生代表的产生流程，至少包括以下几个方面：商定选举标准、明确选举流程、小组推荐代表、代表竞选发言、学生投票选举等。

续表

活动名称	预设课堂双边活动		教学建议与资源支持
	学生活动	教师活动	
合作学习	学生以小组为单位，借助学校网络、教师推送的资源，了解人大代表的产生过程。	教师可为学生推送部分学习资源，或为学生在校上网提供便利条件。	教师课前搜集关于人大代表选举的文字材料或视频材料，在学生充分讨论后呈现给学生学习。
共同商定	在合作学习的基础上，交流人大代表选举的程序，形成清晰流程，共同商定学生代表的选举标准及人员构成。	教师针对学生提出的选举流程进行指导，加以完善；针对学生提到的选举标准，进行指导、点拨，帮助学生考虑更周全。	人大代表选举的程序及人大代表选举的标准，在学生讨论结束后，教师可以用PPT进行呈现，帮助学生完善。
小组推荐	学生以小组为单位推荐小组学生代表。	教师组织学生以小组为单位，自行推荐小组学生代表，并把同学姓名写在黑板上。	在小组推荐过程中，教师要做好必要的引导，使学生认识到公民合理、有序参与的意义与价值。
就职演讲	推选出的学生代表进行就职演讲，明确自身的权利与义务。其他同学进行监督。	针对学生的发言，结合人大代表的权利和义务，教师进行有针对性的指导和补充。	增强仪式感，有助于学生代表更好地行使职权、履行义务，为后续的工作打好基础。
民主投票	学生按照法定程度投票，选举班级学生代表。	教师提供选票和票箱，做好有序的引导和必要的提醒。	选票和票箱；PPT背景及背景音乐。

任务二：写议案

活动名称	预设课堂双边活动		教学建议与资源支持
	学生活动	教师活动	
问题研讨	学生思考人大代表行使权利、履行义务的途径，包括讨论议案的格式、要求、注意事项等等。	教师抛出问题——班级学生代表如何为学校的发展建言献策，引导学生进行讨论，组织学生进行自主学习。	
自主学习	学生通过查阅资料等方式，学习人大代表行使职权的途径，了解写议案的方法，知道议案是怎么产生的。	教师可以为学生提供文字或视频材料，引导学生进行总结、提炼，针对学生的问题进行解答。	建议教师提供一些关于议案的具体实例及撰写议案的注意事项。
调查研究	班级学生代表在班级范围内进行调查、访谈，了解同学们关注的点，并进行归纳整理。	教师对学生说明要求，组织学生以小组为单位进行议案的讨论，鼓励和支持学生在班级开展调研工作。	做好与班级学生、班主任及任课老师的沟通。
撰写议案	班级学生代表进行班级议案的撰写。	教师为班级学生代表进行必要的协助，完善议案。	
集思广益	班级学生代表征求同学们的建议，再次对班级议案进行修改与完善。	教师帮助学生进行议案的修改与完善，使其更有可行性。	

任务三：共评议

活动名称	预设课堂双边活动		教学建议与资源支持
	学生活动	教师活动	
问题研讨	学生思考如何对班级议案进行评议，讨论需要遵循的程序和原则。	教师引导学生思考如何对班级议案进行评议。	

续表

活动名称	预设课堂双边活动		教学建议与资源支持
	学生活动	教师活动	
自主学习	学生学习人民代表大会民主评议的方式和途径，总结进行民主评议的方法，需要遵循的原则。	教师为学生提供人民代表大会评议议案的方式与路径，引导着学生形成对民主评议更全面的认识。	关于民主评议的方式方法，可以准备相关文字材料，通过PPT的形式在课堂上进行展示。
组建机关	各班学生代表召开年级学生代表大会；选取产生学生代表大会常务委员会；学生代表大会常务委员会起草本次大会的议程；学生代表大会常务委员会负责组织召开本次学生代表大会。	协助学生选举产生学生代表大会常务委员会；指导学生代表大会常务委员会起草本次大会的议程；协助学生代表大会常务委员会负责组织召开本次学生代表大会。	
召开大会	举行"模拟大大"会议，对各项提案进行民主评议。	教师协助学生召开"模拟大大"会议，对各项提案进行民主评议。	会议召开前，要提前跟学校相关部门做好沟通，明确会议召开的目的，听取意见；提前联系好学生记者，做好新闻报道工作。
民主评议	召开学生代表大会，宣读年级议案，对各项议案进行民主评议；全体学生代表对议案进行表决。	协助学生邀请部分学校领导参加会议。	

任务四：督落实

活动名称	预设课堂双边活动		教学建议与资源支持
	学生活动	教师活动	
落实决议	学生代表大会常务委员会撰写大会决议书；学生代表大会常委会代表全体同学将大会决议书上交学校相关部门，听取意见；学生代表大会委员会将学校反馈意见及时在学校范围内进行公示。		决议中，哪些可以落实，推动落实；哪些不可以落实，做出说明。
民主监督	学生监督会议决议的落实情况，针对落实情况提出自己的反馈意见。	教师做好一定的协助，做好必要的沟通和解释工作。	
反思效果	学生对项目学习的整个过程进行反思与梳理。	教师引导学生完成自我反思，总结感悟与收获。	教师提供"自我评估表"，对学生进行质量性评价，重点关注学生素养的达成。

七、项目评价

表1 项目计划书

项目计划书	
我的项目目标：	
我需要完成的知识储备：	
这个项目需要执行哪些步骤？	
我需要什么工具和材料：	
小组成员分工：	
完成项目可能遇到哪些困难？	
为保证项目顺利开展，你需要做哪些事情？	

表2 过程性评价表

维度＼等级	水平一	水平二	水平三	评价	
				自评	组评
选举学生代表	不参加学生代表选举标准的制订，不参加学生代表的竞选，不支持组内学生代表的工作。	参与学生代表标准的制订、代表选举等全过程，但不积极，不主动，只是完成需要完成的任务。	积极参与学生代表标准的制订，积极参加学生代表的竞选，并当选班级学生代表，积极开展接下来的工作。		
撰写班级议案	在组内很少发言或者发表意见。	在组内偶尔发言或者表达意见。	在组内积极发言或者发表意见。		
班级民主评议	从未提出意见或建议。	偶尔提出意见或建议，至少1次。	积极提出意见或建议，2次以上。		

表3 班级议案的评价表

维度＼等级	水平一	水平二	水平三	评价	
				自评	组评
规范性	格式不规范。	参考了正式议案的格式。	与正式议案的格式保持一致。		
科学性	未考虑班级实际情况。	结合班级实际提出建议，不明确。	从班级实际出发反映问题，提出策略。		
实用性	学生不认可，表决未通过。	学生认可，但需要修改。	学生认可度高，表决通过。		

表4　自我成长评估表

项目名称		项目名称	
班级		教师	
姓名		课时	
学生反思总结	通过这个项目，我的收获是：（从知识、能力和素养等方面总结）		

八、教师补充学习材料

（一）人大代表工作履职过程

全国人大代表作为我国最高权力机关的成员，在全国人民代表大会期间，代表们需要：

1. 审议全国人大会议议程上的议案、报告以及其他事项；

2. 依法在人大授权范围内提出议案和建议；

3. 参与各项选举和表决；

4. 在审议政府工作报告、常委会报告、两高报告时可以提出疑问，发表看法。

大会闭幕后，代表们回到自己的工作岗位，但人大代表的"工作"并没有结束，比如，根据安排，人大代表可对本级或低一级人民政府和有关单位的工作进行视察，并可向视察单位提出建议、批评和意见。当然还需要紧密联系群众，听取群众建议和意见。

（二）议案产生的过程

议案的产生主要包括以下几个步骤：一、酝酿。任何议案都不是代表们空想出来的，只有真正走到群众当中，去了解他们的心声，关心他们的疾苦，才能写出好的议案来。因此，就要提前开始对议案的起草作详细的调研，深入基层，到一线多走访被调查的对象，请教相关方面的专家，对议案的内容进行梳理完善，力争按照《代表法》规定的要求，在一定的职权范围内，提出既有案由、案据，又能提供有价值的方案。二、递交。在人大代表会议召开时，向大会递交自己的议案。三、审议。提案人向会议提出关于议案的说明，各代表团全体会议、代表小组会议对议案进行审议。主席团可以将一小部分比较重要的议案列入大会议程进行审议，其他的则可以交有关专门委员会进行审议、提出报告，由主席团审议决定提请大会全体会议表决。会议表决议案采取投票方式、举手方式或者其他方式，由主席团决定。经表决，票数超过半数，议案通过产生。（搜狐新闻）

（三）全国人大常委会的议事程序

议事程序是讨论决定问题的方式和步骤。全国人大常委会所议事项不同、问题不同，适用的具体方式和步骤也有所不同。一般包括四个环节，即议案的提出、审议、表决和公布。根据《中华人民共和国全国人民代表大会常务委员会议事规则》规定，常委会讨论决定的议案主要有四类议案，即法律案、决定案、决议案、人事任免案等。

1. **议案的提出。**

提出议案，是全国人大常委会议事的第一道程序。有权向全国人大常委会提出议案的主体包括三个方面：一是委员长会议可以提出议案，直接列入常委会会议议程进行审议。二是全国人大专门委员会、国务院、中央军委、最高人民法院和最高人民检察院可以提出议案，由委员长会议决定列入会议议程进行审议，或者先交有关的专门委员会审议、提出报告，再决定列入常委会会议。三是常委会组成人员10人以上联名也可以提出议案，由委员长会议决定是否列入常委会会议议程，或者先交有关的专门委员会审议、提出报告，再决定是否列入常委会会议议程。对常委会组成人员联名提出的议案，委员长会议有权决定是否列入常委会会议议程。委员长会议决定不列入常委会会议议程的，应当向常委会会议报告或者向提案人说明。

人事任免案，由有关国家机关和委员长会议按照宪法和有关法律规定的权限提出。

列入常委会会议议程的议案，提出议案的机关、有关的专门委员会、常委会有关工作机构应当提供有关的资料。人事任免案，应当附有拟任免人员的基本情况和任免理由。

2. **议案的审议**。

审议是议事程序的中心环节，特别是对法律案的审议，花费时间最长，投入精力最多。列入会议议程的议案，一般先在全体会议上听取对议案的说明，然后由分组会议进行审议，必要时召开联组会议进行审议。

全国人大常委会审议的议案中，审议法律案是常委会的经常性工作。按照《立法法》和常委会议事规则的规定，列入常委会会议议程的法律案，一般应当经过常委会会议三次审议后，再交付表决；对法律案各方面意见比较一致的，可以两次审议后交付表决；调整事项较为单一或者部分修改的法律案，各方面意见比较一致的，也可以在当次会议上审议通过。如果法律案经常委会三次会议审议后，仍有重大问题需要进一步研究的，可以暂不付表决，交宪法和法律委员会和有关专门委员会进一步审议。法律案经审议后，因各方面对制订该法律的必要性、可行性等存在较大分歧搁置审议满两年的，或者因暂不付表决经过两年没有再次列入常委会审议议程的，由委员长会议向常委会报告，该法律案终止审议。

3. **议案的表决**。

议案经过分组会议、联组会议、专门委员会充分审议后，需要作出决定时，必须进行表决。常委会表决议案，主要采用按表决器方式。议案的通过采取绝对多数原则，即由常委会全体组成人员过半数通过。常委会组成人员应当充分认识到表决的重要意义，从14亿多人口中产生175名全国人大常委会组成人员，代表人民的意志和利益，非同小可。我们要从国家和人民的根本利益出发，投好庄严的一票。

委员长会议根据审议情况和专门委员会的审议报告，决定是否提请常委会全体会议表决。若对议案中个别重要条款意见分歧较大，可提请常委会会议单独表决。单独表决的条款经表决后，委员长会议可根据情况，将法律草案表决稿交付表决，也可以决定暂不付表决，交宪法和法律委员会、有关的专门委员会进一步审议。

4. **法律和决定决议的公布**。

全国人大常委会通过的法律，由国家主席签署主席令予以公布。法律签署公布后，及时在全国人大常委会公报和中国人大网以及在全国范围内发行的报纸上刊载。在常委会公报上刊登的法律文本是标准文本，如果各种文本之间出现不一致的情况，以常委会公报刊登的文本为准。其他决定决议，由常委会发布公告予以公布。

在党中央的集中统一领导下，人民代表大会制度不断完善和发展，全国人大常委会的组织制度和议事规则也要随着党和国家事业的需要不断完善和发展。我们要始终坚持人大工作的正确政治方向，增强代表人民行使管理国家权力的政治责任感，为确保党通过人民代表大会制度实现对国家和社会的领导提供有效的组织保障。

（摘自信春鹰：《全国人大常委会的组织制度和议事规则》，十三届全国人大常委会、专门委员会组成人员履职学习讲稿）

道德与法治
学习指南

一、你知道为何要开展这个项目吗？

每年三月份，正是"两会"进行时，你了解"两会"吗？你知道我国的根本政治制度吗？你懂得参与民主生活、行使民主权利的途径吗？通过本项目的学习，你将参与学校民主生活，行使民主权利，初步认识并理解人民代表大会制度是我国根本政治制度，初步增强民主参与的意识，具备民主参与的能力。

二、你需要呈现哪些作品？

1. 项目计划书。
2. 学生代表选举标准及流程。
3. 班级议案。

三、你需要怎样开展项目？

项目启动

1. 你眼中的附中是什么样子？她有哪些可爱的地方？有哪些存在的问题？

2. 你可以通过哪些合理且有效的方式让学校了解你的建议或意见?

3. "模拟人大"的方式是一种怎样的方式?

相关链接:

　　中华人民共和国全国人民代表大会是最高国家权力机关。它的常设机关是全国人民代表大会常务委员会。全国人民代表大会和全国人民代表大会常务委员会行使国家立法权。全国人民代表大会由省、自治区、直辖市、特别行政区和军队选出的代表组成。各少数民族都应当有适当名额的代表。

　　全国人民代表大会每届任期五年,每年举行一次会议。全国人民代表大会会议于每年第一季度举行,由全国人民代表大会常务委员会召集。全国人民代表大会举行会议时,选举主席团主持会议。

4. 相对于其他方式,通过模拟人大的方式为学校发展出谋划策有哪些优势? 可能会遇到哪些困难或挑战?

5. 以小组为单位,共同商定你打算如何实施这一项目? 大致要遵循的流程是什么?

6. 以小组为单位,完成项目计划书,做好任务梳理与分工。(见附件 1)

● **任务一：选举代表**

1. 班级学生代表应该如何产生呢?

学习建议

你可以通过阅读材料、观看教师提供的视频或互相交流的方式开始这一部分的学习。

2.与同学、老师一起商定班级学生代表的选举标准及基本流程。

3.学生代表竞选班级学生代表，全体同学进行民主选举，选举产生班级的学生代表。

相关链接：

人大代表如何产生？

人大代表由选举产生。实行人民代表大会制度的基础，是选举人大代表。按照宪法和选举法规定，各级人大代表都由选举产生。我国的选举，实行普遍性和平等性原则。凡年满十八岁的中华人民共和国公民，不分民族、种族、性别、职业、家庭出身、宗教信仰、教育程度、财产状况、居住期限，都有选举权和被选举权。每一选民在一次选举中只有一个投票权。应当看到，选举权和被选举权广泛地、无差别地赋予广大人民群众，体现着我国国家权力广泛的群众基础。

我国五级人大代表的选举，分别采取直接选举和间接选举的办法。其中：县级（包括县、自治县、不设区的市和市辖区）和乡级（包括乡、民族乡和镇）两级人大代表，采取直接选举的办法产生。具体做法是将县和乡两级行政区域划分为若干选区，由选区的选民直接投票选举产生县、乡两级人大代表。这种由选民直接投票选举代表的方式，通俗地称为"直接选举"。全国人大代表，省级（包括省、自治区、直辖市）人大代表，设区的市和自治州人大代表采用间接选举的办法产生。具体办法是由下级人民代表大会开会选举上级人大代表。这种由人民代表大会选举上级人大代表的方式，通俗地称为"间接选举"。（光明日报）

4. 根据班级学生代表的人数，可以与老师一起重新划分小组。（优秀的议案离不开小组成员的共同努力）

我所在的小组（中的）班级学生代表：＿＿＿＿＿＿＿＿＿＿＿＿＿

其他小组成员：＿＿＿＿＿＿＿＿＿＿＿＿＿＿＿＿＿＿＿＿＿

＿＿＿＿＿＿＿＿＿＿＿＿＿＿＿＿＿＿＿＿＿＿＿＿＿＿＿

● **任务二：撰写议案**

1. 班级学生代表如何为学校的发展建言献策呢？

相关链接：

人大代表是怎么工作履职的？

全国人大代表作为我国最高权力机关的成员，在全国人民代表大会期间，代表们需要：

● 审议全国人大会议议程上的议案、报告以及其他事项；

● 依法在人大授权范围内提出议案和建议；

● 参与各项选举和表决；

● 在审议政府工作报告、常委会报告、两高报告时可以提出疑问，发表看法。

大会闭幕后，代表们回到自己的工作岗位，但人大代表的"工作"并没有结束。比如，根据安排，人大代表可对本级或低一级人民政府和有关单位的工作进行视察，并可向视察单位提出建议、批评和意见。当然还需要紧密联系群众，听取群众建议和意见。

2. 你了解人大代表撰写议案的要求吗？你知道一份议案最终通过要经历怎样的历程吗？

相关链接：

议案的产生主要包括以下几个步骤。一、酝酿。因为任何议案肯定都不是代表们空想出来的，只有真正走到群众当中，去了解他们的心声，关心他们的疾苦，才能写出好的议案来。因此，就要提前开始对议案的起草作详细的调研，要深入基层，到一线多走访被调查的对象，还应该专门请教相关方面的专家，对议案的内容进行梳理完善，力争按照《代表法》规定的要求，在一定的职权范围内，具有一定的形式，既有案由、案据，又能提供有价值的方案。二、递交。在人大代表会议召开时，应该向大会递交自己的议案。三、审议。提案人向会议提出关于议案的说明，各代表团全体会议、代表小组会议对议案进行审议。主席团可以将一小部分比较重要的议案列入大会议程进行审议，其他的则可以交有关专门委员会进行审议、提出报告，由主席团审议决定提请大会全体会议表决。会议表决议案采取投票方式、举手方式或者其他方式，由主席团决定。经表决，票数超过半数，议案通过产生。（搜狐新闻）

3.在充分开展调研的基础上，征求小组同学的意见，共同撰写、修改、完善小组的班级议案。

议案名称：	
案由	基于哪种现状，要解决校园哪些问题？
案据	有哪些事实、道德、法律等依据？
方案	针对问题，我认为可以采取的措施有哪些？
备注	

● 任务三：共同评议

1.班级议案形成后，如何在班级开展民主评议活动？需要做哪些准备工作？

相关链接：

全国人大常委会的议事程序

议事程序是讨论决定问题的方式和步骤。全国人大常委会所议事项不同、问题不同，适用的具体方式和步骤也有所不同。一般包括四个环节，即议案的提出、审议、表决和公布。根据有关法律规定，常委会讨论决定的议案主要有四类议案，即法律案、决定案、决议案、人事任免案等。

1.议案的提出

提出议案，是全国人大常委会议事的第一道程序。有权向全国人大常委会提出议案的主体包括三个方面：一是委员长会议可以提出议案，直接列入常委会会议议程进行审议。二是全国人大专门委员会、国务院、中央军委、最高人民法院和最高人民检察院可以提出议案，由委员长会议决定列入会议议程进行审议，或者先交有关的专门委员会审议、提出报告，再决定列入常委会会议。三是常委会组成人员10人以上联名也可以提出议案，由委员长会议决定是否列入常委会会议议程，或者先交有关的专门委员会审议、提出报告，再决定是否列入常委会会议议程。对常委会组成人员联名提出的议案，委员长会议有权决定是否列入常委会会议议程。委员长会议决定不列入常委会会议议程的，应当向常委会会议报告或者向提案人说明。

人事任免案，由有关国家机关和委员长会议按照宪法和有关法律规定的权限提出。

列入常委会会议议程的议案，提出议案的机关、有关的专门委员会、常委会有关工作机构应当提供有关的资料。人事任免案，应当附有拟任免人员的基本情况和任免理由。

2.议案的审议

审议是议事程序的中心环节，特别是对法律案的审议，花费时间最长，投入精力最多。列入会议议程的议案，一般先在全体会议上听取对议案的说明，然后由分组会议进行审议，必要时召开联组会议进行审议。

全国人大常委会审议的议案中，审议法律案是常委会的经常性工作。按照立法法和常委会议事规则的规定，列入常委会会议议程的法律案，一般应当经过常委会会议三次审议后，再交付表决；对法律案各方面意见比较一致的，可以两次审议后交付表决；调整事项较为单一或者部分修改的法律案，各方面意见比较一致的，也可以在当次会议上审议通过。如果法律案经常委会三次会议审议后，仍有重大问题需要进一步研究的，可以暂不付表决，交宪法和法律委员会和有关专门委员会进一步审议。法律案经审议后，因各方面对制订该法律的必要性、可行性等存在较大分歧搁置审议满两年的，或者因暂不付表决经过两年没有再次列入常委会审议议程的，由委员长会议向常委会报告，该法律案终止审议。

3. 议案的表决

议案经过分组会议、联组会议、专门委员会充分审议后，需要作出决定时，必须进行表决。常委会表决议案，主要采用按表决器方式。议案的通过采取绝对多数原则，即由常委会全体组成人员过半数通过。常委会组成人员应当充分认识到表决的重要意义，从十四亿多人口中产生 175 名全国人大常委会组成人员，代表人民的意志和利益，非同小可。我们要从国家和人民的根本利益出发，投好庄严的一票。

委员长会议根据审议情况和专门委员会的审议报告，决定是否提请常委会全体会议表决。若对议案中个别重要条款意见分歧较大，可提请常委会会议单独表决。单独表决的条款经表决后，委员长会议可根据情况，将法律草案表决稿交付表决，也可以决定暂不付表决，交宪法和法律委员会、有关的专门委员会进一步审议。

4. 法律和决定决议的公布

全国人大常委会通过的法律，由国家主席签署主席令予以公布。法律签署公布后，及时在全国人大常委会公报和中国人大网以及在全国范围内发行的报纸上刊载。在常委会公报上刊登的法律文本是标准文本，如果各种文本之间出现不一致的情况，以常委会公报刊登的文本为准。其他决定决议，由常委会发布公告予以公布。

在党中央的集中统一领导下，人民代表大会制度不断完善和发展，全国人大常委会的组织制度和议事规则也要随着党和国家事业的需要不断完善和发展。我们要始终坚持人大工作的正确政治方向，增强代表人民行使管理国家权力的政治责任感，为确保党通过人民代表大会制度实现对国家和社会的领导提供有效的组织保障。

（摘自信春鹰：《全国人大常委会的组织制度和议事规则》，十三届全国人大常委会、专门委员会组成人员履职学习讲稿）

2. 师生共同商定班级议案民主评议的流程及方式。

学习建议：

各小组商定本组提案的分享形式，为更加直观形象，最好是借助 PPT。共同推荐一位主持人，有了他，共同评议环节会更加高效、有序。

可以参考以下流程——

● 代表分享：根据最终分享的小组数量确定各组分享时间，如有 8 个小组，建议每组总时长不超过 5 分钟，代表分享时间 3 分钟左右，民主评议 2 分钟左右。

● 民主评议：在主持人的主持下，同学们可以针对任何一项提案提出意见或建议，同学们的想法或许有助于提案的进一步修改与完善哦。

● 举手表决：全体同学针对提案进行举手表决，主持人统计票数，超过班级学生半数，即被评为班级优秀提案，上交年级或学校。

3. 针对班级议案，你的意见或建议是什么？

● 任务四：督导落实

1. 如何推动通过的班级议案真正得以落实？你知道全国人大通过的议案是如何落实的吗？

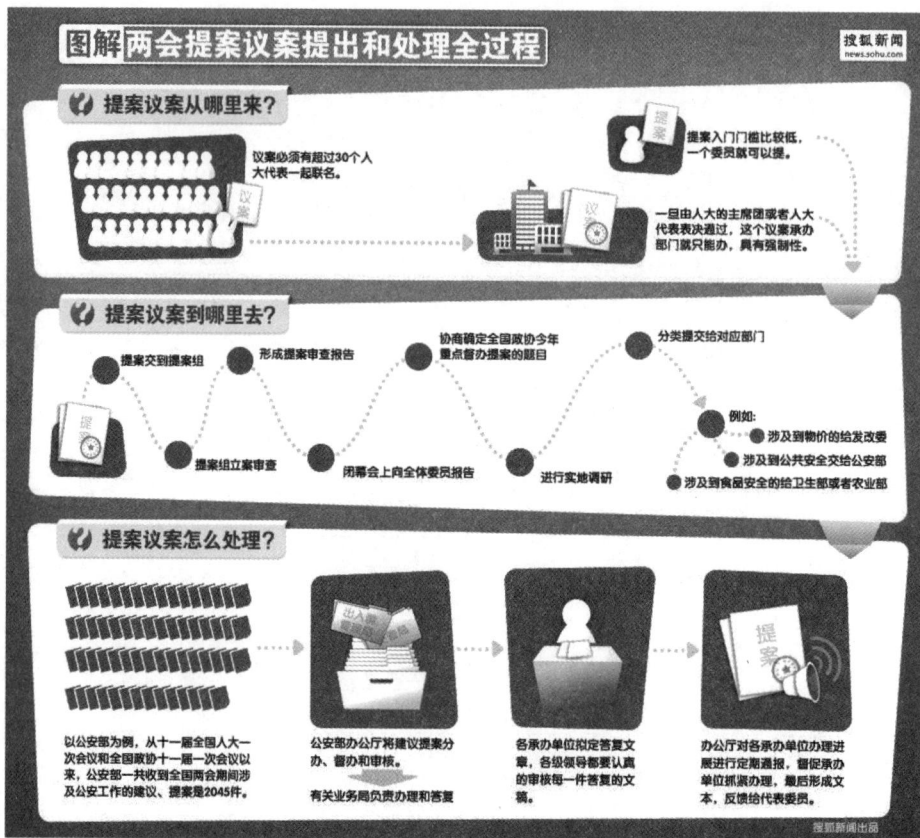

图解 **两会提案议案提出和处理全过程** 搜狐新闻 news.sohu.com

2. 议案应与学校哪些部门对接？如何分类提交给对应部门？

3. 如何监督学校相关部门落实会议决议？

四、你可以获得哪些资源?

与任务相关的资源在任务中呈现,其他相关资源由教材、线上学习包、教学平台和网络资源提供。

在本项目的学习中,你将依次获得以下资源:人民当家作主具体怎么实现、全国人大常委会的议事程序、(图解)两会议案、议案提出和处理全过程、议案产生步骤、人大代表如何产生、人大代表是怎么工作履职的等等,对于这些资源你也可以通过网络获取更多的补充。

此外,你还可以获得更多的多媒体资源,重点关注你感兴趣的部分以及后续问题涉及的内容。

任务	资源类型	名称
任务1	视频	全国人大代表如何产生
任务2	视频	人大代表议案长啥样
任务3	视频	全国人民代表大会的表决方式

需要注意的是,教材是每一位同学最直接、最基础、最重要的学习素材,本项目的学习指南通过指向教材内容,将有助于你尝试筛选有用信息、提高自学能力。

五、你学会了什么?

通过本项目的学习,你将学会以下内容:

1. 能结合对我国民主政治本质的理解,认识我国的根本政治制度和国家机构设置,增强制度自信。(政治认同)

2. 能从我国的组织活动原则出发,理解在"选代表""写议案""共评议"中开展"民主集中"的价值。(政治认同)

3. 能结合我国人大代表的产生过程,阐述班级"学生代表"的权利是学生赋予的,必须对学生负责,受学生监督。(法治观念)

4.能结合公民高素质参与与民主的关系，主动提高参与意识，自觉行使民主权利。（责任意识）

5.能从联系、发展的角度，正确看待学校发展中存在的问题，调查问题存在的原因，并通过合作、交流与沟通积极寻求解决问题的有效办法。（跨学科素养）

六、你真的学会了吗?

2019年3月，十三届全国人大第二次全体会议在北京召开。八年级（2）班的同学对大会非常关注，以下是他们搜集的大会的内容：

3月5日

听取并审议国务院总理李克强关于政府工作的报告。

3月12日

1.听取最高人民法院院长周强关于最高人民法院工作的报告。

2.听取最高人民检察院检察长张军关于最高人民检察院工作的报告。

3月20日

1.表决关于政府工作报告的决议草案。

2.表决中华人民共和国外商投资法草案。

3.表决关于2018年国民经济和社会发展计划执行情况与2019年国民经济和社会发展计划的决议草案。

4.表决关于确认全国人民代表大会常务委员会接受张荣顺辞去第十三届全国人民代表大会常务委员会委员职务的请求的决定草案。

1.同学们搜集的这些材料说明了什么？

2.在日常生活中，你打算如何学习行使当家作主的权利？

七、你需要如何管理自己的项目?

表 1 项目计划书

项目计划书	
我的项目目标:	
我需要完成的知识储备:	
这个项目需要执行哪些步骤?	
我需要什么工具和材料:	
小组成员分工:	
完成项目可能遇到哪些困难?	
为保证项目顺利开展,你需要做哪些事情?	

表 2 过程性评价表

等级 维度	水平一	水平二	水平三	评价	
				自评	组评
选举学生代表	不参加学生代表选举标准的制订,不参加学生代表的竞选,不支持组内学生代表的工作	参与学生代表选举标准的制订、代表选举等全过程,但不积极,不主动,只是完成需要完成的任务	积极参与学生代表选举标准的制订,积极参加学生代表的竞选,并当选班级学生代表,积极开展工作		
撰写班级议案	在组内很少发言或者发表意见	在组内偶尔发言或者表达意见	在组内积极发言或者发表意见		
班级民主评议	从未提出意见或建议	偶尔提出意见或建议,至少1次	积极提出意见或建议,2次以上		

表3 班级议案评价表

维度\\等级	水平一	水平二	水平三	评价 自评	评价 组评
规范性	格式不规范	参考了正式议案的格式	与正式议案的格式保持一致		
科学性	未考虑班级实际情况	结合班级实际提出建议，但不明确	能够从班级实际出发，反映问题，提出策略		
实用性	学生不认可，表决未通过	学生认可，但需要修改	学生认可度高，表决通过		

表4 自我成长评估表

项目名称		项目名称	
班级		教师	
姓名		课时	
学生反思总结	通过这个项目，我的收获是：（从知识、能力和素养等方面总结）		

走进国家宝藏，探寻文明起源

编写人员：张　晓　乔　凯　刘　静　杨万慧

历　史

教学指南

一、项目概要

项目主题： 走进国家宝藏，探寻文明起源

项目性质： 历史学科项目

学段及学科： 初中七年级上册中国历史

学时安排： 6-8 学时

项目简介：

中国是远古人类起源的重要地区，中华文明是人类最古老的文明之一。在中国历史上，记载中华文明发展历程的资源十分丰富，其中不仅有珍贵的文献资料，还有丰富的实物资料。而在缺少文字记录的早期中华文明时期，出土文物更能真实反映早期文明起源的历史。博物馆丰富的文物资源，承载着中华民族历史发展的基因和血脉，是展现文化自信的重要精神宝库，成为青少年了解历史、学习历史的重要途径。学生喜欢走进博物馆，感受中华文明的魅力。"早期中华文明国家宝藏展览"项目为学生探寻中华文明起源提供了机会。

本项目以"早期中华文明国家宝藏展览"为最终呈现形式，从"展览筹备"和"展览参观"两个角度入手，通过展厅选址、展厅总览、展品选择及

排序、制作展品名片、国宝评选、展览解说等驱动性任务，运用"二重证据法"建立对早期中华文明起源发展的整体认知，认识到实物史料是学习历史的重要证据之一，形成中华文明的起源发展有迹可循并具有连续和多元一体特征的大观念。在展览筹备和参观的过程中，学生进行沉浸式、体验式、互动式、探究式学习，尝试变身为"历史学家"和"考古学家"，感受文明起源与发展的连续性和多元性，享受参与与合作的乐趣。

二、相关课程内容分析

（一）分析相关知识、技能

1. 课标分析。

"早期中华文明国家宝藏展览"项目需要运用实物资料来完成，是利用史前时期和夏商西周时期遗留下的考古实物资料进行布展，从而感受早期中华文明起源发展的过程。在展厅分区部分，学生需要了解中华文明经历了从旧石器时代到新石器时代，再到私有制、阶级和早期国家的产生的发展过程。从元谋人、蓝田人、北京人等旧石器时代的文化遗存到河姆渡、半坡、良渚等新石器时代的文化遗存，展现了原始人类从采集狩猎到农耕生活的转变。从打制石器、磨制石器再到青铜农具等生产工具的变化，记录了从原始人群到氏族部落再到早期国家的发展历程。整个项目的顺利完成，离不开学生对考古出土的实物资料的分析，提取其中的历史信息，并通过对不同时期考古的实物资料的对比，实现对中华文明发展起源、发展过程的认识。在展品选择和排序、国宝评选部分，学生需要从北京人遗址、河姆渡遗址、半坡遗址、二里头遗址、殷墟遗址出土的文物中挖掘其所蕴含的历史信息，知道中国境内石器时代与青铜时代有代表性的文化遗存是研究中华文明起源和早期国家产生发展的重要证据。

根据课标要求，学生应该知道我国境内元谋人、北京人、蓝田人、半坡人与河姆渡人等早期的人类活动及夏商西周早期国家的建立和发展情况，认识早期中华文明发展具有的连续性。通过观察旧石器时代、新石器时代的文化遗存分布图，认识到早期中华文明发展的各个阶段既有地域特色、又在交流中互相影响；形成了早期中华文明多元一体的特征。通过了解旧石器时代、新石器时代和夏商西周不同阶段的考古遗址、遗迹，认识到早期中华文明的历史主要是依据考古发掘重构起来的，从而进一步认到文物是时代文明的结晶，它们在早期历史的学习与研究中起着至关重要的作用。

2. **教材分析**。

本项目涵盖部编版中国历史七年级上册第一单元和第二单元 4-5 课的内容，涉及中国境内早期人类代表、原始农耕生活、远古的传说、夏商周的更替、青铜器与甲骨文等要点。中国是远古人类起源的重要地区，中华文明是人类最古老的文明之一，这一部分内容是学生初中历史学习的起点。

教材中介绍了元谋人遗址、北京人遗址、河姆渡遗址、半坡遗址、良渚遗址、陶寺遗址、二里头遗址、安阳殷墟遗址等以及出土的大量文物，这些遗址遗迹的发掘以及出土文物背后所承载的历史信息对研究早期中华文明起源与发展具有重要意义。该内容呈现了史前时期以及夏商西周时期的基本史实。从旧石器时代到新石器时代的文化遗存分布特点和考古发现可以看出，中华文明源远流长、多元一体，不断延续和发展。从打制石器到磨制石器再到青铜农具等生产工具的进步，促进了生产力发展，私有制、阶级和早期国家的出现，社会形态由原始社会向奴隶社会转变。夏、商、西周时期是中华文明与早期国家形成和发展时期，其中，禹建立了夏朝，标志着我国早期国家的产生。夏朝作为我国历史上的第一个王朝，以世袭制取代尧舜禹时代的禅让制。世袭制是早期国家产生中具有开创性的制度。西周建立的分封制对拱卫周室统治、扩大统治范围起了重要作用，是早期国家发展的重要表现和制度建设的重要成果。商朝是我国历史上第一个有直接文字记载的王朝，教材中所呈现的青铜器和甲骨文等内容也是研究青铜文明的重要证据。

3. **概况总结**。

综合课标和教材的分析，本项目需要的知识、技能有：

分类	具体内容
知识	1. 史前时期和夏、商、西周时期中国境内有代表性的文化遗存和典型文物。
	2. 中国境内原始居民的农耕生活。
	3. 私有制、阶级和早期奴隶制国家的产生与发展。
	4. 史前时期和夏、商、西周时期的制度，如禅让制、世袭制、分封制。
	5. 目前已知中国最早的文字是甲骨文。
技能	1. 能利用年代尺对早期中华文明进行历史分期，明晰历史发展脉络。
	2. 能利用历史地图分析石器时代我国境内具有代表性的文化遗存的分布及其特点。
	3. 能从传说中提取有效的历史信息并用其它史料加以印证。
	4. 能从文物史料中提取历史信息，尝试运用史料作为证据，说明文物的价值。
	5. 能运用公元纪年法和历史地图展开历史叙事。

（二）提炼学科大观念

1. **分析并提炼项目所需知识技能背后的关键概念、原则或大观念，建立其层级和逻辑关系。**

中国是远古人类的重要起源地之一，早期中华文明先后经历了旧石器时代、新石器时代，再到青铜时代的发展过程，每个时代都留下了很多具有代表性的文化遗存，这些文化遗存是研究中华文明起源和早期国家产生发展的重要证据。从各遗存出土的文物对比来看，生产工具出现了打制石器、磨制石器再到青铜器的不断革新，社会生产力水平不断提高，由此也带来了政治制度、社会形态等领域的显著变化，早期中华文明在持续传承中实现了从原始社会到奴隶社会的发展。中华文明多地起源，并存发展。不同地域分别形成了若干有自身特色的文化区，呈现出多元发展的轨迹，同时，不同地域的文明彼此交流互动，相互连接，相互影响，相互依存，形成了中华文明多元一体的基因。

基于以上分析，认识考古发掘对重构早期中华文明的重要价值，不同时期、不同地域的考古发现在早期历史的学习与研究中起着至关重要的作用，进而概括出"中华文明的起源发展有迹可循并具有连续性和多元一体的特征"这一大观念。

2. **用陈述句的方式将项目所指的大观念的具体内涵表述出来。**

中华文明的起源发展有迹可循并具有连续性和多元一体的特征。

关联概念：

（1）考古发现是研究早期中华文明的重要证据。

（2）早期中华文明的发展呈现出持续传承的特点。

（3）中华文明的起源具有多元一体特征。

（三）绘制以大观念为核心的知识、技能结构图

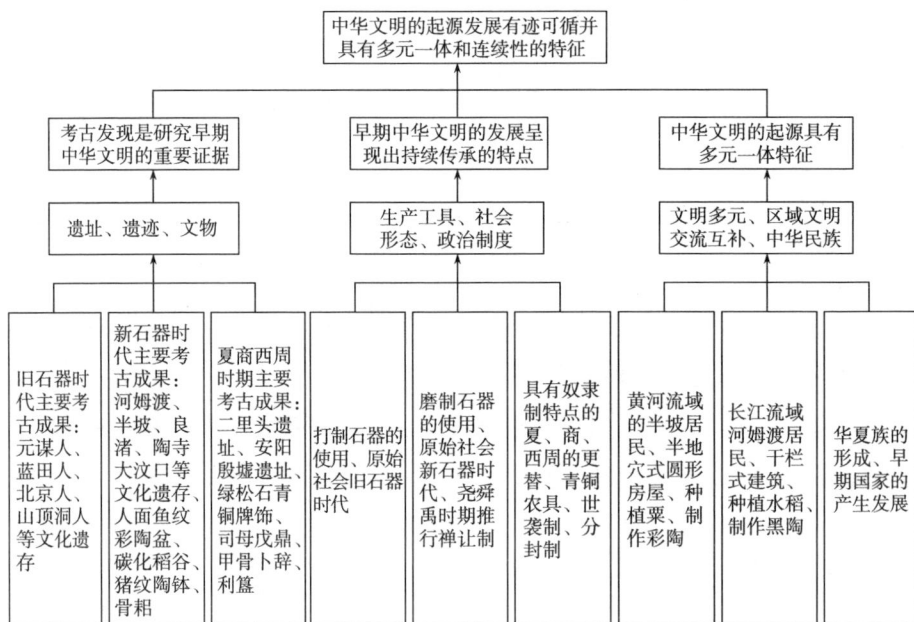

图1　以大观念为核心的知识、技能结构图

三、素养目标

1.能从时空的角度对早期中华文明的发展进行概括，借助绘制时间轴的方式对早期中华文明进行分期，明晰历史发展的脉络，初步形成历史时序和历史空间感。（时空观念）

2.能根据史前时期及夏、商、西周的历史文物对其背后的史实及历史现象进行推断，并与文献史料互相印证，做出合理解释，初步形成敢质疑、讲证据、讲逻辑的严谨治学态度。（史料实证、历史解释）

3.能对史前时期及夏、商、西周人们的生产和生活方式进行初步分析，体会不同时期、不同地区人类文明的阶段性成就及其价值。（唯物史观）

4.能了解史前时期及夏、商、西周时期劳动人民对文明发展做出的巨大贡献，初步形成对早期中华文明的认同。（家国情怀）

5.能合理分工，完成项目任务，形成参与合作的意识以及规划与设计、表达与交流的能力。（合作交流、沟通表达）

四、项目设计整体构思

（一）项目构思

本项目以"早期中华文明国家宝藏展览"为最终呈现形式，从"展览筹备"和"展览参观"两个部分展开学习。学生通过展厅选址、展厅分区、展品选择及排序、制作展品名片、国宝评选、展览解说等驱动性任务，建立对早期中华文明的整体认知，认识到文物研究是学习历史的重要途径之一，并在比较和体验不同时空分布下早期文明发展的连续性和多元性的过程中，形成中华文明的起源发展有迹可循并具有连续性和多元一体性的学科大观念。学生在生活化问题的解决过程中，尝试变身为"历史学家"和"考古学家"，理解和拓展相关的知识，感受参与合作的乐趣，初步养成敢质疑、讲证据、讲逻辑的严谨治学态度。

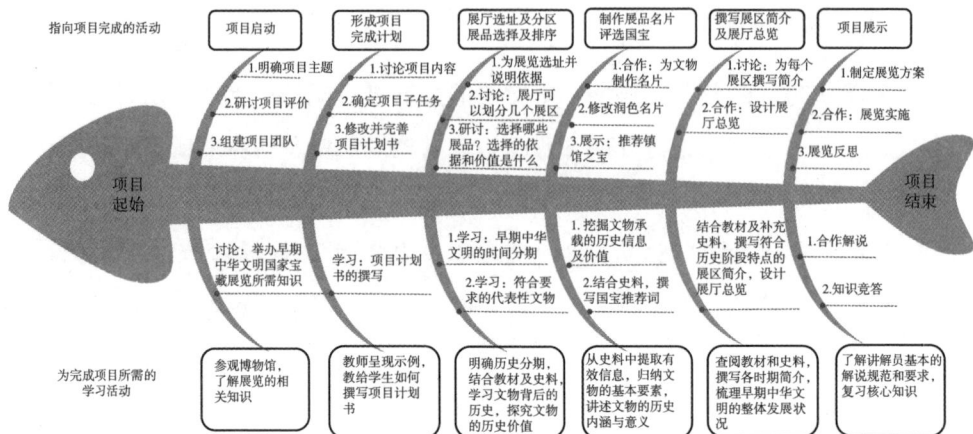

图 2　项目构思鱼骨图

（二）项目任务、问题或活动进程

项目进程	项目要求或任务	驱动问题及问题链	学习或探究活动
入项活动	明确研究任务：学习探究早期中华文明的历史。	驱动问题： 研究早期中华文明的历史有哪些方式或途径？ 问题链： 1. 为什么选择这种方式或途径？用简练的语言阐述一下理由？ 2. 哪种研究方式更好？理由或依据是什么？	收集研究早期中华文明历史的相关资源。
项目启动	1. 明确项目主题； 2. 研讨项目评价； 3. 组建项目团队； 4. 形成项目计划书。	问题链： 1. 这个项目该如何开展？对于往届学生的作品你怎么看？ 2. 应该制订怎样的项目评价标准？ 3. 完成这个项目需要哪些知识作为支撑？ 4. 为完成该项目，我们制订的项目计划书应该包含哪些内容？ 5. 该项目可以分成哪几个子任务？这样设计的依据是什么？ 6. 项目团队如何分工？分别承担哪些任务？	讨论项目开展的流程；结合往届学生作品发表个人见解；向老师咨询恰当的方法；学习如何撰写项目计划书。

续表

项目进程	项目要求或任务	驱动问题及问题链	学习或探究活动
任务一	展厅选址及分区；展品选择及排序。	问题链： 1. 国家宝藏的展览应该选择在什么地方？选择的依据是什么？选址通常要考虑哪些因素？ 2. 此次国家宝藏展览可以划分为几个区域？划分的主要依据是什么？ 3. 本次展览应该选择哪些有代表性的文物进行展出呢？选择的依据是什么？你选择的展品有怎样的价值？这些展品应该按照什么顺序排序呢？	梳理早期中华文明发展时序；结合教材和补充史料，学习文物背后的历史，探究文物的历史价值。
任务二	制作展品名片；评选国宝。	问题链： 1. 如何为选定的展品制作一份名片？展品名片一般包括哪些基本要素？ 2. 哪件展品能够成为镇馆之宝呢？你推荐的依据是什么？这件展品有怎样的历史价值，背后有怎样的历史故事呢？	小组合作，进行史料阅读与分析，从中提取有效信息，归纳文物的基本要素，讲述文物的历史内涵与意义。
任务三	撰写展区简介及展厅总览。	问题链： 1. 如何为每一个展区撰写体现其特点和特色的简介呢？ 2. 如何设计此次国家宝藏展览的"总体概览"部分，才能让观众对展览内容有最为直观和全面的感知呢？	查阅教材和史料，撰写各时期简介，梳理早期中华文明的整体发展状况。

续表

项目进程	项目要求或任务	驱动问题及问题链	学习或探究活动
项目展示	制订展览方案，展览实施及反思。	问题链： 1. 为确保展览的顺利进行，需要制订一份展览方案，方案应该包括哪些内容呢？ 2. 展览如何实施才能让观众"观"有所获？	学习展览解说的基本规范和要求。
项目评价	评选优秀团队和个人，颁发证书；教师总结反思。	问题链： 1. 通过该项目，你有哪些收获或体会？项目实施过程中，你认为有哪些亮点或不足？ 2. 哪些小组或个人给你留下了深刻印象？让你印象深刻的理由是什么？ 3. 针对该项目，你有哪些合理化的建议？	总结项目收获，交流心得体会并做出反思。

五、项目流程

（一）项目准备

1. 本项目需要6-8个学时，历时约3-4周，进度视项目推进情况和学生生成状况灵活调整。

2. 学生通过小学阶段的学习和拓展，比如阅读课外书、观看纪录片等方式，对早期中华文明有一定的了解，特别是近几年《国家宝藏》《如果国宝会说话》等综艺节目的热播，激发了学生了解文物、探寻文物的热情，学生已有的这些经验为项目的开展打下了坚实的基础。

除此之外，由于本项目以"博物馆展览"的学习形式为载体，需要学生利用周末或假期时间，提前到博物馆进行参观，了解博物馆的构造、设计布局以及展览的基本形式，为项目的开展做好充分准备。

3. 为保障项目的顺利开展，教师需要做好必要的准备：

（1）教师需要实地考察博物馆或浏览博物馆的相关网站，明确博物馆展览的基本形式和流程，保证项目开展的真实性和科学性。

（2）教师需要提前与当地的博物馆等单位进行沟通，在条件允许的情况下，邀请专家给学生提供相应的技术指导和专业支持。

（3）教师需要提前搜集有关早期中华文明的相关史料，在项目推进过程中，根据学生的需要，给学生提供充足的资源支架。

（4）教师需要提前与学校相关部门做好沟通，明确展览的规模、时间、场地，做好安全预案，确保展览的顺利实施。

（5）教师需要提前做好评价方案，明确评价标准。

（二）项目启动

1. 教师向学生介绍"走近国家宝藏，探寻文明起源"项目主题及要求。

教师展示往届学生的优秀作品，提出项目完成的过程性要求和终结性要求。

2. 师生共同讨论项目成果的呈现形式和评价方式。

（1）成果呈现形式：举办一场早期中华文明国家宝藏展览。

（2）评价方式：教师评价与学生评价相结合，从子任务的完成情况、展览方案的制订、展览实施的过程、展览反思等维度，评选团队奖和个人奖，颁发证书。

评价内容	评价对象	组织形式	评价指标	评价类型
子任务的完成情况	个人	自评、教师评价	评价量表	过程性评价
展览方案及展览实施	团队	组间评价、教师评价	评价量表	终结性评价
展览反思	个人	自评	评价量表	过程性与终结性评价

3.教师引导学生组建项目团队，形成项目计划书，初步确定任务分工。

围绕项目主题讨论项目的子任务，合作完成项目计划书的撰写。师生讨论，确定最终项目流程，各团队明确任务分工。

以小组为单位展示项目计划书，师生共同讨论，并就不同小组计划书的优点和不足进行点评。学生组建项目团队，展开头脑风暴，思考完成此项目需要哪些知识。

（三）项目实施

● **任务一：展厅选址及分区，展品选择及排序**

问题设计：

1.国家宝藏的展览应该选择在什么地方？选择的依据是什么？选址通常要考虑哪些因素？

2.此次国家宝藏展览可以划分为几个区域？划分的主要依据是什么？

3.本次展览应该选择哪些有代表性的文物进行展出呢？选择的依据是什么？你选择的展品有怎样的价值？这些展品应该按照什么顺序排序呢？

活动设计：结合教材及其他补充资源，开展探究活动。

支持性活动：提供资源及方法支架。

项目成果：确定展览地点及分区名称，确定展出文物。

评价设计：见相关评价量表。

● **任务二：制作展品名片，评选国宝**

问题设计：

1.如何为选定的展品制作一份名片？展品名片一般包括哪些基本要素？

2.哪件展品能够成为镇馆之宝呢？你推荐的依据是什么？这件展品有怎样的历史价值，背后有怎样的历史故事呢？

活动设计：结合教材及相关史料，制作展品名片，撰写文物推荐词。

支持性活动：提供资源及方法支架。

项目成果： 展品名片及文物推荐词。

评价设计： 见相关评价量表。

● **任务三：撰写展区简介及展厅总览**

问题设计：

1. 如何为每一个展区撰写体现其特点和特色的简介呢?

2. 如何设计此次国家宝藏展览的"总体概览"部分，才能让观众对展览内容有最为直观和全面的感知呢?

活动设计： 结合教材及补充史料，撰写符合历史阶段特点的展区简介，设计展厅总览。

支持性活动： 提供资源及方法支架。

项目成果： 展区简介及展厅总览设计图。

评价设计： 见相关评价量表。

（四）项目展示与评估：制订展览方案，展览实施及反思

问题设计：

1. 为确保展览的顺利进行，需要制订一份展览方案，方案应该包括哪些内容呢?

2. 展览如何实施才能让观众"观"有所获?

活动设计： 小组合作，制订展览方案，布展并实施。

支持性活动： 了解讲解员基本的解说规范和要求，提前设计知识竞答题。

项目成果： 展览方案及展览实施。

评价设计： 见相关评价量表。

六、教学示例

（一）项目启动

活动名称	预设课堂双边活动		教学建议与资源支持
	学生活动	教师活动	
明确项目主题及要求	学生明确项目主题，欣赏优秀作品，了解项目的相关要求。	教师展示往届学生的优秀作品，提出项目完成的过程性要求和终结性要求。	往届学生的优秀作品。
确定项目评价方式	研讨项目成果的呈现方式和评价方式。	指导学生从子任务的完成情况、展览方案的制订、展览实施的过程、展览反思等维度，讨论项目的评价标准及方式。	项目评价量表。
撰写项目计划书	撰写项目计划书；讨论项目目标；项目开展所需的知识储备及技术支持，过程中可能遇到的困难等。	教师呈现示例，教给学生如何撰写项目计划书。	项目计划书示例。
确定项目子任务	以小组为单位，围绕项目主题讨论项目应该包括哪些内容，分解成哪些子任务。	深入各个小组，了解学生的想法，结合学生的思考给予适当的指导，全面做好学生的辅助工作。	鼓励学生大胆思考与创新，勇于提出自己的想法和观点。
修改并完善项目计划书	小组展示项目计划书，重点阐述项目的整体构思；在讨论展示的基础上，修改并完善本组的项目计划书。	组织学生交流展示，引导学生分析每一个小组项目计划的优势和不足；结合项目本身的逻辑、历史学科的知识逻辑，确定项目流程。	引导学生多角度、全面思考问题。

续表

活动名称	预设课堂双边活动		教学建议与资源支持
	学生活动	教师活动	
组建项目团队	组建项目团队，展开头脑风暴，思考完成此项目需要哪些知识；根据团队成员的情况，初步确定任务分工。	做好学生的辅助工作。通过问题链的驱动，引导学生思考完成项目所需的知识，建议学生参观博物馆，了解展览的相关知识。	与当地的博物馆等单位进行沟通，在条件允许的情况下，邀请专家给学生提供相应的技术指导和专业支持。

任务一 展厅选址及分区，展品选择及排序

活动名称	预设课堂双边活动		教学建议与资源支持
	学生活动	教师活动	
展厅选址	1.学生畅所欲言，依据自己对博物馆的了解，从展览的规模、内容、形式和现实可操作性等方面思考展厅的选址应该遵循的原则；2.结合教师所提供的示例资料优化完善自己的方案，并以此为依据选出展厅的位置；3.分享交流展厅的位置及选址依据。	创设问题：我们要举办一场关于"早期中华文明的国家宝藏展览"，你认为展厅应当选在哪里？依据是什么？	提供山东博物馆选的示例资料，引导学生优化方案。

续表

活动名称	预设课堂双边活动		教学建议与资源支持
	学生活动	教师活动	
展厅分区	1. 学生进行小组合作探究，完成展厅分区任务表。展示交流分区结果，并说明分区依据； 2. 各组展示交流的成果表明，展厅分区可以按照文物的时期、材质、用途、出土地点等多种依据进行划分； 3. 学生共同探讨哪种分区方式更科学合理且适合本次的展览； 4. 学生按照历史时期进行展厅分区，并展示结果。	创设问题： 1. 博物馆的展厅都是按照一定主题划分的。你认为此次国家宝藏展览可以划分为几个展区？划分的主要依据是什么？哪一种分区方式较为科学？为什么？ 2. 教师参与其中，借助多个分区示例来引导学生找出最适合本次展览的分区方式是按时间进行划分。要按照历史时期进行划分必须掌握历史发展的顺序，补充历史朝代歌，并再次点明主题为"早期中华文明国家宝藏展览"中"早期中华文明"所涉及的历史时段，借助历史时间轴将史前时期、夏、商、周历史时期的更迭呈现出来。	1. 提供各大博物馆的展厅分区资料，引导学生从中寻找规律； 2. 展示历史朝代歌。
展品选择	学生通过阅读教材和相关补充材料确定展品，并对展品价值进行简要说明，其他学生进行点评并确定该展品能否参展。	创设问题： 1. 早期中华文明所包含的国家宝藏可谓浩如烟海，我们应该选择哪些有代表性的展品进行展出呢？你选择的依据是什么？你选择的展品究竟有怎样的价值？ 2. 教师参与其中并在综合考虑文物的价值和展品分布合理性的前提下适当为学生补充教材上没有但历史价值较大的文物。（如西周的宜侯夨簋）	提供相关资料。

续表

活动名称	预设课堂双边活动		教学建议与资源支持
	学生活动	教师活动	
展品排序	组内合作，将选定的展品按照历史发展的时序排列，制作一份展品清单，包括展品名称及年代。（历史时期）	创设问题： 你能否将大家确定的展品按照历史发展的顺序进行排列，并以展品清单的方式呈现出来。	

任务二　制作展品名片，评选国宝

活动名称	预设课堂双边活动		教学建议与资源支持
	学生活动	教师活动	
制作展品名片	1. 认识展品名片，了解展品名片包含的要素； 2. 小组分工，同位合作，模仿文物名片示例，结合补充性材料撰写文物名片；	问题创设： 1. 博物馆中陈列的每件文物都拥有一个属于自己的名片，向来往的参观者表明自己的基本信息。在这场"早期中华文明国家宝藏展览"中，所有的文物也应有自己的名片，我们的任务就是为文物制作名片； 2. 提供支持：为学生提供文物的补充性材料； 3. 结合学生的名片展示引导学生深挖文物背后的历史信息和历史价值； 4. 指导学生修改润色文物名片。	提供相关史料。 示例1： 学生：展示陶寺遗址彩绘龙纹陶盘的名片时提到龙是华夏族的图腾与象征。

续表

活动名称	预设课堂双边活动		教学建议与资源支持
	学生活动	教师活动	
制作展品名片	3. 展示交流，并就文物的历史信息及历史价值等问题进行深入探究； 4. 小组间互相提出修改意见与建议，各组修改完善并美化展品名片。	示例1： 学生展示陶寺遗址彩绘龙纹陶盘的名片。 教师追问：我们都是华夏儿女、龙的传人，那你知道华夏民族是怎样形成的吗？并为学生提供材料。 教师追问：你了解有关华夏民族形成的远古传说吗？远古传说和历史事实之间有什么区别和联系？ 示例2： 学生在展示安阳"王为般卜"刻辞龟甲的名片时提到的刻辞龟甲就是我国最早的文字甲骨文。 教师追问：我国历史上最早的文字甲骨文出现在哪个朝代？ 学生回答：商朝。 教师：这就意味着我国有文字可考的历史是从商朝开始的。那么在远古时期没有文字的情况下我们进行历史研究的最可考证据是什么呢？ 学生：考古发现。 示例3： 学生展示西周青铜器宜侯夨簋。 教师追问：何谓"鼎簋制度"？ 出示材料："天子九鼎，诸侯七，	提供相关资料。

续表

活动名称	预设课堂双边活动		教学建议与资源支持
	学生活动	教师活动	
制作展品名片		大夫五，元士三"——《公羊传》 教师追问：西周时期为何有天子、诸侯、大夫、士的等级划分？这种等级划分反映了西周哪一制度？ 学生回答：与西周的分封制有关。 教师补充资料让学生探究分封制的目的、特点与作用。	
国宝评选	1. 小组合作探讨哪一文物可以成为本次展览的"镇馆之宝"； 2. 各小组结合教材及补充资料，形成一份"镇馆之宝"推荐材料，包括推荐的展品名称、推荐词及推荐展品背后的历史故事或现象； 3. 小组合作完成"镇馆之宝"推荐材料并进行展示分享； 4. 全班同学结合各小组的分享展示进行投票，选出本次展览的"镇馆之宝"。	问题创设： 每一个博物馆里都有"镇馆之宝"，在此次展览之前，我们也需要推荐出本次展览的"镇馆之宝"。你认为哪一件展品能够成为本次展览的镇馆之宝呢？请说明理由并为其撰写国宝推荐词。	提供相关史料。

任务三　撰写展区简介及展厅总览

活动名称	预设课堂双边活动		教学建议与资源支持
	学生活动	教师活动	
展区简介	1. 全班同学按展区划分为四个小组； 2. 小组合作查阅课本或补充资料，完成所负责的展区的简介撰写； 3. 班内分享，师生商讨后进行修改润色。	问题创设： 博物馆中每一展区都会配有相应的简介。我们应该为每一个展区撰写怎样的简介才能体现这个展区的特点和特色呢？ 明确要求： 查阅课本或补充资料，从朝代的名称、起止时间、主要事件或历史现象、朝代特征等方面来完成展区简介。简介内容要具有高度概括性，符合历史阶段特点，语言流畅通顺，无史实性错误及观点性偏差。	提供相关资料。
展厅总览	1. 借助教材提取信息，完成设计初稿； 2. 组内讨论后班级展示分享，最终设计完成此次展览的"总体概览"部分。	问题创计： 如何设计此次国家宝藏展览的"总体概览"部分，才能让观众对展览内容有最为直观和全面的感知呢？ 明确要求：可以参考教师提供的展厅总览示例来设计展厅总览，也可以结合对整个展厅的理解进行创意性设计。 引导学生思考以什么形式才能够最为概括、直观、全面地了解与展览对应的历史，从而在历史学习过程中形成"整体感知"意识。向学生介绍展厅总览的基本形式：可以是"前言""导览"的文字说明，也可以是关于展览内容及区域的平面示意图，还可以采用图文并茂的形式。	提供支持：展厅总览示例。

展示评估

活动名称	预设课堂双边活动		教学建议与资源支持
	学生活动	教师活动	
制订展览方案	小组合作，设计一份展览方案。	教师深入各个小组，从环节设置、可操作性、安全预案、意义及价值几个方面加以引导。	鼓励学生积极思考。
展览实施	班委、课代表全面负责，各小组提前确定好讲解员，负责对应展品的解说。其他同学安静有序地参观展览，做好相应的记录。	提前对接班委、课代表，做好实施前的所有准备工作，展览开始后，全面做好学生的辅助工作。	提供相应的技术支持。
展览反思	1.对项目本身的反思；2.对历史知识的反思，完成知识竞答，自我检验核心知识的达成度。	引导学生从项目本身和核心知识两个方面进行反思。展览结束后对本次项目进行总结，并提出更好的建议。	知识竞答题。

七、项目评价

项目式学习是否"有效"，评价必不可少。项目式学习评价应以《义务教育历史课程标准（2022年版）》为依据，着重评价学生在学习过程中表现的核心素养水平。项目式学习评价应贯穿于项目实施的全过程，可根据项目任务和成果，采用科学、可行和多样的方式方法，设计或提供各种形式的评价任务，在系统收集学生项目学习过程、项目成果、项目反思等相关材料的基础上，对学生的学习状况进行量化和质性的全面分析，并将评价结果及时反馈给学生。

表 1　项目计划书

项目计划书	
项目目标	
项目开展所需的知识	
项目开展所需的技术支持	
项目可以分为几个子任务	
项目开展中可能会遇到哪些困难	
小组成员分工	

表 2　"展品选择及排序"评价量表

评价维度	评价等级		
	A 级	B 级	C 级
时序性	时序准确，基本按照重要的历史事件发生的时序进行排列	时序基本准确，能够按照历史时期或历史朝代进行整体排列	时序混乱，展品排列方式不明确
完整性	展品清单反映的历史内容完整，涵盖这一时期重要的历史事件和制度	所反映历史内容基本完整，能涵盖重要事件但略有遗漏	无法理解展品清单与对应的重大历史事件或制度的关系，内容过于简单或涵盖不全
代表性	同类器物和反映相同历史内容的器物中，所选器物具有代表性	所选器物有一定代表性，基本能做到历史内容的典型呈现	所选器物有大量重复或不典型的情况，无法反映历史全貌

表3 "展品名片"评价量表

评价维度	评价等级		
	A 级	B 级	C 级
语言	精炼概括，严谨规范，字数控制在 50~100 字之间	较为精炼概括，表述基本符合展品名片特点	语言过于啰嗦或过于简单，不符合名片规范
内容	准确介绍器物名称、年代及主要用途	有器物名称，但年代和用途表述不规范	无法说出器物的名称、年代及主要用途
价值	有历史感，能同其背后反映出的历史相联系	基本能表述清楚对应的历史价值	缺乏历史感，无法体现其历史价值
样式	美观、简洁、质朴、大方	有一定创意，但主干信息不够突出	制作粗糙，不认真

表4 "国宝推荐词"评价量表

评价维度		评价等级		
		A 级	B 级	C 级
国宝名称		准确无误	不准确	
推荐词	内容	涵盖展品的年代、用途及历史价值，突出历史价值	涵盖展品的年代及用途，能涉及相应的历史价值	展品年代、用途不明确，基本体现不出相应的历史价值
	语言表述	严谨准确，逻辑清晰无错误	较为严谨准确，逻辑基本清晰	语言不够严谨或逻辑不清，表述有误
	知识性	与课本核心知识联系紧密	与课本核心知识有一定关系但不够紧密	无法体现课本核心知识

表5 "展厅简介"评价量表

评价维度		评价等级		
		A 级	B 级	C 级
展厅简介内容	时期或朝代名称	准确无误	准确但划分粗疏	不准确
	起止时间	有起止时间且准确	有起止时间但范围过宽	无起止时间或起止时间错误
	主要历史事件或现象	涵盖主要历史事件，叙述准确全面	涵盖多数主要历史事件，叙述偶有遗漏	没涵盖或基本没涵盖对应的历史事件
	历史阶段特征	能全面展现且准确概括其主要特征	基本能呈现其主要特征	无历史阶段特征或不准确
展厅简介语言	准确性	语言规范准确，无语病和知识性错误	语言基本规范准确，有个别语病或知识性错误	语言不规范或不准确，有多处语病或知识性错误
	概括性	形式凝练概括，能较好地把握住历史本质	形式较为凝练概括，对历史本质有一定理解	内容混乱，缺少对历史本质的提炼
	流畅性	生动流畅，引人入胜，发人深考	较为生动流畅，有一定可读性	干涩生硬，缺少生动性，可读性差
展厅简介价值	观点陈述	涉及历史观点的内容清晰、鲜明、准确	涉及历史观点较为清晰明确，个别表述有待改善	无历史观点或历史观点不明确
	价值取向	价值取向正确且表述准确	价值取向基本正确，无原则性问题	价值取向有待改进提升

表6 "展厅总览"评价量表

评价维度		评价等级		
		A 级	B 级	C 级
呈现形式	直观性	直观，简洁，一目了然	较为直观，但表述不够简洁	过于简单或过于混乱，使人无法明白展览基本内容
	美观性	具有强烈的审美感	有一定审美感	无美感
呈现内容	全面性	能较为全面地展现早期中华文明内容	基本上能全面地展现早期中华文明内容	内容欠缺，无法全面地展现早期中华文明内容
	概括性	形式凝练概括，能较好地把握住历史本质	形式较为凝练概括，对历史有一定理解	内容复杂，缺少对历史本质的提炼
	逻辑性	逻辑性强，呈现内容富有条理	逻辑性一般，呈现内容较为有条理	逻辑性差，呈现内容无条理性
呈现价值		引人入胜，激发人们对历史的思考	体现出对历史的思考，但表现价值弱	没有体现出对历史的深入思考

表7 "国宝解说词"评价量表

评价维度		评价标准			评价等级
		A 级	B 级	C 级	
解说内容	严肃性	内容严肃，无戏说成分	内容总体严肃认真，偶有不严谨之处	内容不严肃，缺少对历史的敬畏感	
	条理性	条理清晰，层次分明	有一定条理性，需要细化	条理不清晰，逻辑混乱	

续表

评价维度		评价标准			评价等级
		A 级	B 级	C 级	
解说内容	科学性	符合史实，内容经过严格的论证	基本符合史实，部分内容带有传说或杜撰色彩	内容不可征信，无明确出处	
解说语言	严谨性	表述严谨，无史实性错误	表述较为严谨，基本没有或较少史实性错误	表述不严谨，史实性错误较多	
	历史价值观	价值观与历史观正确，反映唯物史观的内容突出	价值观基本正确，不违背主流价值观或唯物史观	价值观有误，对历史的评价及认识缺少科学性	
	感染力	文采优美，富有感染力	有一定文采，语言较为优美流畅	缺少文采与语言感染力	

表8 "展示评估"评价量表

评价维度		评价等级		
		A 级	B 级	C 级
展览方案	环节设置	完整连贯，确保展览顺利进行	较为完整连贯，能确保展览实施，但有思考欠周密之处	环节缺失，无法保证展览顺利进行
	可操作性	贴合实际情况，能确保正常开展	基本贴合实际情况，略作修改后可开展	脱离实际，无法正常开展
	安全预案	有严格的安全预案，一旦出现突发事件能立即应对	有安全预案，需修订完善，确保可操作	无安全预案或安全预案不具有可行性
	意义及价值	充分呈现此次展览的意义和价值	体现一定的意义与价值	无法体现意义与价值

续表

评价维度		评价等级		
		A 级	B 级	C 级
展览实施	解说引导	自然大方，引导有序，表达得体，符合讲解员身份	基本符合讲解员身份，能脱稿完成解说，解说过程中基本无明显错误	缺乏提前训练，态度不认真，解说效果不佳
	参观	安静认真，有笔记意识，遵守基本的参观纪律，体现中学生良好的文明素养	多数同学有参观意识并作笔记，无明显扰乱参观秩序的现象，基本遵守纪律	过程混乱，有大声喧哗或打闹现象，整个过程不认真，缺少基本的文明礼仪
	展览效果	效果好，学生满意，反响热烈	效果尚可，能达到预计目标，大部分学生有所收获	效果一般，需要继续改进。
展览反思	对历史的反思	在反思中能对这一时期的重要史实和时代特征有所认识，在价值观上能体现出对早期中华文明的认同	基本能通过反思列举出这一时期的重要史实，在价值观上能基本体现出对早期中华文明的认同	史实掌握不够扎实，反思态度敷衍，缺少对早期中华文明的认同
	对活动的反思	能够从知识、能力、情感等方面说出自己的收获，并对自己存在的问题有清楚的认识	能够简单从两方面谈一谈收获和不足，有一定反思意识	对收获和不足认识不够，缺少反思意识

表9　自我反思评价表

项目		梳理总结
学科素养	通过本项目的学习，你收获了哪些知识，掌握了哪些技能？	
	学习、研究历史的重要证据是什么？	
	能否将所学史实置于特定的时间和空间框架下加以认识？	
	通过本项目，你对中华文明的起源与发展有怎样的感悟？	
团队合作	在小组中我承担哪些任务？	
	我的任务完成情况怎样？	
	我还有哪些贡献？	
自我反思	通过本项目的学习，我最大的收获是什么？	
	我知道了自己的哪些优势？（自学力、探究力、动手力、组织力、表达力、演讲力等）	

历 史
学习指南

一、你知道为何要开展这个项目吗?

中国是远古人类起源的重要地区,中华文明是人类最古老的文明之一。在中国历史上,记载中华文明发展历程的资源十分丰富,其中不仅有珍贵的文献资料,还有丰富的实物资料。而在缺少文字记录的早期中华文明时期,出土文物更能真实反映早期文明起源的历史。除实地参观早期文明的遗址、遗迹外,各地博物馆作为收藏、研究、展示文物遗存的场所,承载着中华民族历史发展的基因和血脉,是展现文化自信的重要精神宝库,因此,参观博物馆也是我们学习历史、研究历史、感悟历史的重要途径。

在这个项目中,你将会学到有关于"早期中华文明"的相关知识。我们将以"早期中华文明国家宝藏展览"为最终呈现形式,你会和其他同伴一起变身为"历史学家"和"考古学家",在展览筹办和参观的过程中,进行沉浸式、体验式、互动式、探究式学习,在早期中华文明的历史长河中尽情遨游,感受文明起源与发展的连续性和多元性,享受参与与合作的乐趣。

二、你需要呈现哪些作品?

1.项目计划书。

2. 展品清单。

3. 文物名片。

4. 展区简介及展厅总览。

5. 展览方案。

三、你需要怎样开展项目？

入项活动

中华文明源远流长，生生不息。在历史长河中，早期中华文明无疑是非常耀眼的存在，为文明的持续发展打下了坚实的基础。很多同学对这段历史兴趣浓厚，那么我们如何研究这段历史？有哪些方式和途径呢？请在下面写写你的想法和规划吧！

项目启动

同学们，你听说过央视大型文博探索类节目《国家宝藏》吗？《国家宝藏》通过全新的演绎，不仅让国宝"活"了起来，还在百姓心里"火"了起来。新学期伊始，我们要开展"早期中华文明国家宝藏展览"的项目，这个项目该如何开展？应该制订怎样的项目评价标准？完成这个项目需要哪些知识作为支撑？请记录下你们的想法吧！

学习建议：利用周末时间，参观当地博物馆或者上网浏览自己感兴趣的博物馆主页，了解展览的相关知识，明确博物馆展览的基本形式和流程。

为保障项目的顺利开展，请和你的项目团队成员一起，撰写一份项目计划书。你们可以思考以下问题：

1. 项目计划书包含哪些内容？

2. 该项目可以分成哪几个子任务？这样设计的依据是什么？

3. 你们的项目团队如何分工？分别承担哪些任务？

学习建议：利用业余时间，通过网络查找项目计划书撰写的原则和方法，与老师、同学进行交流。

任务一

展厅选址

要举办一场展览，首先要考虑展厅的选址。你认为展厅应该选在哪里？你选择的依据是什么？博物馆选址通常需要考虑哪些区位因素呢？请你和项目团队成员一起讨论，说说自己的想法。

展厅应该选在：

理由是：

学习建议：走访当地博物馆，通过实地考察、采访博物馆工作人员等方式，分析其选址考虑的区位因素；或者搜集博物馆选址的相关文献，进行整理和分析。

展厅分区

博物馆的展厅都是按照一定主题划分的。你认为此次国家宝藏展览可以划分为几个展厅？划分的主要依据分别是什么？

我们认为应该分为以下几个展厅，展厅的名称分别是：

（可以用文字表述，也可以绘制简单的示意图）

划分的理由和依据是：

展品选择

在划分了展厅分区之后，接下来我们要确定展厅最核心的内容：展品部分。这一时期的国家宝藏可谓浩如烟海，那么我们应该选择哪些有代表性的展品进行展出呢？选择的依据是什么？你选择的展品究竟有怎样的价值？请你向大家进行介绍。其他同学要对你选择的展品进行评价，看看你的展品能否胜任此次展览。

选择的展品名称：

展品年代：

展品类型：

选择的理由：

老师和同学们的意见或建议：

展品排序

请同学们根据刚才大家确定的展品，按照历史发展的顺序进行排列，以展品清单的方式（展品名称+年代）呈现出来。

> **展品清单**
>
>
>

任务二

展品名片

在列好展品清单后，下面将进入布展准备阶段。请同学们尝试着用简练的语言，为此次展览的其中一件国宝设计展品名片，以便于观众在最短的时间内，清晰地了解其历史信息。

【展品名片参考示例1】

展品名称：利簋（guǐ）

名片设计：

西周早期青铜器，高28厘米，口径22厘米，方座，长、宽均为20.2厘米。器内底铸铭文4行32字，记载了甲子日武王伐纣这一重大历史事件。

【展品名片参考示例 2】

展品名称：白陶鬶（guī）

名片设计：

　　大汶口文化（距今约 6300—4600 年）1959 年泰安大汶口遗址出土的水器。鸟喙形流口，扁圆腹凸出，饰凸弦纹一周。整器质地细腻，陶色洁白。

展品名片

文物名片的基本要素：

名片设计处：（名片的字数建议 50-100 字）

设计思路说明：

国宝评选

每个博物馆都有"镇馆之宝"，你认为哪一件展品能够成为本次展览的镇馆之宝呢？请在确定你心目中的镇馆之宝后，为它写一份推荐词，并把这件国宝背后的历史故事呈现出来吧。

【小提示：推荐词侧重历史价值，小故事侧重历史事实。最终的呈现形式可以活泼多样，字数不限。】

国宝名称：

国宝推荐词：

国宝背后的历史价值：

任务三

展区简介

博物馆中每一展区都会配有相应的简介。我们应该为每一个展区撰写怎样的简介才能体现这个展区的特点和特色呢？请你和项目团队成员一起，任选其中一个展区，结合教材及补充史料，撰写符合该历史阶段特点的展区简介，建议字数 200 字左右。

选择的展区：

展区简介：

【展区简介参考示例 1】

山东历史文化展"史前厅"简介

早在史前时代，当今山东地区就是文化最发达的地域之一。从最早期的沂源猿人到先帝虞舜，史前文明之光在齐鲁这片大地上繁衍不息。生活在这一地区的东夷族，先后在太昊氏、少昊氏、虞舜时期创造了光辉灿烂的东夷文化。20 世纪 30 年代以后，考古学家对山东地区自成系统的史前文明发展序列的考古发掘与研究，也证实了山东地区是中华文明最主要的发源地之一，而山东境内的大汶口文化和龙山文化都代表了当时最先进的人类文明。可见山东作为人类文明发源地之一，对人类文明的发展与进步有着不可磨灭的贡献。

——资料来源于山东博物馆官方网站

【展区简介参考示例2】

国家博物馆古代中国陈列"远古时期"简介

远古时期分为旧石器时代和新石器时代两个阶段。旧石器时代人类使用打制石器、木棒等工具，从事采集、狩猎活动，完成了从直立人、早期智人到晚期智人的进化过程。新石器时代人们使用磨制石器，制作陶器，发明了农业和养畜业，形成了各具特色的地域文化。新石器时代晚期，社会逐步分化，出现了权贵阶层及相应的礼仪制度，在聚落分化的过程中涌现出众多城堡，社会开始向早期国家过渡。

——资料来源于中国国家博物馆官方网站

展厅总览

当你进入博物馆的展厅时，你是否想过，怎样才能对展厅有最为直观和全面的感知呢？现在就请你以设计者的身份想一想，如何设计此次国家宝藏展览的"展厅总览"部分，才能让观众更好地观看此次展览。请你和项目团队成员商讨之后，形成清晰的设计思路，然后尝试将"展厅总览"部分设计在下面的方框中。

"展厅总览"部分的设计方案如下：

【展厅总览示例 1】

山东历史文化展

《山东历史文化展》是配合山东新博物馆建成开放而精心制作的大型地方陈列，该展览以时间为主线，分史前、夏商周、秦汉至明清三大部分。

山东是中华文明重要的发祥地之一，有着悠久的历史和灿烂的文化。早在四五十万年前的远古时代，这片土地上就生活着与"北京人"同时代的"沂源人"。山东地区新石器时代的遗存十分丰富，以后李文化—北辛文化—大汶口文化—龙山文化—岳石文化为代表的新石器时代文化的发展谱系脉络清晰，说明这里也是中国古代文明的重要起源地之一。反映这一时期的文物展品，从远古蛮荒到定居农业，从粗糙的打制石器到工艺精湛的玉器，从简单的粗制陶器到精美绝伦的蛋壳黑陶，以各种角度映照出当时这里人们的生存状态和山东地区辉煌的史前文明。

夏商两代，山东地区主要是东夷族人建立的众多方国，在与中原王朝军事的和非军事的碰撞与融合中，共同促进了华夏族文明的最终形成。以齐、鲁为核心的山东诸国经历西周、春秋和战国时期的发展，逐步在政治、经济、文化、科技等各个方面走在了时代的最前列……

秦王嬴政兼并六国，建立大一统国家，齐鲁之邦也纳入了大一统的版图。两汉的山东是全国最发达的地区之一，农业进步，手工业强盛，尤其是冶铁和纺织业领先全国，西汉所设 50 处铁官中山东就占 12 处，山东的临淄、定陶、亢父在汉代并称为三大纺织中心……

——资料来源于山东博物馆官方网站

【展厅总览示例 2】

良渚与古代中国

良渚，通常指位于浙江省杭州市余杭区境内的良渚遗址，发现于 1936 年。1959 年，长江下游环太湖流域以良渚遗址为代表的考古学文化被命名为良渚文化。2006 年，在良渚遗址的核心区域发现良渚古城。2016 年，在良渚古城的西部、西北部，发现大型水利系统。

80 余年的考古发掘表明，距今 5300—4300 年的良渚文化时期，长江三角洲地区存在一个已进入成熟文明的早期国家，这个国家被称为良渚王国。良渚遗址中的良渚古城是良渚王国的都城。

2019 年，包括良渚古城和外围水利系统、瑶山祭坛墓地等遗址在内的良渚古城遗址，成功列入世界遗产名录。

——资料来源于故宫博物院官方网站

项目展示

激动人心的时刻马上就要到了，在"国宝展览"正式开始之前，我们还要做这样几件事情：

1. 以项目团队为单位，统筹设计国宝展览方案。

2. 明确分工，形成策划团队、布展团队、解说团队、保障团队等，完成各项准备。

3. 在此基础上继续完善展览方案，细化分工，明确责任，理清步骤，保证展览的顺利进行。

人员分工：

展览方案：

四、你可以获得哪些资源？

1. 历史类。

（西汉）司马迁著，文天译注：《史记》，中华书局 2016 年版。

袁珂：《中国古代神话》，华东师范大学出版社 2017 年版。

杨善群、郑嘉融：《创世在东方》，上海文化出版社 2016 年版。

郭静云：《夏商周：从神话到史实》，上海古籍出版社 2013 年版。

李学勤：《夏商周文明研究》，商务印书馆 2015 年版。

李国忠：《最早的中国》，人民出版社 2022 年版。

2. 研究类。

佟洵、王云松：《国家宝藏：100 件文物讲述中华文明史》，四川人民出版社 2017 年版。

刘炜、段国强：《国宝》丛书，山东美术出版社 2012 年版。

中国文物交流中心：《华夏瑰宝展（精）》，文物出版社 2012 年版。

冯好：《早期中国——中华文明起源》，文物出版社 2009 年版。

中国文物交流中心：《在兹中国》，文物出版社 2019 年版。

3. 相关博物馆官方网站链接。

| 山东博物馆 | 中国国家博物馆 | 故宫博物院 | 陕西历史博物馆 | 南京博物院 | 湖北省博物馆 |

五、你需要学会什么？

1. 你需要绘制早期中华文明发展的时间轴，从时空的角度对早期中华文明的发展进行概括，明晰历史发展的脉络。

2.你需要阐述典型文物背后的史实及历史现象，并与文献史料互相印证，做出合理解释。

3.你需要分析史前时期及夏、商、西周人们的生产和生活方式，体会不同时期、不同地区人类文明的阶段性成就及其价值。

4.你需要用心感受史前时期及夏、商、西周时期劳动人民做出的巨大贡献，初步形成对早期中华文明的认同。

5.你需要和小组成员一起进行合理分工，积极地参与学习过程，提高合作意识及规划与设计、表达与交流的能力。

六、你真的学会了吗？

（一）文物是历史文化遗存，是历史的实物见证

为了更真实生动地感受早期中华文明的历史，某校七年级学生开展"让文物说话，让历史活起来"的探究活动，请你化身考古学家展开探究吧。

1.**考古探究。**

北京人遗址发现的灰烬层　　山顶洞人使用的骨针　　半坡遗址出土的纺轮

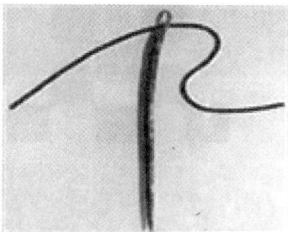

根据以上考古发现，推测史前时期人们已经掌握的技能有：

（1）技能一：

理由：

（2）技能二：

理由：

（3）技能三：

理由：

2. **文物考证。**

以下是七年级某班同学搜集的反映河姆渡居民和半坡居民生产、生活的文物（或复原图）。请你仿照示例，任选两件文物（或复原图），开启你的考证之旅吧。

骨耜 　　人面鱼纹彩陶盆 　　河姆渡遗址出土的稻谷 　　半坡居民半地穴式
　　　　　　　　　　　　　　　　　　　　　　　　　　　　　　　　圆形房屋复原图

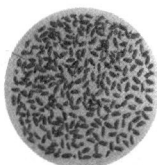

【例】由河姆渡遗址出土的"稻谷"，可以证明河姆渡居民掌握了种植水稻的技术，原始农业兴起并得到一定的发展。

3. **总结提升。**

结合以上探究可知，我们了解史前时期历史的重要依据是 _____。

（二）史料是认识历史的主要依据，是研究历史的重要载体

恰当地运用多种史料研究历史，能够使研究结果更加科学、准确，让我们不断接近历史真实。请你结合以下史料，尝试像历史学家一样运用多种史料展开学习和研究吧。

材料一：西周青铜器利簋及利簋腹底的铭文拓片

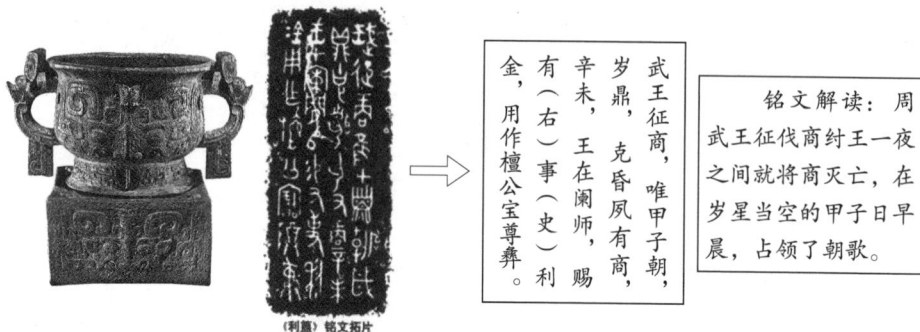

（利簋）铭文拓片

武王征商，唯甲子朝，岁鼎，克昏夙有商，辛未，王在闌师，赐有（右）事（史）利金，用作檀公宝尊彝。

铭文解读：周武王征伐商纣王一夜之间就将商灭亡，在岁星当空的甲子日早晨，占领了朝歌。

材料二：

记述	文献出处
周武王于是遂率诸侯伐纣。纣亦发兵距之牧野。甲子日，纣兵败。	《史记》

材料三：

吾辈生于今日，幸于纸上之材料外更得地下之新材料，由此种材料，我辈固得据以补正纸上之材料，亦得证明古书之外某部分全为实录，即百家不雅驯之言，亦不无表示一面之事实。

——王国维《古史新证》

探究问题1：材料一利簋的发现为哪两个王朝的划分提供了依据？

探究问题2：根据材料一和材料二两种不同类型的史料，提取其中可以相互印证的历史信息。

探究问题 3：根据材料三，谈谈你对"地下之新材料"的认识。

七、你需要如何管理自己的项目？

表 1　项目计划书

项目计划书	
项目目标	
项目开展所需的知识	
项目开展所需的技术支持	
该项目可以分为几个子任务	
项目开展中可能会遇到哪些困难	
小组成员分工	

表 2 "国家宝藏"项目自我反思评价表

项目		梳理总结
学科素养	通过本项目的学习,你收获了哪些知识,掌握了哪些技能?	
	学习、研究历史的重要证据是什么?	
	能否将所学史实置于特定的时间和空间框架下加以认识?	
	通过本项目,你对中华文明的起源与发展有怎样的感悟?	
团队合作	在小组中我承担哪些任务?	
	我的任务完成情况怎样?	
	我还有哪些贡献?	
自我反思	通过本项目的学习我最大的收获是什么?	
	我知道了自己的哪些优势?(自学力、探究力、动手力、组织力、表达力、演讲力等)	

表 3 "国家宝藏"项目小组互评总分汇总表

1组	2组	3组	4组	5组	6组

素养本位的项目式学习 │初中地理│

绘制校园主题地图

编写人员：许贝贝　郭　寅　张　鑫　张晓文　张骏菲

地 理
·······➤ ⟨➤ ·······
教学指南

一、项目概要

项目主题： 绘制校园主题地图

项目性质： 地理学科项目

学段及学科： 初中七年级上册地理

学时安排： 6 学时

项目简介：

电子地图和纸质地图相比较，具有精确性、实时性、全天候等优势，并且在日常生活使用中已经远超纸质地图。利用电子地图设置和查找所需要的地理信息，已成为生活中的一项必备技能。

绘制校园主题地图项目，学生通过对纸质地图的客观评价，引发对精准定位的需求，确定绘制电子地图。整个项目过程就是将经纬度定位的地理学科知识与生活中的电子地图相联系、从地理的角度去观察世界、用实践去探索世界的过程。学生需要与同伴合作设计完成地图绘制任务的方案，独立思考，客观评价，并选择适当的地理工具；在地理实践中能够用观察、调查等方法收集和处理地理信息，并发现问题和探索问题；在实施方案活动中，主动从体验和反思中学习，实事求是，有克服困难的勇气和方法。进一步发展提出问题、解决问题、善于合作、实践应用、迁移创新等综合能力。

二、相关课程内容分析

（一）分析相关知识、技能

1.课标分析。

"绘制校园主题地图"项目的实施是落实新课标要求的重要载体和途径。2022 版最新地理课程标准"地理工具与地理实践"板块中提出明确要求：说出经度和纬度的分布规律；用经纬度描述某一地理事物或现象所在地的位置；根据需要选择适用的地图，查找所需要的地理信息，养成使用地图的习惯；结合生活实例，描述数字地图和卫星导航系统给人们生活带来的便捷。新课标特别对地理实践提出了具体要求：设计简单的考察方案，利用工具进行观察、观测等野外考察。以上 2022 版新课标的要求与本项目紧密契合，也将在本项目的实施中一一得到落实。

本项目以"绘制校园主题地图"为任务，学生在教师的引导和帮助下，小组合作一起设计并不断完善地图的过程，不仅落实了新课标对"地理工具"的相关使用要求，还强化了新课标中提出的"地理实践"在日常教学中的落实。学生以小组为单位设计地图制作方案并制订外出考察计划、最终走出教室亲身实践的过程，培养了学生的地理实践能力。学生借助手机等定位工具观测各地经纬度的过程，将会发现并归纳出经度和纬度的分布规律，并在老师的指导下掌握经纬网的相关核心知识以及用经纬度描述具体位置的方法。学生在使用、展示自己初步制作成形的电子地图时，自然而然地掌握了与地图三要素相关的核心知识以及从地图上查找地理信息的方法。整个过程学生还养成了使用地图的习惯，并水到渠成地感受到电子地图带来的生活便利。

2.教材分析。

"绘制校园主题地图"涉及到地图三要素、经纬网等地理核心知识，是学生刚开始接触地理学科的关键内容。不同版本的教材在相关部分的内容和系统结构上有相似之处却也稍有不同。以山东省最常用的两个版本：人教版和湘教版为例，两版教材都将该部分放在初中七年级上册的起始部分，将其作为地理学习的关键工具和重要铺垫进行布局。两版教材以课标为依据，在相关内容广度和深度的处理上表现出很大的一致性。

在人教版教材中，地图三要素和经纬网的相关内容是第一章地球和地图中的重要内容。具体来说，涵盖第一章第一节"地球和地球仪"的三大框题："纬线和纬度"、"经线和经度"和"利用经纬网定位"，以及第三节地图的阅读两大框题："学会阅读地图"和"选择适用的地图"。在湘教版教材中，该部分内容的布局有所不同，地图阅读的相关内容作为地理学习的工具布局在起始章节"让我们走进地理"中，具体来说涉及第一章第二节"我们怎样学地理"的三大框题："学会使用地图""收集地理信息"和"思考地理问题"，而经纬网的相关内容则是布局在第二章"地球的面貌"中，具体来说涉及第一节"认识地球"中的"地球仪"这一框题，所以从顺序上来说，人教版是先"经纬网"后"地图"，而湘教版则相反。整体来看，地图的阅读和经纬网无论哪个在前哪个在后，两者在现实问题的解决中是紧密联系在一起不可分割的，"绘制校园主题地图"这一项目恰好把两者整合到了一起。

3. 概况总结。

综合对课标和教材的分析，本项目需要的知识、技能有：

分类	具体描述
知识	1. 地图要素——比例尺、方向、图例概念和表示方式。
	2. 电子地图的功能和在生活中的运用。
	3. 经线和纬线的特征。
	4. 经度和纬度的表示方式和分布规律。
技能	1. 能够根据地图的要素设计绘制地图的简单方案。
	2. 能够选择合适的工具进行主题目标经纬度的测量，并且准确地记录数据。
	3. 能够在实践测量中发现和提出关于经纬度的相关问题，并利用学习资源解决问题。

分类	具体描述
技能	4. 能够熟练操作地理信息技术绘图软件，根据测量的经纬度绘制出电子地图。
	5. 能够在生活中熟练地使用电子地图。

（二）提炼学科大观念

1. **分析并提炼项目所需知识技能背后的关键概念、原则或大观念，建立其层级和逻辑关系。**

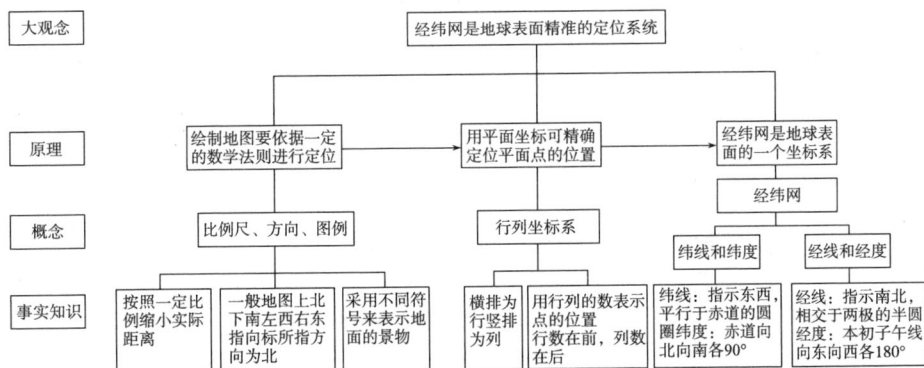

图 1　大观念提炼路径图

　　学生绘制纸质地图需要利用地图三要素的事实性知识，提炼出比例尺、方向、图例的概念，进而提炼出"绘制地图要依据一定的数学法则进行定位"这一原理通则。由利用横竖、行列进行定位的事实性知识，提炼出行列坐标系的概念，进而提炼出"用平面坐标可以精确定位平面点的位置"这一原理通则。由纬线和经线横纵相互交织形成网线这一事实性知识，提炼经纬网、经纬度等概念，进而提炼出"经纬网是地球表面的一个坐标系"这一原理通则。

2. **用陈述句的方式将项目所指向的大观念的具体内涵表述出来。**

经纬网是地球表面精准的定位系统

（三）绘制以大观念为核心的知识、技能结构图

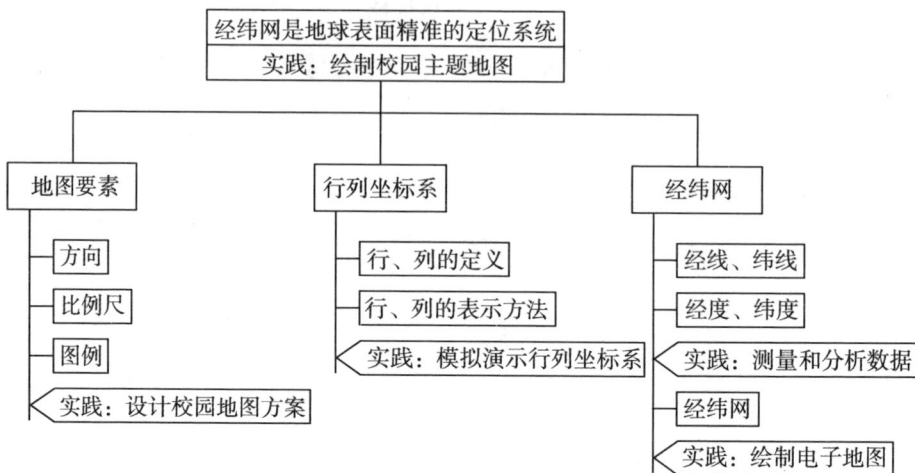

图2　以大观念为核心的知识、技能结构图

三、素养目标

1. 能够运用比例尺、方向等地图要素设计出绘制地图的初始方案，从逻辑性、精准性等多角度对初始方案进行客观评价，提出精准、易操作的设计方案。（逻辑思维、批判精神）

2. 能够根据行列坐标系精确定位点的位置，认识到经纬网是地球表面的坐标系统；设计出利用经纬度绘制电子地图的方案。（模型建构）

3. 能够利用地理信息技术相关软件，精准定位选择的主题目标的经纬度，利用经纬度和所选主题的研究成果制作出电子地图。（技术运用、地理实践创新）

4. 能够在测量和数据整理过程中，提出关于经纬网的有效问题，利用多种学习工具和学习资源，通过自主思考、合作探究解决经纬网相关的核心问题。（信息意识、团队合作、勇于探究）

5. 能够利用作品、PPT等形式介绍项目作品及作品特色，积极交流学习过程的收获、困惑以及困惑的解决方式。（文化自信、勤于反思）

四、项目设计整体构思

（一）项目构思

经纬网定位是地球表面精准的定位方式，但对学生来说比较抽象，离学生的生活较远，因此需将经纬网在日常生活中的实用性——电子地图精准定位凸现出来，让学生真正学习对生活有用的地理。本项目以绘制校园主题地图为任务，学生根据自己的兴趣和需求选择不同的主题，设计绘制地图的方案，选择地图形式为电子地图，并利用地理信息工具进行实地测量经纬度数据，对数据进行收集、分析，运用经纬度数据进行制图。整个过程需要运用到地图三要素、经纬网等地理核心知识和坐标定位的数学和信息技术跨学科知识。

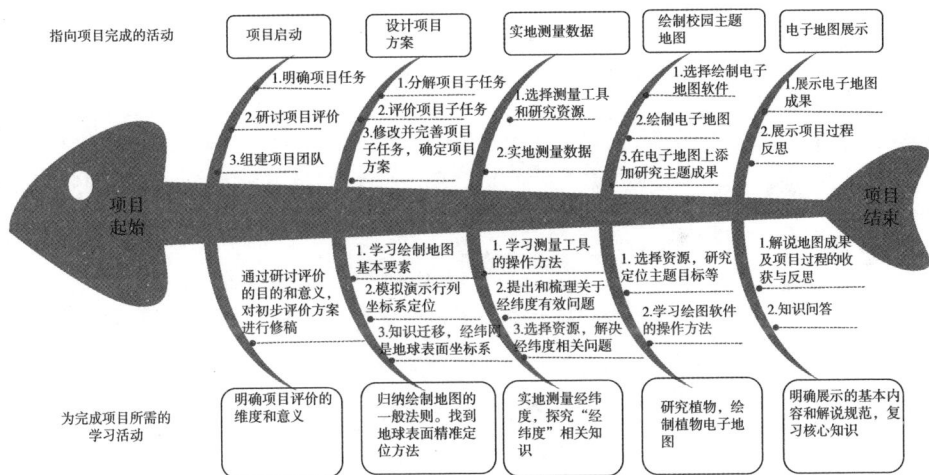

图3　项目构思鱼骨图

（二）项目任务、问题或活动进程

项目进程	项目要求或任务	驱动问题及问题链	学习或探究活动
项目启动	明确项目任务。	驱动问题：绘制校园主题地图。 问题链： 1.你感兴趣的主题是什么？ 2.根据感兴趣的主题进行分组。	选择主题； 划分小组。
设计项目方案	设计绘制地图的方案。	驱动问题：如何绘制校园主题地图？ 问题链： 1.绘制校园地图，需要哪些基本流程？ 2.绘制地图需要运用到哪些地图要素？这些地图要素在地图绘制中如何表示？	1.学习绘图的一般法则； 2.设计初步绘图方案。
	评价绘制地图的初步方案。	驱动问题：如何对绘制地图的初步方案进行评价？ 问题链： 1.设计的方案逻辑性是否合理？ 2.设计的方案是否易操作？ 3.设计的方案最终的成果是否精准？	方案评价。
	确定最终绘制地图的方案。	驱动问题：进一步思考，如何能够简单精准地绘制地图？ 问题链： 1.有没有精准定位的方法？ 2.如何将精准定位方法迁移运用到地图的绘制上来？ 3.请利用精准定位的方法，设计易操作的地图绘制方案。	1.模拟演示行列坐标系统定位； 2.查找地球表面行列坐标系统——经纬网（度）； 3.设计绘制电子地图的方案。

续表

项目进程	项目要求或任务	驱动问题及问题链	学习或探究活动
实施项目方案	实地测量。	驱动问题：如何根据设计方案，通过实地测量获得精准数据？ 问题链： 1. 实地测量需要用的工具有哪些？ 2. 这些工具如何操作才能够获得精准的数据？	利用手机 APP 实地测量主题目标的经纬度，并准确记录。
	核心知识学习。	驱动问题：对数据分析时，你发现了哪些关于经纬度的问题？ 问题链： 1. 在测量过程以及数据整理过程中，将发现的问题梳理出来。 2. 利用各种资源解决你提出的问题，并且进行交流。	1. 提出关于经纬度的相关的困惑点； 2. 利用各种资源解决困惑，并进行班级交流。
	地图绘制。	驱动问题：如何利用数据进行地图绘制？ 问题链： 1. 实地绘制需要用的工具有哪些？这些工具如何操作？ 2. 如何将你的地图绘制得更有创意？	利用测量的数据绘制电子地图。
展示项目作品	地图绘制成果的展示。	驱动问题：如何进行成果展示？ 问题链： 1. 展示的形式是什么？ 2. 你的作品的特色是什么？ 3. 作品绘制运用到了什么核心知识？	班级交流展示绘制地图的成果。

续表

项目进程	项目要求或任务	驱动问题及问题链	学习或探究活动
项目评价	对项目整个过程进行评价。	驱动问题：怎样对项目整个过程进行评价？ 问题链： 1.如何评价各组的项目作品？ 2.如何评价小组成员在项目过程中的表现？ 3.如何进行自我反思评价？	根据评价量化表进行评价。

五、项目流程

（一）项目准备

教师为项目的顺利实施进行充分预设，尽可能考虑项目的相关事宜。根据所考虑项目的相关事宜，进行项目准备。

1.考虑问题：.该项目需要几学时？

本部分的学科内容为经纬网定位和地图的阅读，原本该内容在课时分配上需要6学时，鉴于项目学习的特点和实施方式，该项目完成课上时间为6学时。

第1学时：确定驱动性任务；头脑风暴，分解任务；设计纸质地图绘制方案，多角度评价，确定地图绘制——电子地图。

第2学时：实地参观校园，测量记录数据（志愿者组织、携带手机）。

第3-4学时：学习核心知识。

核心知识课堂学习流程：

（1）学生通过实际测量，记录测量轨迹，发现问题或得出规律，引发思考，回到课堂。

（2）学生交流自己的发现，归纳学科问题。

（3）学生选择不同途径进行自主学习，组内交流。

（4）学生自己解决不了的问题，教师可以点拨或组织教学。

（5）及时反馈学习状况，完善和补充学科知识体系。

第5学时：小组合作完成定制校园电子地图。（计算机教室）

第6学时：成果展示。

2. **考虑问题：教师应该提供哪些资源支持学生完成最为关键的任务？**

相关准备：

（1）GPS设备——手机指南针　原因：简单易操作

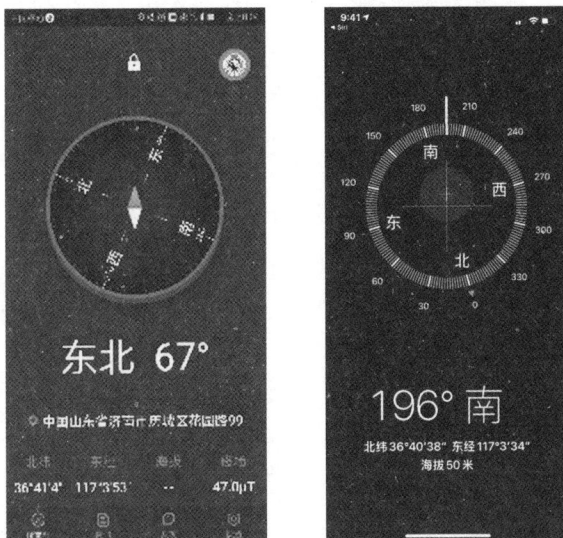

（2）电子地图软件——"兰图绘"在线软件　原因：简单易操作，同时功能齐全，创建的经纬度坐标精准度高。

（3）核心知识学习相关资源：关于经纬网定位相关的微视频和辅助的地理信息技术。

3.**考虑问题：哪些内容需要教师参与？哪些问题学生可以自主解决？**

相关准备：

（1）经纬度的判读是难点，需要教师参与。原因：学生的空间转换能力较差，因此对核心知识的学习比较困难。

（2）核心知识地图的阅读对学生来说比较简单，可以自主学习。

4.**考虑问题：电子地图的制作需要使用手机和计算机室，应关注如何确保手机在校园内有效使用问题。**

相关准备：严格按照《山东大学附属中学手机使用申请制度》进行管理。

5.**考虑问题：如何进行有效的项目评价？**

相关准备：表现性评价、描述性评价等多种评价方式。同时每个阶段根据学习的重点不同而制订不同的评价内容。及时评价，及时反馈，做到教、学、评一致。

（二）项目启动

1.**教师向学生介绍"绘制校园主题地图"项目，明确项目主题及要求。**

（1）教师可以准备有关校园的图片、视频等资料，展示校园文化，教师还可以带领学生实地考察，直观认识自己的校区，激发学生对校园探究的兴趣。

（2）引导学生确定项目任务和驱动问题——绘制校园主题地图。

（3）引导学生选择感兴趣的主题，并根据主题进行分组。主题一致，有助于学生以积极态度投入探究活动中，在团队合作与交流中探索任务的解决方法。

2.**教师和学生讨论项目成果的呈现形式及评价方式。**

项目开始前，教师引导学生关注项目的过程和作品评价，评价先行，让评价指导学生的学习过程。

成果呈现形式：

（1）小组设计并绘制出一个精准的校园主题地图，并选择运用地图、PPT

等形式展示作品成果、特色、实用性等。

（2）班级学生根据作品相关的表现性评价维度（详见附件表现性评价表）进行赋分。每个班的前两名小组进行学校的评比，选出校级一等奖、二等奖和三等奖，颁发证书，并为学校的其他活动提供地图支持。

评价形式：

评价内容	评价对象	组织形式	评价指标	评价类型
阶段任务完成情况	个人	自评	表现性评价表	过程性评价
	个人	组内评价		
项目作品与展示评价	团队	组间评价	表现性评价表	项目作品评价
核心地理知识	个人	教师评价	能力和知识测试题	改良纸笔测试

3.**教师引导学生根据自己感兴趣的主题组建团队。**

（1）教师协助学生思考——你认为哪些功能区对你以后的学习生活非常重要？你对校园哪些地方及内容非常感兴趣？确定电子地图的主题。

（2）教师引导学生根据自己感兴趣的主题进行分组，每组4-6人。

（三）项目实施

1.设计项目方案。

● **任务一：初步设计地图的绘制方案**

问题（链）设计：

（1）绘制校园地图需要哪些基本流程？

（2）绘制地图需要运用到哪些地图要素？

（3）这些地图要素在地图绘制中如何表示？

活动设计：学生通过小组交流讨论，学习绘制地图的基本要素：比例尺、方向、图例；设计初步方案并进行班级交流。

支持性活动：教师为学生提供地图要素相关内容的学习资源，对设计地图绘制方案进行指导。

项目成果：分解项目子任务，形成初步的项目设计方案。

评价设计：见"设计方案"评价量表。

● **任务二：评价绘制地图的初步方案**

问题（链）设计：

（1）设计的方案逻辑性是否合理？

（2）设计的方案是否易操作？

（3）设计的方案最终的成果是否精准？

活动设计：从逻辑性、易操作性、精准性等多维度对方案进行评价。

支持性活动：教师引导学生对地图方案进行多维度的评价，并引发学生对精准定位的需求。

项目成果：评价出项目方案的优缺点。

评价设计：见"设计方案"评价量表。

● **任务三：探寻精准定位的方法**

问题（链）设计：

（1）有没有精准定位的方法？

（2）如何将精准定位方法迁移运用到地图的绘制上？

（3）请利用精准定位的方法，设计易操作的地图绘制方案。

活动设计：

（1）模拟演示利用行列坐标系统进行精准定位。

（2）查找地球表面行列坐标系统——经纬网（度）。

（3）设计利用经纬度定位绘制电子地图的方案。

支持性活动：

（1）通过网络查询和教师引导，明确了电子地图利用经纬网进行定位。电子地图能够精准定位的原因之一是拥有强大的经纬度数据库。

（2）通过列举日常生活中的电子地图，例如百度地图、高德地图等的基本功能，感受到电子地图比纸质地图更为精准。

（3）设计绘制电子地图的方案。

项目成果：设计出绘制电子地图的方案。

方案预设

1. 查找制作电子地图的简单快捷的软件和 APP。

2. 实地测量——定位感兴趣的相关主题目标的经纬度。

3. 制作项目作品——利用数据和软件，制作校园主题电子地图。

评价设计：见"设计方案"评价量表。

2. **完成项目计划表。**

问题（链）设计：

（1）项目计划书包含哪些内容？

（2）该项目可以分成哪几个子任务？这样设计的依据是什么？

（3）项目团队如何分工？分别承担哪些任务？

活动设计：围绕项目主题讨论项目的子任务，合作完成项目计划书的撰写。师生讨论，确定最终项目流程，各团队明确任务分工。

支持性活动：教师呈现示例，教给学生如何撰写项目计划书。

项目名称：制作校园主题地图			
任务	完成方式	所需工具	小组分工
定位目标，获得数据	实地测量	手机 APP	电子产品工具准备：张三 数据测量：李四 数据记录：… 目标查找：…
……			

项目成果：形成项目计划书。

评价设计：见"项目计划书"评价量表。

3. **实施项目方案。**

● **任务一：**查找制作电子地图的简单快捷的软件和 APP

问题（链）设计：

（1）实地测量数据需要用的工具有哪些？

（2）如何操作这些工具以获得精准的数据？

活动设计：通过网络查询，找到适合的工具并学习测量工具的功能和操作方法。

支持性活动：教师根据学生查找情况，提供易于操作的软件，例如电脑版在线软件"兰图绘"。防止信息工具的功能过多，使用喧宾夺主、本末倒置。

项目成果：找到测量和绘图工具。

评价设计：见"实地测量"评价量表。

● **任务二：实地测量——定位感兴趣的相关主题目标的经纬度**

问题（链）设计：

（1）在测量过程以及数据的整理过程中，将发现的问题梳理出来。

（2）利用各种资源解决你提出的问题，并进行交流。

活动设计：

（1）学生交流发现的现象和问题，提出有关学科核心知识的问题。

（2）学生选择不同的学习资源，通过自主学习、合作探究、班级交流等多种形式解决学科问题。

支持性活动：

（1）教师引导学生观察和总结定位目标方向的变化和经纬度变化的规律。

（2）教师帮助学生梳理归纳有效问题。

（3）教师为学生学习探究提供多种资源，例如：微视频、地理信息技术软件等。

项目成果：获得经纬度数据，习得核心知识"经纬度"。

评价设计：见"实地测量和核心知识学习"评价量表。

● **任务三：制作项目作品——利用数据和软件，绘制校园主题电子地图**

问题（链）设计：

（1）实地绘制需要用的工具有哪些？这些工具如何操作？

（2）如何将你的地图绘制得更有创意？

活动设计：

学生利用电脑，通过制图软件（例如"兰图绘"），设计图例，添加主题目标的经纬度、主题研究的相关图片、文字成果，形成主题电子地图。

支持性活动： 教师为学生提供软件的操作说明等。

项目成果： 绘制出主题电子地图。

评价设计： 见"绘制地图"评价量表。

4.**项目展示与评价。**

展示项目作品

问题（链）设计：

（1）展示的形式是什么？

（2）你的作品的特色是什么？

（3）作品绘制运用到了什么核心知识？

活动设计： 班级交流展示绘制地图的成果。

支持性活动： 教师为学生提供展示的建议。

成果展示与交流的几点建议

① 利用电子设备，打开制作的主题电子地图，介绍主题目标的位置和主题研究成果以及其他的特色。

② 利用 PPT 简单地介绍制作电子地图的过程中，在知识、能力、情感上的收获。

③ 同学之间交流学习过程中遇到的问题、困惑，以及解决困惑的方式。

项目成果： 展示绘制出的主题电子地图。

评价设计： 见"项目作品评价"评价量表。

5.**项目评价。**

问题（链）设计：

（1）如何评价各组的项目作品？

（2）如何评价小组成员在项目过程中的表现？

（3）如何进行自我反思评价？

活动设计：根据评价量化表进行评价。

支持性活动：引导学生进行客观公正的评价。

项目成果：完成项目评价。评价贯穿整个项目过程。

评价设计：见评价量表。

六、教学设计

（一）项目启动

活动名称	预设课堂双边活动		教学建议与资源支持
	学生活动	教师活动	
确定项目任务	观看视频，明确项目任务——绘制校园主题地图。	播放学生自制视频《小树林的时光》，教师进一步介绍学校的每一个角落都为山大人留下美好的印象。引发学生探索校园的兴趣，最后提出项目任务。	
确定项目评价内容和方式	讨论项目评价标准及教师提供的初步评价内容。	指导学生明确成果呈现形式和评价形式。	提供初步的项目评价表
组建团队	确定绘制地图的主题。	教师提问：你对校园哪些地方及内容非常感兴趣？例如植物、功能区等…… 引导学生根据自己感兴趣的主题组建团队，每组4-6人。	

（二）项目实施

任务一：设计绘制方案

活动名称	预设课堂双边活动		教学建议与资源支持
	学生活动	教师活动	
初步设计地图绘制方案	1.利用课本、视频等学习资源，自主学习地图绘制的基本法则和基本要素——方向、比例尺、图例的概念以及表示方式； 2.结合绘制地图基本法则，小组讨论，设计出地图绘制的初步方案。	1.提出要求：绘制校园地图，需要哪些基本流程，解决哪些任务？请设计绘制地图的方案。 2.提供参考性问题：绘制地图需要运用到哪些地图要素？这些地图要素在地图绘制中如何表示？	提供：关于地图三要素相关知识的地图材料、微视频等。
评价绘制地图的初步方案	1.总结评价方法的几个基本方面： 方案设计的逻辑性、完整性； 方案的可行性： ●可操作性； ●准确性； 2.客观评价其他小组展示交流的初步设计方案。	1.指导学生对各小组设计的初步方案进行客观的评价，提出引导性的问题：如何对绘制地图的初步方案进行评价？ 2.总结各组设计方案的优缺点，提出他们存在的共性问题，例如，操作难度大，地图最终的精确度不够，进而引发学生对于精准度和易操作的需求。	

续表

活动名称	预设课堂双边活动		教学建议与资源支持
	学生活动	教师活动	
确定最终绘制地图的方案	1.确定绘制地图的形式 （1）学生通过生活常识和原来所学的知识体系探寻可以精准定位的方式——行列坐标系可以精准定位平面上一个点的位置； （2）模拟演示如何利用行列坐标系进行精准定位； （3）通过知识的迁移，明确要想在地球表面精确定位某点的位置也可以运用行列坐标系统，并通过观察地球仪、交流等途径明确该系统为——经纬网； （4）通过网络查询和教师引导，明确电子地图是利用经纬网进行定位。演示电子地图的功能，感受地图精准性，确定绘图的形式为电子地图。 2.设计绘制电子地图的方案： （1）头脑风暴，设计方案； （2）班级交流展示； （3）教师指导提升。	1.引导学生探索精准定位的方法，组织学生模拟演示行列坐标定位； 2.引导学生将平面行列坐标系统迁移到地球表面的经纬网； 3.提供电子地图APP，为学生的演示提供设备； 4.引导学生设计绘制电子地图的方案，尽量达成教师预设方案： 任务1：查找制作电子地图的简单快捷的软件和APP； 任务2：实地测量——定位感兴趣的相关主题目标的经纬度； 任务3：制作项目作品——利用数据和软件，制作校园主题电子地图。	提供： 1.地球仪； 2.电子地图，例如百度地图、高德地图等。

（三）实施项目方案

任务一：查找制作电子地图的简单快捷的软件和 APP

活动名称	预设课堂双边活动		教学建议与资源支持
	学生活动	教师活动	
查找工具	学生利用网络资源，查找绘制电子地图的简单快捷的软件和 APP，并了解所需的基本功能和使用方法。	教师引导学生正确安全地使用网络，并对网络使用提出具体要求。	绘制地图过程中的工具一定要易操作，避免软件使用喧宾夺主、本末倒置。
选择工具	对查找到的绘制地图的软件和 APP 进行比较，选择最简单快捷的软件。	根据学生查找情况，提供易于操作的软件，例如定位经纬度的手机 APP——"指南针"；电脑版在线绘图软件"兰图绘"。	

任务二：实地测量——定位感兴趣的相关主题目标的经纬度

活动名称	预设课堂双边活动		教学建议与资源支持
	学生活动	教师活动	
实地测量	学生利用手机导航软件，到校园中实地定位各个主题目标的经纬度，并记录整理。	教师组织学生有序地进行实地测量，提出实地测量的相关要求，并发放数据记录单。	
提出关于核心知识相关问题	学生通过实地测量，记录测量轨迹，得出规律或发现现象和问题，引发思考。例如：（1）为什么数值变化非常小？（2）为什么向北走纬度变大，向西走经度变小？	1.在实地测量之前引导学生观察和总结定位目标方向变化和经纬度变化的规律，例如向东运动数字如何变化？向西呢？向南运动数字如何变化？向北呢？2.将学生提出的问题进行梳理，提取出有效的问题进行展示，并转化为核心知识的相关问题，形成学生探究指南，例如：经纬度为什么数值变化非常小？——核心知识是经纬度的划分。	学生提出的问题是在实际观测的过程中产生的，提出的问题表面化，不够深入，需要教师引导转化为核心知识

续表

活动名称	预设课堂双边活动		教学建议与资源支持
	学生活动	教师活动	
解决关于核心知识相关问题	根据自己的兴趣和个性，选择地球仪、课本和地图册、微视频、地理信息技术软件等不同的工具，通过自主学习、合作探究、班级交流等多种形式解决学科的核心问题。	1. 教师为学生提供多样的学习资源；2. 组织学生利用教师提供的学生探究指南，探究学科知识，并进行交流。对于学生共同的难点和困惑点，给予讲解和指导。	提供学习资源：1. 地理信息技术软件：3D world map；2. 关于经纬度相关微视频。

任务三：制作项目作品——利用数据和软件，绘制校园主题电子地图

活动名称	预设课堂双边活动		教学建议与资源支持
	学生活动	教师活动	
绘制地图软件的学习	学习软件的基本操作功能。	可以为软件的操作录制微视频。	降低学生软件的使用难度。
电子地图的绘制	利用电脑，通过制图软件（例如"兰图绘"）设计图例，添加主题目标的经纬度、主题研究的相关图片、文字成果，形成主题电子地图。	指导学生进行地图绘制，解决学生的困惑和存在的问题。	

项目作品展示与评价

活动名称	预设课堂双边活动		教学建议与资源支持
	学生活动	教师活动	
作品展示	1. 利用 PPT，简单地介绍制作电子地图的过程和步骤。 2. 展示主题电子地图的成果，介绍主题地图重要地点的位置、特色以及到达的最佳路线。 3. 同学之间交流学习过程中遇到的问题、困惑，以及困惑的解决方式	及时发现其中的问题，也鼓励学生提出疑问、帮助同学纠错，针对问题进行更正和讲解。	提供与学生一起修订的项目评价表。
项目评价	1. 作品的评价 每个同学根据评价表对各个小组的作品和展示进行赋分。然后通过学校的教学数据统计录入分数。 2. 项目实施过程的评价 每个同学根据评价表分别对小组内各个成员进行评价，同时又对自己的表现进行自评价。通过小组的计算选出最优秀组员	1. 引导学生客观的对他人进行评价； 2. 根据学生的评价分数，选出班级的最优秀的两个作品参加学校的选拔。	

七、项目评价

1. **表现性评价**。

评价人：学生个人、小组成员

评价内容：

评价内容		分值	具体内容	自我评价	小组评价
项目过程评价	设计方案				
		地图绘制方案初步设计	12	能够利用地图的要素方向、比例尺、图例设计地图绘制方案，并能在方案设计过程中产生定位观念。	
			6	基本能够利用地图的要素方向、比例尺、图例设计地图绘制方案，基本能在方案设计过程中产生定位观念。	
			1	不能够利用地图的要素方向、比例尺、图例，无法在方案设计过程中产生定位观念。	
		地图绘制初步方案评价	12	能够从逻辑性、易操作性、精准度等维度对设计的方案进行清晰的评价，明确各方案的优缺点。	
			6	基本能够从逻辑性、易操作性、精准度等维度对设计的方案进行清晰的评价，明确各方案的优缺点。	
			1	基本不能够从逻辑性、易操作性、精准度等维度对设计的方案进行清晰的评价，无法明确各方案的优缺点。	
		确定最终绘制地图的方案	12	能够分解出绘制电子地图的子任务，子任务逻辑性强、易操作。	
			6	能够分解出大部分绘制电子地图的子任务，子任务逻辑性比较强、比较容易操作。	
			1	无法分解出大部分绘制电子地图的子任务，子任务没有逻辑性，操作困难。	

续表

评价内容			分值	具体内容	自我评价	小组评价
项目过程评价	实地测量	数据收集	12	能够合理选择工具，并利用工具收集了大量位置的经纬度数据，操作规范，位置信息准确。		
			6	基本能够合理选择工具，利用工具收集了部分位置的经纬度数据，操作基本规范，位置信息基本准确。		
			1	不能很好地选择工具，利用工具仅收集了少量位置的经纬度数据，工具操作能力较差，位置信息不准确。		
	核心知识学习	合作学习能力	10	能够与组内成员友好合作、相互协作；积极参与小组讨论并能提出实质性建议；对项目推进起到至关重要的作用。		
			5	能与小组成员友好合作；积极参与小组讨论，并能提出一些可供参考的意见；对项目推进起到一定的作用。		
			1	几乎不与小组成员合作，在项目推进中起不到任何正面的作用。		
		数据分析及问题提出	12	能够对所收集的经纬度信息进行自主分析，并据此清晰地提出自己关于经纬度变化规律的相关问题。		
			6	基本能够对所收集的经纬度信息进行自主分析，并据此模糊地提出自己关于经纬度变化规律的相关问题。		
			1	没有对所收集的经纬度信息进行自主分析，无法据此提出自己关于经纬度变化规律的相关问题。		

续表

评价内容			分值	具体内容	自我评价	小组评价
项目过程评价	核心知识学习	问题探究能力	13	能够利用课本、地球仪、网络、教师资源等工具和学习资源，通过自主思考、合作探究解决经纬网核心知识。		
			6	基本能够利用课本、地球仪、网络、教师资源等工具和学习资源，通过自主思考、合作探究基本能够解决经纬网的核心知识。		
			1	无法利用课本、地球仪、网络、教师资源等学习工具和学习资源解决经纬网核心知识。		
		电子地图绘制	13	能够制订清晰的电子地图绘制方案，并能根据方案和主题利用工具和经纬度数据信息完成电子地图的绘制。		
			6	能够制订电子地图绘制方案，基本能根据方案和主题利用工具和经纬度数据信息完成电子地图的绘制。		
			1	不能制订出清晰的电子地图绘制方案，无法根据方案和主题利用工具和经纬度数据信息完成电子地图的绘制。		
项目作品评价	电子地图作品		13	学生绘制的电子地图的作品美观简洁，主题清晰，符合地图制作的规范，具有很大的实用价值。		
			6	学生绘制的电子地图的作品较为美观简洁，主题较为清晰，基本符合地图制作的规范，具有一定实用价值。		

续表

评价内容		分值	具体内容	自我评价	小组评价
项目作品评价	电子地图作品	1	学生绘制的电子地图的作品较为凌乱，主题不突出，不符合地图制作的规范，缺乏实用价值。		
	汇报展示	13	汇报过程中能较好地展示电子地图的方案设计、数据整理、核心知识学习效果以及最终作品，PPT美观简洁，语言流畅，整体效果较好。		
		6	汇报过程中基本能良好地展示电子地图的方案设计、数据整理、核心知识学习效果以及最终作品，PPT较美观简洁，语言基本流畅，整体效果一般。		
		1	汇报过程中对于电子地图的方案设计、数据整理、核心知识学习效果以及最终作品的展示效果较差，PPT制作较差，语言不流畅，整体效果较差。		

2. **改良纸笔测试**。

"互联网＋智能手机"正在改变着人们的生活。下图是滴滴打车截屏。读图，回答1~2题。

1. 图中提供的信息有

A. 天气状况

B. 风俗习惯

C. 当前位置

D. 海拔高度

2. 由图推断，打车地点最可能位于

A. 城市购物中心附近

B. 风景区附近

C. 火车站、汽车站附近

D. 中央商务区附近

3.   定制公交

定制公交是从小区到单位往返的直达式班车，它倡导绿色出行，节能减排。它的出现极大地方便了同学们的上下学，同时在安全方面有更好的保障。现需要根据我校学生需求和客流情况设计出公交线路，为家委会提供参考。让我们一起用学到的知识和方法去解决实际问题吧！

要求：绘制定制公交的线路图，清晰地标注每个站点的位置。

地 理
学习指南

一、你知道为何要开展这个项目吗？

地图在我们生活中的使用越来越广，和纸质地图相比较，电子地图具有精确性、实时性、全天候等优势，并且在日常使用中已经远超纸质地图。

"绘制校园主题地图"，你需要和其他同伴合作，设计完成地图绘制的方案，并能够进行独立思考和客观评价；你需要选择适当的地理工具，并尝试利用它们收集和处理地图制作需要的位置等信息，并能够在操作中发现问题和探索问题；在实施方案活动中，你需要主动从体验和反思中学习，实事求是，具有克服困难的勇气，掌握解决问题的方法。在这个过程中锻炼自己的动手能力和创新能力，在"玩"中学习相关的地理知识，享受创作乐趣。相信本项目能让你成为一名优秀的设计者、制作者、创造者。

二、你需要呈现哪些作品？

你需要呈现一张关于校园的主题地图。地图的相关主题要清晰，定位要准确，有关主题目标的图片和研究内容也可以在地图中表示出来。

三、你需要怎样开展项目？

（一）项目启动

漫步在美丽的山东大学洪家楼校区，一定会有一些别样的"风景"值得纪念，你一定也发现了一些"秘密"想要与他人分享，那就让我们制作一张属于自己的校园主题地图吧！对于这张主题地图，你想选择的主题是什么呢？根据相同或相似的主题寻找你的组员吧！

主题	组员

（二）项目实施

1. 设计绘制地图的方案。

如何绘制校园主题地图呢？请通过小组合作，一起讨论出绘制地图的初步方案吧！

> 提示：设计方案过程中，你需要考虑这几个问题：
>
> √ 绘制校园地图，需要哪些基本流程？
>
> √ 绘制地图需要运用到哪些地图要素？这些地图要素在地图绘制中如何表示？

（1）请在该框架中填写地图各要素以及概念和表示方法。

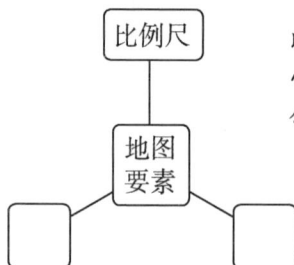

比例尺是表示图上距离比实地距离缩小的程度，也叫缩尺。

公式为：比例尺＝图上距离 / 实际距离

（2）头脑风暴。绘制校园主题电子地图需要完成哪些子任务呢？讨论后总结出分解的子任务，填写在以下表格中。

1	例如：确定绘制地图的主题和范围
2	
3	
4	
5	

2. **评价绘制地图的初步方案。**

从哪些角度对绘制地图的初步方案进行评价？	你认为你们组的设计方案优势和不足分别是什么？	其他组设计方案中哪些方面可以给你们借鉴？
例如：逻辑性 …… …… ……	优势： 不足：	

3. **确定最终绘制地图的方案。**

（1）请进一步思考，如何能够简单精准地绘制地图？

1.有没有精准定位的方法？

要求：请你根据之前小学所学行列坐标系统，模拟演示精准定位的方法。

2.如何将精准定位方法迁移运用到地图的绘制上来？

要求：

√ 将行列坐标系统迁移运用到地球表面，利用地球仪或网络查询地球表面精准定位的坐标系统。

√ 确定利用地球表面坐标系统绘制地图的形式。

（2）请利用精准定位的方法，设计易操作的地图绘制方案，并进行班级交流。

请在以下表格中，填写你们组的地图绘制方案。

1	例如：查找绘制地图的方法……
2	
3	
4	
5	
6	
…	

（3）根据最终方案，小组分工，填写分工计划表。

项目名称：制作校园主题地图			
任务	完成方式	所需工具	小组分工
实地测量	实地测量	……	工具准备：张三 数据测量：李四 数据记录：…… 目标查找：……

4. **方案的实施。**

（1）实地测量经纬度时需要获得的数据有哪些？

（2）实地测量需要用的工具有哪些？这些工具如何操作才能够获得精准的数据？

（3）带上工具，开始测量和记录数据。

测量日期和时间	测量对象	测量数据详情

（4）在数据测量的过程中，你遇到了哪些难以解决的问题和困惑？请将你的疑问写在下面。

例如：选择的定位工具中测量得出的一串数字到底有什么含义？为什么这些数字会随着我的移动发生变化？它的变化又有怎样的规律？

（5）为了解决这些疑惑，你打算如何查阅资料并进行学习呢？

问题与困惑	对应的知识点	自主解决问题的形式和需要用到的资源	解决效果反馈
			☐ 完全解决 ☐ 基本解决 ☐ 没有解决
			☐ 完全解决 ☐ 基本解决 ☐ 没有解决
			☐ 完全解决 ☐ 基本解决 ☐ 没有解决
			☐ 完全解决 ☐ 基本解决 ☐ 没有解决
			☐ 完全解决 ☐ 基本解决 ☐ 没有解决

如果经过自己的努力，问题仍然得不到解决，那就借助其他人的力量，请教一下身边的同学或者老师们吧！

（6）既然你已经解决了这些困惑，不妨把你的收获梳理在下面并与其他同学交流吧！

恭喜你！你已经解决了相关的问题和困惑并成功地获取了绘制主题电子地图需要用到的数据，下面就让我们绘制出主题电子地图的作品吧！

（7）地图绘制我们会用到哪些工具？这些工具应该如何操作？通过相关学习，你又总结了哪些操作中的技巧？

电子地图绘制工具	
操作技巧 1	
操作技巧 2	
操作技巧 3	
操作技巧 4	

（8）如何将你的地图绘制得更有创意？

5. **地图绘制成果的展示。**

地图绘制完成了，我们精心制作的作品该如何进行展示呢？

（1）展示主题电子地图作品吧！我们的主题电子地图作品有哪些特色值得与大家分享？例如：立意、使用价值……

我的电子地图
账户：
密码：
电子地图名称：

（2）绘制电子地图作品在完成过程中，你有哪些收获和反思？一起谈一谈吧！

你可以参考以下几点：

1. 看自己的最终作品，最让你骄傲的是什么？

2. 总体而言，你从这个项目中学到了什么知识？

3. 具体说说在这个项目中学到的最重要的技能是什么?

4. 在项目学习过程中,什么事情进展最顺利?

5. 在你设计的项目式学习方案中,你最满意的是哪部分?

6. 哪种成果展示的方式最适于你的项目展示? 为什么?

7. 对你来说,在成果展示的过程中,哪方面是你表现最好或是最成功的部分?

8. 在评价环节中,对你的学习最有帮助的地方是什么?

9. 你希望在项目式学习中获得怎样的成长?

四、你可以获得哪些资源?

1. 全球定位导航系统——手机指南针　原因: 简单易操作

手机指南针

2. 百度地图　原因：操作便捷，生活熟悉

百度地图

3.

经纬度格式转换工具

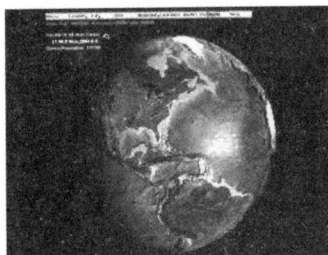

地理信息技术　3D word map

4. 电子地图软件——"兰图绘"在线软件　原因：简单易操作，功能齐全，创建的经纬度坐标精准度高。

兰图绘　定位基本操作

五、你学会了什么?

六、你真的学会了吗？

定制公交

定制公交是从小区到单位往返的直达式班车，它倡导绿色出行，节能减排。它的出现极大地方便了同学们的上下学，同时在安全方面有更好的保障。现需要根据我校学生需求和客流情况设计出公交线路，为家委会提供参考。让我们一起用学到的知识和方法去解决实际问题吧！

要求：绘制定制公交的线路图，清晰地标注每个站点的位置。

组别：小组成员

项目计划书	
项目目标	
项目开展所需的技术和资源支持	
该项目可以分为几个子任务	
小组成员分工	

成果展示：

请将你绘制的定制公交线路图粘贴于此。

七、你需要如何管理自己的项目？

1. 表现性评价。

评价人：学生个人、小组成员

评价内容：

评价内容			分值	具体内容	自我评价	小组评价
项目过程评价	设计方案	地图绘制方案初步设计	12	能够利用地图的要素方向、比例尺、图例设计地图绘制方案，并能在方案设计过程中产生定位观念。		
			6	基本能够利用地图的三要素——方向、比例尺、图例设计地图绘制方案，基本能在方案设计过程中产生定位观念。		
			1	不能够利用地图的要素方向、比例尺、图例，无法在方案设计过程中产生定位观念。		
		地图绘制初步方案评价	12	能够从逻辑性、易操作性、精准度等维度对设计的方案进行清晰的评价，明确各方案的优缺点。		
			6	基本能够从逻辑性、易操作性、精准度等维度对设计的方案进行清晰的评价，明确各方案的优缺点。		
			1	基本不能够从逻辑性、易操作性、精准度等维度对设计的方案进行清晰的评价，无法明确各方案的优缺点。		
		确定最终绘制地图的方案	12	能够分解出绘制电子地图的子任务，子任务逻辑性强、易操作。		

续表

评价内容			分值	具体内容	自我评价	小组评价
项目过程评价	设计方案	确定最终绘制地图的方案	6	能够分解出大部分绘制电子地图的子任务，子任务逻辑性比较强、比较容易操作。		
			1	无法分解出大部分绘制电子地图的子任务，子任务没有逻辑性，操作困难。		
	实地测量	数据收集	12	能够合理选择工具，并利用工具收集了大量位置的经纬度数据，操作规范，位置信息准确。		
			6	基本能够合理选择工具，利用工具收集了部分位置的经纬度数据，操作基本规范，位置信息基本准确。		
			1	不能很好地选择工具，利用工具仅收集了少量位置的经纬度数据，工具操作能力较差，位置信息不准确。		
	核心知识学习	合作学习能力	10	能够与组内成员友好合作、相互协作；积极参与小组讨论，并能提出实质性建议；对项目推进起到至关重要的作用。		
			5	能与小组成员友好合作；积极参与小组讨论，并能提出一些可供参考的意见；对项目推进起到一定的作用。		
			1	几乎不与小组成员合作，在项目推进中起不到任何正面的作用。		
		数据分析及问题提出	12	能够对所收集的经纬度信息进行自主分析，并据此清晰地提出自己关于经纬度变化规律的相关问题。		

续表

评价内容			分值	具体内容	自我评价	小组评价
项目过程评价	核心知识学习	数据分析及问题提出	6	基本能够对所收集的经纬度信息进行自主分析，并据此模糊地提出自己关于经纬度变化规律的相关问题。		
			1	没有对所收集的经纬度信息进行自主分析，无法据此提出自己关于经纬度变化规律的相关问题。		
		问题探究能力	13	能够利用课本、地球仪、网络、教师资源等工具和学习资源，通过自主思考、合作探究解决经纬网核心知识。		
			6	基本能够利用课本、地球仪、网络、教师资源等工具和学习资源，通过自主思考、合作探究基本能够解决经纬网的核心知识。		
			1	无法利用课本、地球仪、网络、教师资源等学习工具和学习资源解决经纬网核心知识。		
		电子地图绘制	13	能够制订清晰的电子地图绘制方案，并能根据方案和主题利用工具和经纬度数据信息完成电子地图的绘制。		
			6	能够制订电子地图绘制方案，基本能根据方案和主题利用工具和经纬度数据信息完成电子地图的绘制。		
			1	不能制订出清晰的电子地图绘制方案，无法根据方案和主题利用工具和经纬度数据信息完成电子地图的绘制。		

2. **地图展示评价。**

评价人：学生个人、小组成员

评价内容：

评价内容	分值	具体内容	自我评价	小组评价
电子地图作品	40-60	学生绘制的电子地图的作品美观简洁，主题清晰，符合地图制作的规范，具有很大的实用价值。		
	20-40	学生绘制的电子地图的作品较为美观简洁，主题较为清晰，基本符合地图制作的规范，具有一定的实用价值。		
	0-20	学生绘制的电子地图的作品较为凌乱，主题不突出，不符合地图制作的规范，缺乏实用价值。		
汇报展示	25-40	汇报过程中能较好地展示电子地图的方案设计、数据整理、核心知识学习效果以及最终作品，地图分享过程语言流畅，整体效果较好。		
	10-25	汇报过程中基本能良好地展示电子地图的方案设计、数据整理、核心知识学习效果以及最终作品，地图分享过程语言基本流畅，整体效果一般。		
	0-10	汇报过程中对于电子地图的方案设计、数据整理、核心知识学习效果以及最终作品的展示效果较差，地图分享过程语言不流畅，整体效果较差。		

3. **小组互评总分汇总。**

评价内容：请将各小组的得分总分汇总于此。

1组	2组	3组	4组	5组	6组
7组	8组	9组	10组	11组	12组

附件 1：

山东大学附属中学学生手机带入校园申请制度

为保护学生视力，维持正常教学秩序，让学生在学校专心学习，防止沉迷网络和游戏，促进学生身心健康发展，根据教育部办公厅《关于加强中小学生手机管理工作的通知》相关精神，并结合学校实际情况，制订此制度。

一、申请制度

学生在校期间原则上不允许使用手机、电子手表等通讯工具。学生如有特殊原因确实需要佩带和使用手机或电子手表，须经学生家长同意，书面提出申请，填写山大附中《带手机进校园申请书》，学校审批通过后，学生方可在学校使用，进校后应将手机交由学校统一保管，禁止带入课堂。

二、保管制度

1.因特殊情况通过申请的学生，应该在每天早上到校后，主动将手机关机，然后交给班主任老师，放到手机存放处，下午放学前，由班主任老师交还给学生。

2.各班班主任为对应班级的手机保管责任人，将保管的手机放到手机存放处。

三、其他说明

在校期间急需公用电话，可以直接通过班主任或科任老师的私人电话请求老师协助联系，或者到传达室请求使用固定公用电话。

山东大学附属中学

2021 年 6 月

附件 2：

山东大学附属中学学生带手机进校园申请书

尊敬的校领导：

我是 _____ 年级 _____ 班学生 _____ 的家长，现因为

_____ 等特殊原因，我向贵校

申请允许该生带手机到校，并承诺做到以下几点：

1. 严格遵守学校的各项手机使用管理制度并同意相关管理细则。在校园内不使用手机，特殊或紧急情况一定按学校要求正当使用手机。如果该生未遵守学校的规定不正当使用手机，愿意接受学校相关规定的处理。

2. 手机带进学校后，第一时间将手机主动交给班主任保管，保证该生不把手机借给其他同学使用，否则，按照第一条进行相关处理。

3. 手机在被学校或班主任保管期间因电池自燃等不可抗力而造成手机损坏，责任自负。

特此申请，请予批准！

申请人（家长）：

班主任签字：

年级主任签字：

山东大学附属中学（盖章）

年　月　日

本书系山东省教育科学"十三五"规划重点资助课题
"基于核心素养的十二年一贯制课程建设与实施行动研究"
（课题批准号：222019075）的研究成果之一

初中理科

素养本位的项目式学习

赵勇　杨向东◎主编

山东教育出版社
·济南·

图书在版编目（CIP）数据

素养本位的项目式学习. 初中理科／赵勇，杨向东
主编.—济南：山东教育出版社，2023.4（2023.6重印）
ISBN 978-7-5701-2517-3

Ⅰ.①素… Ⅱ.①赵… ②杨… Ⅲ.①理科（教育）-
课程-教学研究-初中 Ⅳ.①G420

中国国家版本馆CIP数据核字（2023）第055218号

SUYANG BENWEI DE XIANGMU SHI XUEXI

CHUZHONG LIKE

素养本位的项目式学习
初中理科

赵 勇 杨向东 主编

主管单位：山东出版传媒股份有限公司
出版发行：山东教育出版社
　　　　地址：济南市市中区二环南路2066号4区1号 邮编：250003
　　　　电话：（0531）82092660 网址：www.sjs.com.cn
印　　刷：济南万方盛景印刷有限公司
版　　次：2023年4月第1版
印　　次：2023年6月第2次印刷
开　　本：710毫米×1000毫米 1/16
印　　张：34.5
字　　数：483千
定　　价：128.00元（全二册）

（如印装质量有问题，请与印刷厂联系调换）印厂电话：0531-88985701

编委会

序 言

〜〜〜〜〜

21 世纪之初，世界经济合作与发展组织（OECD）发起了"素养的界定和选择（Definition and Selection of Competencies，DeSeCo）"项目。自此之后，素养导向的基础教育改革迅速成为席卷全球的浪潮。受这一趋势的影响，我国于 2014 年和 2019 年分别启动了普通高中和义务教育阶段的课程方案和标准的修订。新修订的课程标准坚持"素养为纲、育人为本"的改革理念，在反思时代要求和学科本质的基础上，凝练了基础教育阶段的核心素养模型，围绕大观念和学科实践重构了各学科课程内容，研制了素养导向的学业质量标准，阐述了以核心素养为育人目标的教学理念与实施建议。这些理念和实施建议必将有力地推动我国基础教育在课程设计、学习方式、教学模式以及考试评价的变革，对进一步深化课程改革、贯彻立德树人根本任务具有重大现实意义和价值。

素养导向的课程改革要求学校教育工作者必须超越狭义的学科内容、教学要求或考试大纲的范围，将教育置于社会—文化的时代浪潮下，在更为广阔的视野下审视和理解所从事的育人工作。 就像布鲁纳在《教育文化》里所提到的，教育工作者需要站在社会需求、文化实践和儿童发展三位一体的立场上来反思教育和教学活动，通过合理的课程、教学和评价机制，搭建现实社会、儿童生活和学校教育三者之间的桥梁。以核心素养为育人目标，不仅仅是对学校教育提出了超越学科知识和技能的育人要求，更是学校教育回应如何在 21 世纪智能时代促进社会进步和个人发展的必然诉求。它蕴含了一种以人为本的泛在课程理念：通过创设真实情境，搭建学校课程与现实世界的桥梁。借助于具有现实意义的任务或问题，实现学校学习与社会—文化实践的交融。在这样一种视角下，学习被视为一种社会性的文化浸润过程。学习者在教师指导下，通过合作解决复杂的现实任务或问题，模仿或参与现实世界中的各种社会—文化实践，逐渐形成或掌握人类在各（学科）领域积累的观念体系、文化工具和实践模式。在这一过程中，学习不是一个单纯的识记和理解的过程，而是一个不断生成问题和解决问题的过程，是一个持续探究和创造的过程，同时也是一个与社会互动、协商和合作的过程。我国基础教育近年来倡导的项目式学习、问题式学习、主题式学习等，都是在这种理念下兴起的。

项目式学习源于杜威"做中学"（learn by doing）的思想，由杜威的学生克伯屈首次提出这一概念。项目不同于一般意义上的任务或问题，是为了创造特定的产品、服务或其他成果而进行的体系化工作。不管是开发一种产品，或者策划一次展览或活动，还是指向观念创新的科学探索，项目都需要系统集成多个要素，在有限时间或资源内实现特定的目标。作为一种新型的学习方式，项目式学习让学生直面现实世界中的真实情境、任务或挑战，体验在真实世界中专业共同体的社会生产和生活方式。项目式学习的价值不仅体现在它能够让学生可以动手实践，制作或完成一件作品，还可以通过良好的设计和引导，实现动手（体验与实践）、动脑（反思与探究）、动嘴或动笔（协商、交流与合作）和动心（激发兴趣与创生意义）的有机融合。合理的项目主题让学生置身于真实的社会文化实践中体会学校教育的本义——学习和利用既有人类文化工具和资源来改善社会和发展自我，进而激发学生的意义感和社会责任。项目为学生提供了持续探究、实践和反思的机会，培养解决现实问题的能力。项目中各种中介或最终的作品（产品、活动策划书、科研报告等）外化了项目团队的心智努力和观念。作为团队成员关注、思考、协商和改进的焦点和载体，项目作品生成并维持了真正意义上的学习共同体，让学生体验和实践为了实现共享目标和价值标准所需的审议民主式的集体生产和生活方式，以及由此而孕育起来的集体认同和归属感。

多年之前，我有幸和赵勇校长在一次中小学教育教学研讨会上邂逅，并为赵校长对基础教育的炙热情怀和精辟理解所折服。自此之后，我和山东大学基础教育集团的各位老师一起，开启了素养导向下校本教育教学方式变革的探索历程。这其中，既有对素养导向教学案例设计的探索，也有对山大教育集团十二年一贯制的创新课程体系的研讨。多年来，我不仅深刻感受到赵校长和各位老师的工作热忱和辛勤付出，更是见证了一大批老师在专业理解和实践能力上的快速成长和成熟。他们展现出来的学习热情和专业能力时时让人惊叹，也让我对我们国家素养导向课程改革的前景充满了信心。此处呈现给大家的项目式学习丛书，就是这一探索历程中的成果之一。围绕着项目主题选择、知识重构和大观念提炼、素养目标撰写、驱动问题链设计、项目活动与学习活动安排、项目式学习中的评价等关键议题，丛书中的每个项目案例都经历了持续的集体研讨和修改完善。衷心希望这套丛书能够为我国广大中小学教师正确把握课程改革理念、促进基于核心素养的学习方式变革提供资源和实践上的支持，为推进我国基础教育课程改革添砖加瓦。

杨向东

2022 年 9 月 29 日

导　言

近日，教育部印发《义务教育课程方案和课程标准（2022 年版）》，这是我国在义务教育阶段划时代的重大事件。如何将《义务教育课程方案和课程标准（2022 年版）》转化为扎实有效的育人实践，亟需教育工作者深入研究并付诸行动。山东山大基础教育集团深入探索，在专家引领下，组织编写了《素养本位的项目式学习》丛书。本丛书通过确定素养表现、提炼学科观念、强化学科实践、完善学科评价等，进行国家课程的校本化实施，从而提升基础教育质量，着力培养担当民族复兴大任的时代新人。

"素养目标"是课程核心素养在本学科某一教学内容上的直观反映，承载着课程核心素养在这一单元或项目上的素养发展要求，因其具有整合性、高阶性和成长性，弥补了以往三维目标的不足。在项目式学习中，素养目标的引入成为推动课程核心素养落地的有效抓手。基于"素养目标"，教师团队还确立了"素养表现"。素养表现为教学过程提供评价指征，每一个素养表现都有对应的素养表现水平作为评价标准。我们特别注重动手操作、作品展示、口头汇报等多种方式的综合运用，关注学生的典型行为表现。

"学科大观念"是一门课程中少而重要、强而有力、可普遍迁移的"概念性理解"。它既包括能形成一门课程的逻辑体系的核心概念，又包括由核心概念之间的关系所形成的命题、原理或理论。教师团队围绕学科大观念的提炼做了大量的研究工作，参考埃里克森和兰宁的相关论述，我们明确了从知识、技能到概念、通则、原理、理论的建构路径。具体来说，教师首先需要明确教学中所需知识、技能背后的概念、通则、原理、理论，然后建立不同观念（概念、原理、理论）之间的层级和逻辑关系，并绘制出以学科大观念为核心的知识、技能结构图。

此外，教师团队以"学习方式的变革"为抓手，通过开展项目式学习，创设真实情境，整合生活逻辑和学科逻辑，构建起"以项目式学习为核心的深度学习体系"。具体而言，学生在学习中能将学科知识与真实生活情境联系起来，将生活情境转化为问题情境，提出可以持续探究的、有价值的"本质性问题"；针对"本质性问题"提出解决问题的方案并进行充分论证；教师要提供各类必要的资源、技术等"脚手架"，以帮助学生克服困难，迎接挑战。学生经过几周或几个月的探究，形成一套可触摸、可欣赏和研究的"产品"，即观念物化的人工作品，如物理模型、计算机模型、研究报告、录像、小电影、小戏剧、绘画、游戏、网站、计算机编程等，这些作品指向"本质性问题"的回答，可以公开展示、研究和讨论。学生在持续的项目学习中学会思维、学会学习、学会合作、学会做人，发展信息时代所需要的"核心素养"。

在课程评价上，我们倡导课程、教学、评价是三位一体的关系，不是从课程到教学、再到评价的线性关系。评价既是重要的课程开发过程，也是教学过程的有机构成。一切评价均需"嵌入"课程开发和教学过程之中，指向课程、教学和学生学习的持续改善，指向核心素养达成。设计学习评价体系时应整合学科逻辑与生活逻辑，以学业质量标准为依据，以学科实践为途径，以促进核心素养发展为目标，让学习评价贯穿上述三者整体、协同发展的全过程。

综上所述，本丛书致力于立德树人根本任务的落实和国家课程标准、统编教材的校本化实施，努力满足学生差异化学习和个性化学习的需要，让学生成为生活和学习的主人，实现为国家培养德智体美劳全面发展的社会主义建设者和接班人的目标。

赵 勇

2022 年 7 月 20 日

目　录

制作学校立体模型

数学教学指南

数学学习指南

化学学习指南

种一粒粟，收万颗子

生物学教学指南

生物学学习指南

科学种植

跨学科教学指南

跨学科学习指南

素养本位的项目式学习 ｜初中数学｜

制作学校立体模型

编写人员：张永坤　王道远　刘　璇　段义峰　张艺佩

数 学

教学指南

一、项目概要

项目主题： 制作学校立体模型

项目性质： 数学学科项目

学科及学段： 初中数学七年级上册图形与几何领域

学时安排： 6 学时

项目简介：

本项目围绕"制作学校立体模型"这一挑战性问题，激发学生从具体的生活情境、动手操作过程中认识立体几何图形。学生在制作模型的过程中，可以意识到从正面、侧面、上面三个方向即可观测物体全貌；在对整个物体进行观察的时候，又可以看到组成物体的各种几何体，进而认识生活中的立体图形。作为模型制作者，学生要通过测量收集数据，根据数据按一定比例绘制平面展开图，进而制作成简单的立体模型（正方体、长方体、圆柱、圆锥、棱柱等）。在项目实施的过程中，学生加深了对基础知识的理解，发展了空间观念和几何直观的核心素养，提高了合作意识、应用意识和表达能力。

二、相关课程内容分析

（一）分析相关知识、技能

1.课标分析。

在完成"制作学校立体模型"这一项目时，学生从学校教学楼中抽象出简单的几何体以及通过观察得出这些几何体的部分性质，并进一步研究点、线、面、体之间的关系：点动成线，线动成面，面动成体。为了完成这一项目，学生需要将组成教学楼的几何体转化为平面图形，从平面的角度去研究几何体，进而又需要将平面图形折叠，还原得到几何体，进行平面和立体的转化，完成项目的同时，在平面图形和几何体的转换中发展学生的空间观念。

主题	课程内容编号	课标内容
图形的性质	2.1.1.1	通过实物和模型，了解从物体抽象出来的几何体、平面、直线和点等概念。
图形的变化	2.2.5.2	能判断简单物体的视图，并会根据视图描述简单的几何体。
	2.2.5.3	了解直棱柱、圆锥的侧面展开图，能根据展开图想象和制作实物模型。
	2.2.5.4	通过实例了解上述视图与展开图在现实生活中的应用。

2.教材分析。

本项目适用于初中学段七年级上学期的学生，发展学生的空间观念是图形与几何学习的核心目标，而"能由实物的形状想象出几何图形，由几何图形想象出实物的形状，进行几何体与其观察到的平面图形、展开图之间的转化"是空间观念的基本内容。项目涉及教学内容在不同版本教材中对应的章节略有不同，例如：在北师版教材中，对应于七年级上册第一章《丰富的图形世界》中"生活中的立体图形""展开与折叠""从三个方向看物体的形状"三节内容；在人教版教材中，对应于七年级上册第四章《几何图形初步》中"几何图形"这一节内容。

不管是哪个版本的教材，此部分内容力图在平面图形和几何体的转换中发展学生的空间观念。整个设计意图，不仅在于促进学生对常见几何体有关内容的理解，对操作、识图、简单画图等技能的掌握，而且在于进一步丰富学生数学活动的经验和体验，发展他们的空间观念。同时，有意识地培养学生积极的情感、态度，促进其观察、分析、归纳、概括等一般能力的发展。

本项目涉及的数学概念有：几何体、平面、直线、点、视图、展开图；涉及的数学技能有：能由实物的形状想象出几何图形，由几何图形想象出实物的形状，进行几何体与平面图形、展开图之间的转化。

3. **概况总结**。

综合对课标和教材的分析，本项目需要的知识、技能有：

分类	具体描述
知识	1. 从物体抽象出来的几何体、平面、直线和点等。
	2. 三视图。
	3. 描述简单的几何体。
	4. 直棱柱（正方体、长方体）的侧面展开图。
	5. 根据展开图想象和制作实物模型。
技能	1. 根据项目背景和数学活动经验，通过观察、操作、想象、推理、交流等项目活动，逐步形成对图形与几何的认识。
	2. 学生能寻找和发现项目中隐含的一些数学关系，积累学习经验，发展空间观念。

（二）提炼学科大观念

1. **分析并提炼项目所需知识技能背后的关键概念、原则或大观念，建立其层级和逻辑关系。**

在本项目中，学生首先需要从校园建筑物中抽象出直棱柱、圆柱、圆锥、球等几何体，进而抽象出平面、棱、顶点等概念；通过从不同位置观察这些基本几何体，学生能够了解三视图的概念；在想象和制作模型的过程中，学生还需要了解展开图与侧面展开图的相关知识。

新课标在"空间观念"这一核心素养的描述中指出：能够根据物体特征抽象出几何图形，根据几何图形想象出所描述的实际物体。结合以上概念之间的关系，我们提炼出：生活中的实物和模型可以抽象出许多基本的几何体；三视图包括主视图、左视图、俯视图，是从不同角度观察得到的；通过剪开物体表面，我们可以得到展开图，从而可以将立体结构放在平面上研究；通过绘制、折叠展开图，我们又可以将图纸上的平面图形复现为几何体。

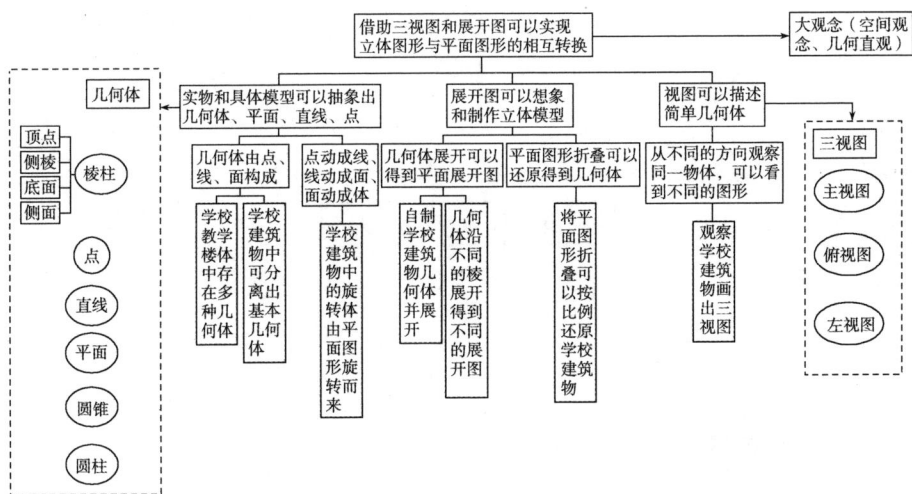

图 1　大观念提炼路径图

2. 用陈述句的方式将项目所指向的大观念的具体内涵表述出来。

由此我们提炼出以下原理：借助三视图可以呈现、描述几何体结构；借助展开图可以想象和制作立体模型。

进而提炼出以下大观念：借助三视图和展开图可以实现立体图形与平面图形的相互转换。

（三）绘制以大观念为核心的知识、技能结构图

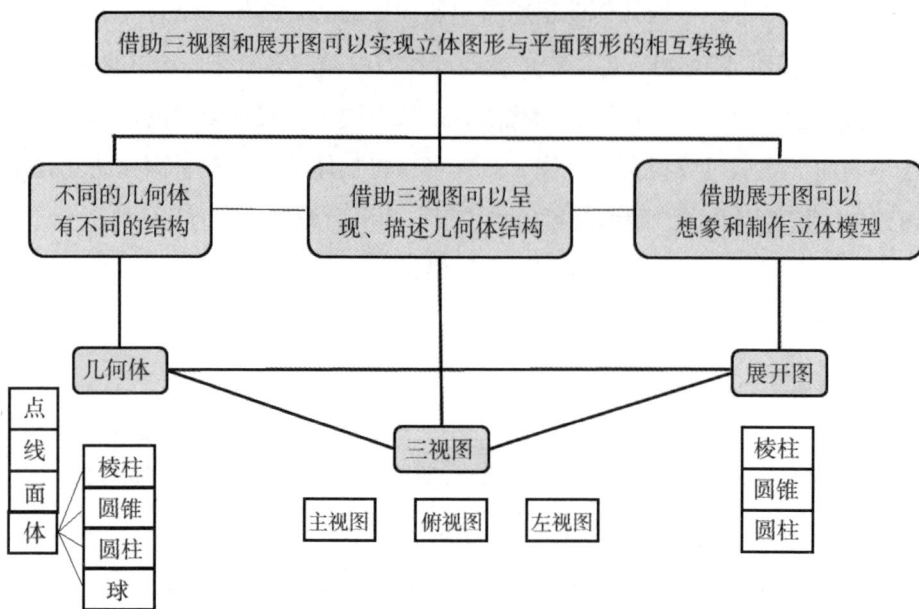

图2　以大观念为核心的知识、技能结构图

三、素养目标

1.能从观察学校建筑物的过程中，识别出组成学校的各种立体图形，并能规范地画出学校教学楼及其他设施的三视图。（空间观念、几何直观）

2.在绘制三视图的过程中，能根据物体特征说出几何图形的名称，并能根据几何图形描述出实际物体。（空间观念）

3.通过学习正方体、直棱柱等几何体的展开图，能归类总结正方体、棱柱、圆柱、圆锥的展开图，并能画出学校模型各部分的展开图。（几何直观）

4.通过进一步探究三视图与立体模型之间的联系，能说出展开图中相对的面，并能正确分析展开图与立体图之间的对应关系。（空间观念、几何直观）

5.在小组合作完成项目的过程中，能进行组内及组间的合理分工合作，能进行项目作品的宣讲、交流及展示，提高交流合作能力、表达能力及组织

协调能力，培养责任心和领导力。（合作交流、应用意识、创新意识）

四、项目设计整体构思

（一）项目构思

本项目基于"制作学校立体模型"这一真实的问题情境，引导学生首先从校园建筑物中抽象出直棱柱、圆柱、圆锥、球等几何体，进而抽象出平面、棱、顶点等概念；通过从不同位置观察这些基本几何体，学生能够了解三视图的概念；在想象和制作模型的过程中，学生还需要了解展开图与侧面展开图的相关知识。本项目由项目启动、项目实施、项目评价三部分构成。在项目启动阶段，学生需要明确项目主题和要求，完成项目评价方式，小组合理分工，明确学校中的几何体；在项目实施中，借助三个任务展开，一是绘制学校三视图，二是制作学校模型各部分展开图，三是折叠、拼接制作完善学校模型；最后是该项目的展示评价。具体项目整体架构如下：

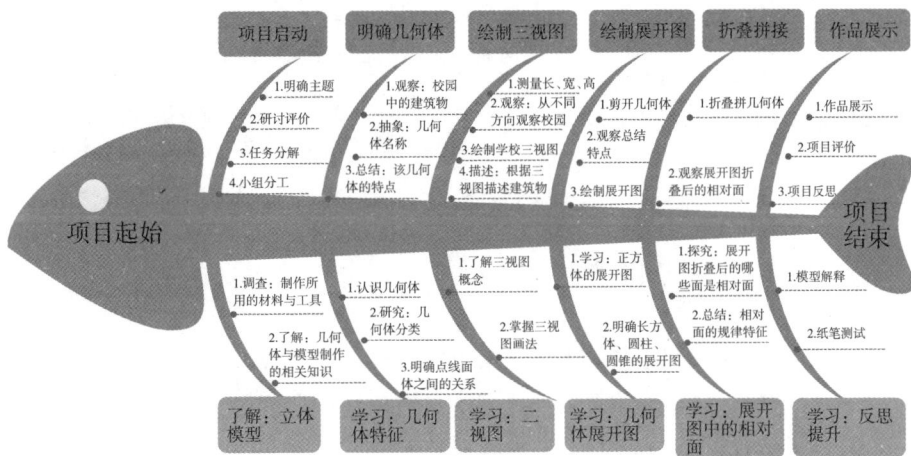

图 3　项目构思鱼骨图

（二）项目任务、问题或活动进程

项目进程	项目要求或任务	驱动问题及问题链	学习或探究活动
项目启动	任务一：明确项目主题及要求；确定项目评价方式 任务二：完成项目进程计划表 任务三：明确学校中的几何体	驱动问题： 如何制作学校模型？ 问题链： 1. 学校构成的数学元素有哪些？ 2. 怎样对模型作品进行评价？ 3. 怎样对任务进行分解？ 4. 我们需要学习哪些内容？ 5. 怎么组建项目团队，如何分工？	观察学校教学楼体，研究涉及的数学几何体； 学会对几何体进行分类。
项目实施	任务一：绘制学校三视图 任务二：绘制学校模型各部分展开图 任务三：折叠、拼接制作完善学校模型	驱动问题： 如何制作学校模型？ 问题链： 1. 如何绘制三视图？ 2. 几何体的展开图有什么特点？ 3. 如何完善模型？	由实物的形状想象出几何图形； 由几何图形想象出实物的形状； 进行几何体与其观察到的平面图形、展开图之间的转化。
项目展示	任务：小组展示模型制作过程，并解释其中的数学原理	驱动问题： 怎样在模型评比中获得其他小组的认可？ 问题链： 1. 如何分工解释其中的数学原理？	进一步了解模型中的数学原理。

续表

项目进程	项目要求或任务	驱动问题及问题链	学习或探究活动
项目评价	任务：小组利用评价表格对展示作品进行互评； 组长利用组内评价表格针对小组成员各方面表现进行评价； 学生使用提供的自我反思评价表，进行自我评估。	驱动问题： 怎样对项目作品及参赛选手进行评价？ 问题链： 1. 项目作品怎样评价？ 2. 小组成员怎样评价？ 3. 怎样进行自我反思评价？	学生对项目本身进行复盘与评价，对项目的实施进行评价与反思。

五、项目流程

（一）项目准备

教师为项目的顺利实施做好准备，考虑项目成功的实施要求，教师要事先进行计划、准备和沟通。

项目开始前需要考虑的问题有：

（1）我们应在这个项目上投入多少时间？

（2）该项目的进度如何安排？

（3）我们应该事先收集哪些专业案例？

（4）学生已有的经验是什么？哪些经验或技能可以应用到本项目中来？还需要进行哪些方面的培训？

（5）为了保障项目的顺利开展，教师需要做好必要的准备？

（6）教师能给学生提供哪些支持性活动？能起到何种作用？

（7）学生需要准备哪些制作材料？

（8）与他人分享学生创作的作品将有效地激励学生制作出高质量作品。

项目任务明细表

课时	教师	学生
准备工作	进行项目准备各问题的思考和筹备。	1. 自主预习北师版教材第一章P2—P21，解决课本提出的问题。 2. 8人一组进行小组分工。 3. 小组材料准备：（1）皮尺2m，普通双面胶2卷，泡沫双面胶4卷，纸胶带1卷，胶水3瓶，A3绘图纸若干张；（2）PVC发泡纸——建筑主体用，2mm卡纸；（3）颜料与其他模型装饰物。
入项课	1. 分发小组任务分工表，学生讨论后，课上分享自己的任务分工表，以及遇到的困难和解决办法。 2. 提供航拍视频。 3. 强调外出纪律。	1. 讨论制作3号楼模型应该经过哪些步骤？需要考虑哪些因素？可能遇到哪些困难？进行小组任务分工。 2. 利用工具实际测量。 3. 测量完成后，一起核对数据，提供较为准确的数据。
绘制图纸	1. 维持纪律，个性化答疑帮助。 2. 小组分享项目进度，以及遇到的困难和解决办法。	1. 按照组内分工，选取合适比例，绘制展开图。 2. 小组分享，学习其他组的经验。
制作立体模型	1. 维持纪律，个性化答疑帮助。 2. 小组分享项目进度，以及遇到的困难和解决办法。	1. 按照组内分工，制作立体模型。 2. 小组分享，学习其他组的经验。
反思梳理	本章知识查漏补缺。	1. 学生梳理收获及不足。 2. 完成本章测评试题。
成果展示	1. 组织小组展示有序进行，并完成项目评估表。 2. 评出一等奖、二等奖、三等奖。	小组就项目活动过程、作品、感受等进行汇报，并进行评价，完成项目评估表。

（二）项目启动

1.**教师就"制作学校立体模型"这一项目进行介绍，让学生明确项目主题及要求。**

教师向学生介绍该项目的主题，提出项目完成的过程性要求和终结性要求，展示项目的最终作品结果，和学生一起欣赏往届优秀作品。

2.**教师和学生讨论确定项目成果的呈现形式，以及评价方式。**

成果呈现形式：

（1）完成项目计划书。

（2）小组设计并制作出一个学校立体模型，并用 PPT 展示讲解制作原理及过程。

（3）学生分组集中展示小组模型，参加年级评比比赛（详细规则见教师用资料），先进行班内评选，每个班级分别选出优秀作品，参加学校比赛，选出校级一等奖、二等奖和三等奖，并颁发证书。

成果评价方式：

（1）学生评价。小组利用评价表格对展示作品进行互评；组长利用组内评价表格针对小组成员各方面表现进行评价；学生使用提供的自我反思评价表，进行自我评估。

（2）教师评价。教师结合评价表，对学生的作品进行评价，指导学生改进。

3.**学生和教师分组讨论完成此项目需要的数学知识，完成项目计划书。**

引导学生思考如果我们要制作学校立体模型，需要哪些数学知识，并让学生以思维导图的方式表示出来。教师进行指导，帮助学生制定项目计划。

4.**学生分组，并讨论组内分工，领取项目任务。**

按照学生头脑风暴的结果，引导学生完善思维导图，并制定每个小组的项目计划书，进行组内分工，组员领取各自的项目任务。

小组讨论：制作校园立体模型，我们需要考虑哪些因素？可能会遇到哪些困难？在小组开展内头脑风暴，并思考我们该如何分工，解决可能遇到的问题。

因素主要包括：

（1）数据：如何获取每一栋楼整体的数据？如何获取每一间教室的数据？

（2）比例尺：按照什么样的比例尺进行微缩？

（3）如何将立体图形转化为平面图形？

（4）分配：学校的所有建筑物如何合理地分配给所有班级？如何分配到每一个小组？如何分配到每个人？

（5）用什么材料制作模型？

（三）项目实施

● **任务一：完成制作学校立体模型的计划书**

问题设计：制作学校立体模型应该以什么样的合作形式，按照哪几步或者什么环节完成？

活动设计：以班级小组为单位，合作交流，讨论出初步的制作学校立体模型的计划方案，包括：制作校园立体模型的步骤和顺序，每一步所包含的工作任务以及小组成员的任务分工。

项目成果：制作学校立体模型计划书。

评价设计：

学校立体模型计划书评价表

任务一	水平 A	水平 B	水平 C
确定制作学校模型的环节与步骤	1. 能够充分地进行合作交流； 2. 将制作学校模型拆解成不同的子任务，并按照一定顺序，制定出完成小任务的先后步骤，陈列在计划书中。	1. 能够有效地进行合作交流； 2. 将制作学校模型拆解成不同的子任务，将子任务陈列在计划书中。	1. 能够进行围绕任务分解为主题的合作交流； 2. 对于子任务的拆解结果和完成顺序还并不清楚。

续表

任务一	水平 A	水平 B	水平 C
将制定出的任务按照合理方式进行小组分工	1. 能够充分地进行合作交流； 2. 按照组内成员的意愿和特长，将每个子任务分派给小组内的不同成员； 3. 明确任务完成标准，陈列在计划书中。	1. 能够有效地进行合作交流； 2. 将大部分任务合理地分派给小组内的成员； 3. 了解任务完成标准，陈列在计划书中。	1. 能够围绕主题进行合作； 2. 对任务进行分工，对完成任务标准不十分明确； 3. 能将任务划分，并陈列在计划书中。

● **任务二：绘制学校三视图**

问题设计：如何绘制学校三视图？

活动设计：为解决这一问题，引领学生开展学科探究活动：

（1）进行头脑风暴，思考绘制三视图的步骤和方法；

（2）户外探究实践，通过空间想象抽象出几何图形，确定学校建筑的各个表面形状→测量各表面的长、宽、高→按照长对正、高齐平、宽相等的原则，按一定比例放缩绘制三视图。

项目成果：学校建筑三视图。

评价设计：

学校建筑三视图评价表

任务二	水平 A	水平 B	水平 C
认识、识别学校建筑中的几何体	1. 认识常见的基本几何体，由实物可以联想到正确的几何体，并能按照一定标准将几何体进行分类； 2. 能找出组成学校的所有几何体，并知道简单的立体几何体如何用基本几何体（长方体、球体、圆柱、棱柱等）组合成学校模型。	1. 认识常见的基本几何体，由实物可以联想到正确的几何体，并能按照一定标准进行分类； 2. 能找出组成学校的大部分几何体，但不能准确地组合成学校模型。	1. 认识小部分几何体，不清楚几何体分类标准； 2. 能找出组成学校的小部分几何体，不知道怎样组合成学校模型。

续表

任务二	水平 A	水平 B	水平 C
绘制学校三视图	1. 能根据几何体各个表面想象出其视图的形状; 2. 能画出圆柱、棱柱、棱锥、圆锥等基本几何体的三视图; 3. 可以按照长对正、高齐平、宽相等的原则,按一定比例尺缩放真实尺寸,绘制基本几何体三视图。	1. 能画出由小立方块堆积成的简单立体图形的三视图; 2. 可以绘制出三视图,但不能按照一定比例绘制,比例略微失真。	1. 不能画出由小立方块堆积成的简单立体图形的三视图; 2. 不能画出圆柱、棱柱、棱锥、圆锥的三视图;无法绘制出接近学校建筑实物比例的三视图。

● **任务三:制作学校模型的展开图**

问题设计:如何根据制作好的三视图制作学校立体模型展开图?

活动设计:为解决这一问题,引领学生开展学科探究活动:

(1)根据任务二中画好的各表面视图图形,思考如何用折叠、裁剪粘贴的方式做成立体模型的展开图;

(2)小组合作,分工制作立体图形展开图。

项目成果:教学楼体涉及的各种几何体展开图。

评价设计:

几何体展开图绘制评价表

任务	水平 A	水平 B	水平 C
绘制基本几何体的各部分展开图	1. 能想出多种正方体的展开图,并按照展开图方式将平面图形拼接成展开图; 2. 能画出长方体(正方体)、圆锥、圆柱的展开图,找到展开图的不同平面图形之间在拼接接缝处边长的对应关系; 3. 能仿照正方体、棱柱、棱锥的展开图,准确地画出三号楼的展开图。	1. 能画出若干种正方体的展开图,并按照展开图方式将平面图形拼接成展开图; 2. 能画出圆锥、圆柱的展开图,但是几何图形之间的对应关系不正确; 3. 能仿照正方体、棱柱、棱锥的展开图大致地画出展开图。	1. 能画出至少一种正方体的展开图; 2. 只能画出圆锥、圆柱的展开图; 3. 不能大致画出三号楼的展开图。

● 任务四：制作完善学校模型

问题设计：如何找到模型的相对面以及模型如何进一步完善？

活动设计：为解决这一问题，引领学生开展学科探究活动：

根据任务三中制作好的展开图，通过折叠、粘贴的方式将各个立体图形模型制作好。

项目成果：将模型进行展开与折叠，拼接出初步模型。

评价设计：

学校模型制作评价表

任务	水平 A	水平 B	水平 C
制作完善学校模型	1. 能准确地指出展开图中的相对面； 2. 能根据制作的展开图准确地将平面图形拼接成立体模型框架，拼接处严丝合缝； 3. 各部分结构使用了尽可能多的几何体的展开图，配以美观装饰。	1. 能准确地说出展开图中的相对面； 2. 能根据制作的展开图大致将平面图形拼接成模型框架； 3. 各部分结构完整，能够展开。	1. 不能准确地说出展开图中的相对面； 2. 不能根据制作的展开图将平面图形拼接成模型框架。

（四）项目作品展示与评估

班级活动：

（1）每个小组制作完成负责楼层的模型制作。（注意：组与组数据的一致性）

（2）修改完善立体模型。（注意：走廊、连廊等细节的处理）

（3）全班搭建班级负责大楼的立体模型，完善细节。

年级活动：

（1）以班级为单位依次整合粘贴搭建整个校园完整的立体建筑体系。

（2）修改、完善整体建筑模型，放置在透明展台中，全校进行展示，并拍摄照片和视频，以视频展播形式在校园文化窗与宣传屏幕进行全方面展播与宣传。

评估内容	评估标准
数据测量	能运用立体图形转化为平面图形、测量等方式获得每栋楼、每间教室、每个走廊的数据。
数学表达	能将获取的数据用合理的方式记录并进行分析，应用到实际的模型制作中。
个性展示	能运用文字、平面图展开图、立体图等方式展示学校建筑。
动手能力	能根据数据、平面展开图、立体图制作模型。

1. 小组利用 PPT 展示讲解模型的制作原理。

学生将学校立体模型的制作方法及原理以 PPT 的形式呈现，并为大家讲解。

任务	水平 A	水平 B	水平 C
课堂展示	1. 整体设计有创意和独特艺术性； 2. 能精确地还原出教学楼的比例尺寸； 3. 能清晰地讲解如立体图形三视图、比例尺、立体图形的展开与折叠中相关的数学原理。	1. 整体设计较完整； 2. 能较好地还原教学楼的比例尺寸； 3. 能讲解相关数学原理。	1. 能基本搭建教学楼模型； 2. 能了解相关数学原理。
项目整体评价	1. 小组分工明确，每人都参与并按照项目计划书承担相关任务； 2. 能清晰地呈现项目式操作流程，三视图与展开图绘制准确全面，各项数据标识清晰；	1. 小组分工较明确，能完成相关任务； 2. 能较好呈现项目式操作流程，能绘制三视图与展开图，绘制较为准确，有相关数据标识；	1. 小组有分工，大部分成员参与活动； 2. 有项目式操作流程，设计图纸能呈现三视图与展开图； 3. 缺少项目复盘。

续表

任务	水平 A	水平 B	水平 C
项目整体评价	3. 有详细的复盘过程，能够根据项目完成过程与结果对同伴和自我做出评价，并发现问题，理性分析完成过程中的问题以及提出好的建议。	3. 有复盘过程，能够根据项目完成过程与结果对同伴和自我做出评价。	

2. 小组利用评价表格对展示作品进行互评。

使用《项目评价表》进行组间互评。

3. 组长利用组内评价表格针对小组成员各方面表现进行评价。

组长使用《项目小组组内评估表》对组员进行评价。

4. 学生使用提供的自我反思评价表，进行自我评估。

学生使用《自我反思评价表》，结合项目经历和观众评价，针对自己创作作品的质量、效果、需要改进的地方等，写出反思。

5. 各班级选出的优胜作品参加学校展示比赛，选出校级一等奖、二等奖和三等奖。

6. 利用升旗仪式对获奖作品颁奖，作品展示。

将能体现学科特色和个人特色、有艺术价值和创意的作品，放学校保存，邀请优秀作品、创意作品与合作反思优秀小组进行全校推广汇报，介绍制作作品过程，复盘项目，并在这个过程中发现问题，理性分析完成过程中的问题以及提出好的建议，对未来的模型制作提出规划与策略。

7. 教师反思本次活动的成功之处，调整下一次项目开展时需要改进的地方。

教师就本项目开展过程中的经验和教训，进行反思，写出心得体会，为下一步项目的开展积累经验。

六、教学设计

（一）项目启动

任务一：完成项目计划书

活动名称	预设课堂双边活动		教学建议与资源支持
	学生活动	教师活动	
完成制作学校模型计划书	1. 观看学校的航拍视频，了解项目主题； 2. 探讨模型制作的步骤：进行头脑风暴，以小组为单位统一分享，最终在班内形成结论，完成制作学校模型计划书： （1）了解学校含有哪些几何体元素； （2）以合适的比例尺绘制学校的三视图； （3）通过折叠搭建学校模型。 3. 完成项目进程计划表。	1. 引出驱动型问题：如何制作学校模型？介绍项目概要，说明项目评价方式，提供资源材料，给出制作精美的模型的标准。 2. 对学生的项目计划进行指导。	1. 充分利用现实情境及现实生活中大量存在的物体进行教学，鼓励学生从教学楼体中发现图形； 2. 材料准备： （1）皮尺 2m，普通双面胶 2 卷，泡沫双面胶 4 卷，纸胶带 1 卷，胶水，A3 绘图纸； （2）PVC 发泡纸（建筑主体用），2mm 卡纸； （3）颜料与其他模型装饰物。
观察组成学校建筑的几何体	1. 以"学校中含有哪些几何体"进行讨论，以小组为单位分享结论； 2. 概括说出立体图形的基本特征并进行分类。	1. 教师在学生展示的过程中，渗透对立体图形的学习（特征、分类）。	

（二）项目实施

任务二：绘制学校三视图

活动名称	预设课堂双边活动		教学建议与资源支持
	学生活动	教师活动	
由实物想象图形	确定基本几何体（长方体、正方体、棱柱、棱锥、球等）各个侧面形状。	培养学生抽象思维、想象和判断力。	强调学生的动手实践和主动参与，让他们在观察、操作、想象、交流等大量活动中积累有关图形的经验，发展空间观念。
观察抽象	从不同的角度观察学校。	引入三视图的概念。	
测量数据	测量学校楼体的长、宽、高，门窗高等。	鼓励学生用多种方式测量楼的高度，如：竹竿测量、楼影测量、无人机测量等。	
尝试绘图	选取适当的比例尺和确定的形状，画出学校三视图，并根据测量结果标注各项数据。	指导学生思考如何做到精准作图，比如对于不同角度视图的长、宽、高的要求。	

任务三：制作各部分展开图

活动名称	预设课堂双边活动		教学建议与资源支持
	学生活动	教师活动	
空间想象直观分析	1.想象将立体图形展开后，可能得到的展开图是什么样子，将可能得到的展开图画出来张贴在黑板上；		

续表

活动名称	预设课堂双边活动		教学建议与资源支持
	学生活动	教师活动	
空间想象直观分析	2. 对正方体的多种展开图进行归类总结，思考组成展开图的平面图形之间的边和角的关系； 3. 想象棱柱、圆柱、圆锥的展开图，绘制可能得到的展开图。	1. 指导学生按照一定规律对正方体展开图进行分类； 2. 指导学生发现圆锥、圆柱侧面展开图的形状以及与底面圆的关系。	本环节可充分利用现代信息技术手段，丰富学生的学习资源。生动活泼地展示出各类几何体的展开图，使学生更好理解。
迁移应用	类比正方体展开图制作学校模型的侧面展开图，类比棱柱、圆柱、圆锥等制作其他结构的展开图。	指导如何制作屋顶（三棱柱等）的展开图，使其折叠后符合实际。	

任务四：制作完善学校模型

活动名称	预设课堂双边活动		教学建议与资源支持
	学生活动	教师活动	
探究想象	通过折叠展开图探索展开图中相对的面的位置，思考如何通过平面图形折叠成为立体图形。	带领学生总结正方体（长方体）中相对面的位置有什么特点：一字型、Z字型等。	关注学生在数学活动中空间观念的发展。能否由立体图形想象出相应的平面展开图和由平面展开图想象出相应的几何体； 关注学生能否实现从对实物具体操作到对图形抽象思考的学习方法的过渡。
模型制作	小组分工合作，制作单个立体图形模型，组装黏合单个立体模型，最终完善整个模型（团队成果）。	1. 指导学生如何折叠与拼接，使模型拼接严密； 2. 指导学生在制作模型时，使用尽可能多的几何体结构。	

任务五：作品展示与评估

活动名称	预设课堂双边活动		教学建议与资源支持
	学生活动	教师活动	
课堂展示	1. 录制讲解视频（包括模型设计思路、模型制作过程、自我收获与反思）； 2. 以小组为单位展示本组制作模型，用PPT汇报的形式，讲解制作模型过程中运用的数学原理。	1. 帮助学生解答困惑，及时纠错，针对问题提出建议与措施。对学生的汇报展示进行评价和鼓励； 2. 提供信息技术支持； 3. 对未来制作建筑物模型给出规划性建议，鼓励同学们对制作现实世界建筑物模型进行迁移。	突出评价方式的多样化。对学生学习状况的评价应采用多样化的评价方式，如：操作、讨论、纸笔测试等，特别要把定性评价与定量评价相结合，如用描述性语言评价活动的特点等。
项目评价	1. 提交小组分工表与设计图纸； 2. 班级一等奖作品进行项目作品游园会； 3. 对制作的模型进行学生互评与教师评价。	1. 举办优秀作品展示游园会； 2. 组织师生评委对游园会中的各个作品进行打分投票； 3. 组织对获奖作品进行颁奖； 4. 组织学生做好项目反思和活动总结。	

七、项目评价

在项目实施过程中，通过不同评价形式对学生做出的评价结果都以档案袋的形式汇总起来，用以记录和反映学生的成长发展。

1. 组内评估表。

"制作学校立体模型"项目组内评估表

组员姓名	记录承担的任务/献出的计策	完成任务情况			献出的计策			得分满分30分
		承担任务出色完成（15-20分）	承担任务基本完成（10-15分）	承担任务未全部完成（5-10分）	积极献策，且被采纳（8-10分）	能提出自己见解，有一定帮助（5-7分）	有一定思考，但不能提出计策（5分以下）	
1								
2								
3								
4								
5								

2. 小组作品评价方案及评价表。

初一数学项目式作品"制作学校立体模型"评比展示方案：

（1）主题：初一数学项目式作品"制作学校立体模型"评比与展示

（2）作品提交截止时间：_____ 月 _____ 日

（3）展示与评比时间：_____ 月 _____ 日

（4）奖项设置：

① 每班设一等奖 2 名，二等奖 4 名，三等奖 6 名；

② 采用小组互评与教师评价结合的方式，团队内一等奖获得者最终参与年级评选。

下附具体评价赋分表：

项目式作品游园会学生互评赋分表 _____ 组

评价维度	评价维度	赋分	打分栏
小组合作	1. 小组分工表完整（能清晰呈现项目式操作流程），任务明确；		

评价维度	评价维度	赋分	打分栏
小组合作	2.分工表与小组实际工作一致； 3.每个人都参与了整个学习过程，并且承担了一定任务。	20分	
三视图	1.主视图、左视图和俯视图准确、全面； 2.比例尺等各项数据标识清晰； 3.能清晰地讲解该部分数学原理。	30分	
展开图	1.建筑物展开图完整（不含副楼），结构准确； 2.能清晰地讲解出展开图对应出模型的哪一部分。	30分	
模型	能较好地还原出建筑楼，结构清晰，整体设计完整。	20分	
评价			合计：_____分

（5）一等奖获得者需要提交以下材料参与最终评选（提交至各班数学老师处）：

①小组分工表；

②设计图纸（三视图、展开图），用 A4 纸上提交；

③录制视频：包括：模型设计思路、模型制作过程、自我收获与提升，格式为 mp4，时间 10 分钟以内，组内成员可以分工介绍和出镜。

（6）最终成果将会在微信公众号上展示和投票。

数　学

学习指南

一、你知道为何要开展这个项目吗？

学校是我们共同学习、生活的家园，每当有其他学校的老师来参观的时候，我们都想好好地向他们介绍我们的学校。这个时候，如果能有一个学校的模型那可就太好了。心动不如行动！请你实地测量，和同伴们合作，汇集整个年级的力量，为学校制作一个立体模型吧！在模型制作成功后，请尝试利用模型，向参观者展示介绍我们的学校！

作为模型制作者，你需要通过测量收集数据，根据数据按一定比例绘制平面展开图，进而制作学校立体模型（正方体、长方体、圆柱、圆锥、棱柱等）。在项目实施的过程中，你能够加深对基础知识的理解，发展空间观念和几何直观的核心素养，提高合作意识、应用意识和表达能力。

二、你需要呈现哪些作品？

1.组成合作小组，并进行小组成员分工；

2.选择合适的制作模型材料，将模型完整地呈现出来；

3. 合作探究，借助三视图和展开图实现立体图形与平面图形的相互转换，使得模型更加标准，展示学校立体模型的三视图；

4. 参加模型作品说明会，并进行解说词的准备；

5. 参加学校组织的项目式作品游园会，进行校内评比。

三、你需要怎样开展项目？

项目启动

● 任务一：项目进程计划表

【活动1】观看学校教学楼的航拍视频，了解项目主题，进行小组思考讨论：如何制作学校模型？

【活动2】观察组成学校教学楼，你找到了哪些几何体？你是如何对发现的几何体进行分类的呢？

序号	几何体	几何体的数学特征
1		
2		
3		
4		

结合你们的思考，请完成以下内容。

1.你熟悉图1中的各种立体图形吗？

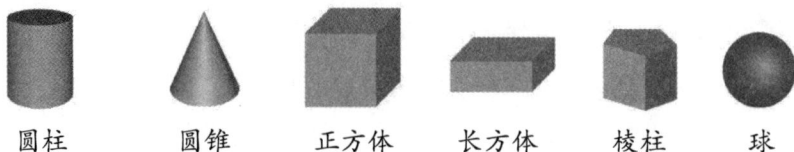

| 圆柱 | 圆锥 | 正方体 | 长方体 | 棱柱 | 球 |

图1

（1）圆柱、圆锥有什么样的特征？生活中哪些物体与它们类似？

总结圆柱与圆锥的相同点与不同点：

	圆柱	圆锥
相同点		
不同点		

（2）你能用自己的语言描述球的特征吗？学校教学楼中有类似它们的吗？

2.六棱柱的顶点、侧棱、侧面和底面如图2所示。

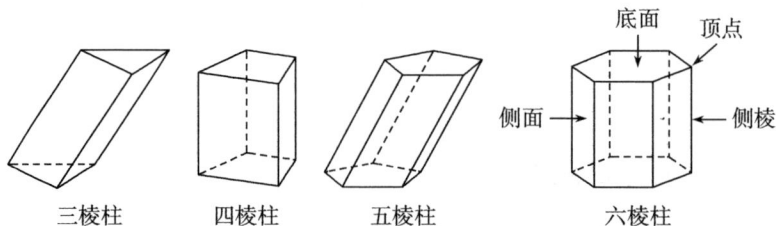

| 三棱柱 | 四棱柱 | 五棱柱 | 六棱柱 |

图2

（1）在图2中，标出三棱柱的顶点、侧棱、侧面和底面。

（2）棱柱的侧棱、底面、侧面分别有什么特点？

（3）长方体、正方体有什么样的特征？它们是棱柱吗？生活中哪些物体与它们类似？

在棱柱中，相邻两个面的交线叫作棱，相邻两个侧面的交线叫作侧棱。棱柱的所有侧棱长都相等。棱柱的上、下底面的形状相同，侧面的形状都是平行四边形。

人们通常根据底面图形的边数将棱柱分为三棱柱、四棱柱、五棱柱、六棱柱……它们底面图形的形状分别为三角形、四边形、五边形、六边形……

长方体、正方体都是四棱柱。

棱柱可以分为直棱柱和斜棱柱（如图3）。直棱柱的侧面是长方形。本书只讨论直棱柱（简称棱柱）。

直棱柱　　　　　斜棱柱

图3

（4）总结棱柱与圆柱的相同点和不同点：

	棱柱	圆柱
相同点		
不同点		

3. 请写出下列几何体的名称并尝试将它们分类（尝试用不同的分类标准，并说明理由）。比一比哪个小组的分类多？

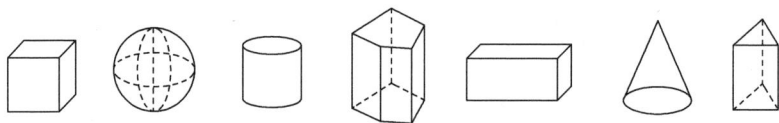

【活动3】请你思考教学楼中的点、线、面、体之间的关系是怎样的。圆柱可以看作由哪个平面图形旋转得到？球呢？

结合你们得思考，请完成以下内容。

图形是由点、线、面构成的。面与面相交得到线，线与线相交得到点。

流星雨　　　　　　打开的折扇　　　　　　旋转门

天上一颗颗闪烁的星星给我们以"点"的形象；划过夜空的流星给我们以"点动成线"的形象；打开折扇时，随着扇骨的移动形成一个扇面，给我们以"线动成面"的形象；当宾馆的旋转门旋转时，给我们以"面动成体"的形象。

"点动成线、线动成面、面动成体"的例子很多，你还能举出几个实例吗？

【活动4】请小组成员进行头脑风暴，思考完成此项目分哪些步骤，结合你们的讨论，完成以下项目进程计划表。

项目进程计划表

	步骤环节	任务
这个项目执行的具体步骤有哪些？		

续表

项目负责人是谁? 小组成员如何分工?	
项目开始之前, 需要提前告知谁?	
谁有可能会为项目提供帮助? 怎样帮助?	

课后任务: 利用学校航拍视频、网络资料, 深入了解如何制作建筑物的模型。

● **任务二: 绘制学校三视图**

【活动1】思考: 为了更好地展现教学楼的全貌, 你们需要从哪几个角度观察教学楼? 结合你们的思考, 请完成以下内容。

在实际生活和工程中, 人们常常从正面、左面和上面三个不同方向观察一个物体(如图1), 分别得到这个物体的三个视图, 这样大体上就把一个物体的形状特征用平面图形表示出来了。通常我们把从正面得到的视图叫作主视图, 从左面得到的视图叫作左视图, 从上面得到的视图叫作俯视图。

例如, 图1所示物体的主视图、左视图和俯视图分别如图2所示。

在三种视图中, 主视图反映物体的长和高, 俯视图反映物体的长和宽, 左视图反映物体的高和宽。因此在画三种视图时, 对应部分的长度要相等, 而且通常把俯视图画在主视图下面, 把左视图画在主视图右面。

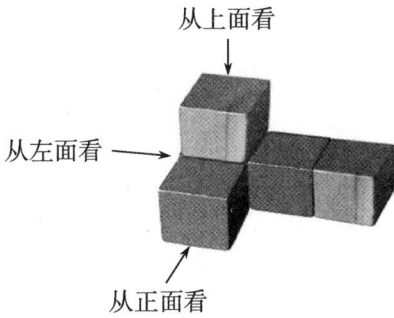

从上面看

从左面看 →

从正面看

图1

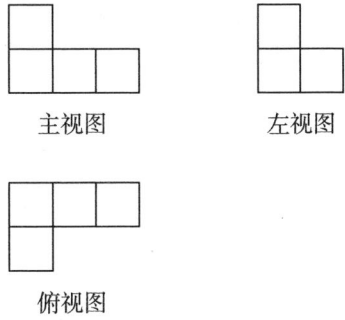

主视图   左视图

俯视图

图2

1. 画出下图的主视图、左视图和俯视图（注意：画图必须用直尺和铅笔）。

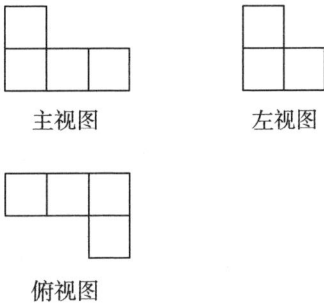

主视图   左视图

俯视图

（1）根据例题的画法总结一下画三视图的步骤以及要注意的问题。

（2）观察并思考三视图与原几何体在长、宽、高之间有什么样的联系？

2. 画出长方体三种视图，并标出三种视图的尺寸。

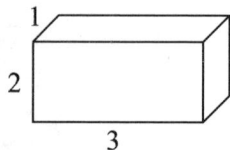

3. 一个几何体由大小相同的小立方块搭成，从上面看到几何体的形状图如右图所示，数字代表这个位置上小立方块的个数，请你画出这个几何体的主视图和左视图。

1	3
2	1

【活动2】为了完成模型的制作，我们需要从不同的角度观察教学楼，以小组为单位测量学校楼体的长、宽、高，门窗高等。请你们小组将测量的数据记录在下面的表格中。

项目	长	宽	高	门窗高	其他数据
数据 /m					

【活动3】构成学校教学楼的几何体并非像数学立体图形那样标准，为了更好地绘制学校教学楼的三视图，请你先完成以下内容。

请你画出以下常规几何体的三视图。

物体照片	几何体名称	主视图	左视图	俯视图
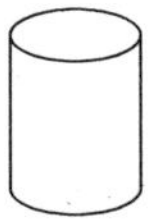				

探究活动一：画基本几何体（圆柱、圆锥、球等）的三视图。

1.下面各图中物体的形状分别可以看成什么样的几何体？

思考：第2个、第4个几何体的俯视图都是 （ 〇 ），对吗？若不对，应该怎么画？你认为应该如何处理看得见、看不见的轮廓线。

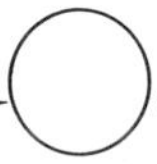

例1 某几何体的三种视图分别如下图所示，那么这个几何体可能是（ ）

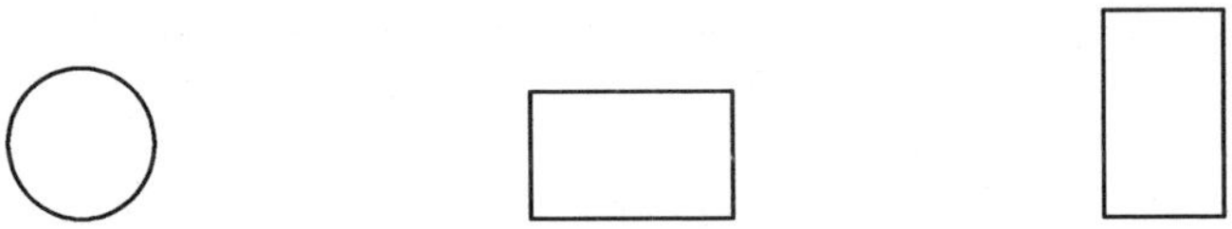

主视图　　　　　　左视图　　　　　　俯视图

A. 长方体　　　　B. 圆柱　　　　C. 圆锥　　　　D. 球

探究问题二：画直三棱柱和直四棱柱的三种视图。

1. 小亮画出了如图直三棱柱的三视图（俯视图为等边三角形），你同意他的画法吗？若你认为不对，请改正。

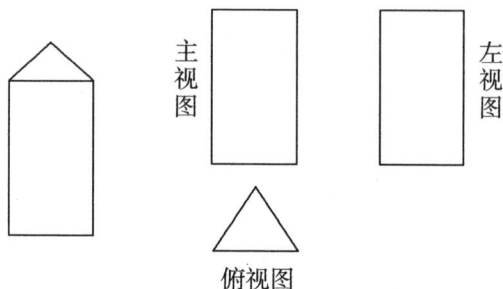

例2 画出下图四棱柱的主视图、左视图和俯视图（注意：画图必须用直尺和铅笔）。

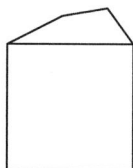

思考：结合上述画图，总结画直棱柱三种视图需要注意的问题：

探究问题三：根据俯视图画出直棱柱的主视图和左视图。

例3 一高 2cm 的直四棱柱的俯视图如下图所示，请画出它的主视图和左视图。

俯视图

思考：如果题目中没有标示直四棱柱的高为 2cm，你还能画出它的主视图和左视图吗？

跟踪练习： 一个直三棱柱的底面为等腰直角三角形，它的俯视图如下图所示，请画出它的主视图和左视图。

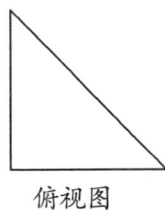

俯视图

探究问题四：简单组合体的三种视图的画法。

1. 观察左下图的三种视图，你能在右图中找出与之对应的几何体吗？

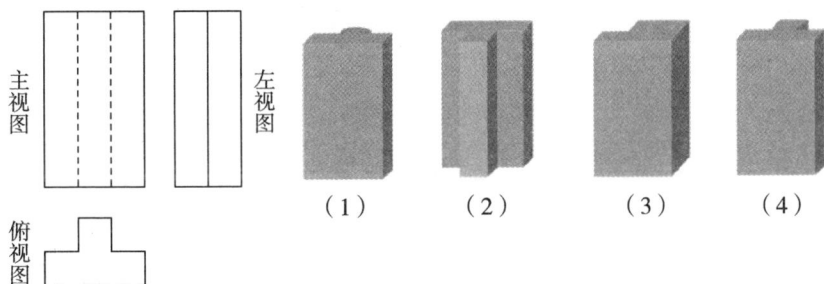

主视图　　　　左视图

俯视图

（1）　　　（2）　　　（3）　　　（4）

例 4　画出如下图所示几何体的三种视图。

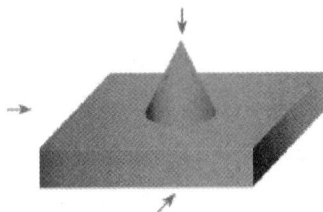

跟踪练习：下面是空心圆柱在指定方向上的视图，正确的是（   ）

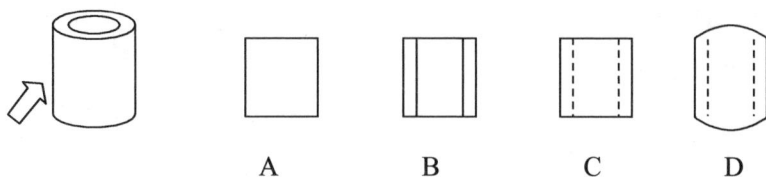

A   B   C   D

思考，结合上述画图，总结画简单组合体的三种视图需要注意的问题：

【活动4】我们的模型需要按照一定的比例尺来制作，请你们小组根据测量数据，确定适当的比例尺，并将学校教学楼的三视图画在下面，并标注上相应模型的制作数据。

● 任务三：制作各部分展开图

【活动1】结合你们确定的组成学校教学楼的基本几何体（长方体、正方体、棱柱、棱锥、球等），思考它们的各个侧面形状，并画在下面的表格中。

基本几何体	侧面形状
长方体	
正方体	
棱柱	
棱锥	
球	

【活动2】为了制作学校模型，我们需要绘制部分立体图形的展开图，再通过折叠，还原成立体图形。请你想象将构成学校教学楼的立体图形展开后，可能得到的展开图是什么样子？完成以下内容。

有些立体图形是由一些平面图形围成的，将它们的表面适当剪开，可以展开成平面图形。这样的平面图形称为相应立体图形的展开图。

（1）观察正方体形状的包装盒，它是由哪些面组成的？

这些面的大小和形状都相同吗？

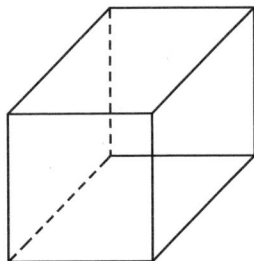

（2）实际动手操作实验，把正方体剪开，将能得到的平面图形（如下图）画出来，看谁得到的多（将你得到的图片带到课堂上来）。

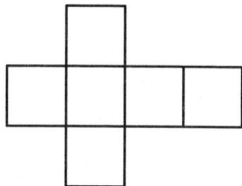

（3）尝试将你们得到的平面图形进行分类。

（4）将正方体剪开需剪 _____ 条棱，说说你们的理由。

【活动3】结合以上内容的研究，请你们对构成学校教学楼中的棱柱、圆柱等几何体展开，完成以下内容。

探究问题一：棱柱的侧面展开图。

1.将下图中的棱柱沿某些棱剪开，展开成一个平面图形，你能得到哪些形状的平面图形？

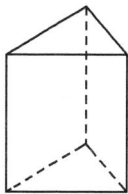 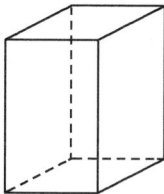 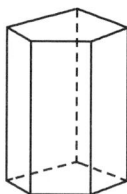

（1）　　　　　　（2）　　　　　　（3）

（1）将你剪开的棱柱的展开图画在下面（上面三个棱柱各画一种展开图）。

（2）思考：棱柱的侧面展开图是什么形状？

例1 如下图：

 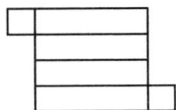 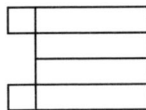 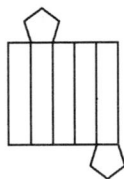

（1） （2） （3） （4）

（1）哪些图形经过折叠可以围成一个棱柱，如果能，请标出名称，如果不能，将图形做适当修改使所得图形能围成一个棱柱。

（2）为什么有的能折出棱柱，有的不能折出棱柱，能否总结一定的规律？

跟踪练习： 哪种几何体的表面能展开成如下面所示的平面图形？（先想一想，再折一折）

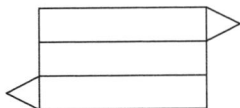 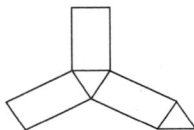 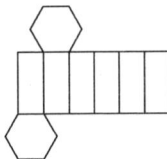 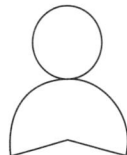

（1）_____ （2）_____ （3）_____ （4）_____

例2 动手操作：将四棱柱按下图粗线剪开，将你的模型带到课堂上来。并将展开图画在下面。

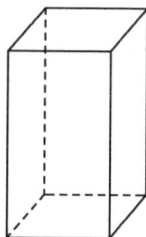

探究问题二：圆柱、圆锥的侧面展开图。

（1）将圆柱、圆锥的侧面展开图画在下面。

（2）圆柱的侧面展开图是 _____；圆锥的侧面展开图是 _____。

（3）思考：圆柱、圆锥的展开图由什么图形组成？将它们的展开图画在下面。

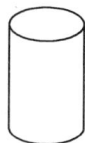

【活动4】结合以上内容的研究，结合数据开始绘制构成学校教学楼中几何体的展开图，构成模型的基本几何体就制作出来了。

● 任务四：制作、完善学校模型

【活动1】如何找几何体展开图的对立面？请你们以小组为单位，就正方体的展开图进行研究，并将你们的发现写在下面。

【活动2】请以小组为单位，将制作的单个立体图形模型组装黏合，最终完善整个学校立体模型。

【活动3】请以小组为单位，书写你们小组制作的学校立体模型的解说词，要明确其中的数学原理。

【模型4】请制作PPT，以准备展示汇报。

● **任务五：作品展示与评估**

【活动1】录制讲解视频（包括：模型设计思路、模型制作过程、自我收获与反思）。

【活动2】以小组为单位展示本组制作模型，用PPT汇报的形式，讲解制作模型过程中运用的数学原理。

小组展示评价表

评价维度	评价维度	赋分	打分栏
小组合作	1. 小组分工表完整（能清晰呈现项目式操作流程），任务明确； 2. 分工表与小组实际工作一致； 3. 每个人都参与了整个学习过程，并且承担了一定任务。	20分	
三视图	1. 主视图、左视图、俯视图准确、全面； 2. 比例尺等各项数据标识清晰； 3. 能清晰地讲解该部分数学原理。	30分	
展开图	1. 建筑物展开图完整（不含副楼）结构准确； 2. 能清晰地讲解出展开图对应出模型的哪一部分。	30分	
模型	能较好地还原出建筑楼，结构清晰，整体设计完整。	20分	
评价			合计：_____分

【活动3】请每一位同学完成以下项目总结表。

序号	姓名：	日期：
1	和你一起完成项目的队友是谁？	
2	你解决的问题是什么？	
3	用三到四句话介绍这个项目，需要包含你经过的各个步骤以及你对原始计划进行的较大调整。	
4	反思项目过程中发生的计划之外的事情。	
5	简述你从这个项目中，学到的最重要的两三件事。	
6	回忆一下你在项目中做的事情以及和其他人的合作，回答下面的问题： （1）你欣赏这个项目的哪些方面？ （2）你在项目中哪方面做得比较好？ （3）完成这个项目你有哪些困难和不足的地方？ （4）在下一个项目中，你有哪些地方可以做得更好？	

四、你可以获得哪些资源？

与任务相关的资源在任务中呈现，其他相关资源由教材、线上学习包、教学平台和网络资源提供。

在本项目的学习中，你将依次获得以下资源：

1. 学校教学楼的航拍视频；

2. 各制作材料的优缺点对比；

3. 和项目相关的教学视频，往年的模型照片；

4. 展示课汇报模板等。

对于以上资源，你也可以通过网络获取更多的补充。此外，需要注意教材是每一位同学最直接、最基础、最重要的学习素材，本项目的学习指南通过指向教材内容，将有助于你尝试筛选有用信息，提高自学能力。

五、你学会了什么？

1. 你能从观察学校建筑物的过程中，识别出组成学校的各种立体图形，并能规范地画出学校教学楼及其他设施的三视图。

2. 在绘制三视图的过程中，你能根据物体特征说出几何图形的名称，并能根据几何图形描述出实际物体。

3. 通过学习正方体、直棱柱等几何体的展开图，你能归类总结正方体、棱柱、圆柱、圆锥的展开图特征，并能画出学校模型各部分的展开图。

4. 通过进一步探究三视图与立体模型之间的联系，你能说出展开图中相对的面，并能正确分析展开图与立体图之间的对应关系。

5. 在小组合作完成项目的过程中，你能进行组内及组间的合理分工合作，能进行项目作品的宣讲、交流及展示，提高交流合作能力、表达能力及组织协调能力，培养责任心和领导力。

六、你真的学会了吗?

1. 观察如图所示的几何体,回答下列问题:

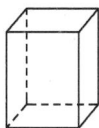 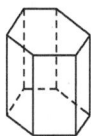

①   ②   ③

(1)填写下表:

	图形名称	底面边数	侧面数	侧棱数	顶点数
图①	三棱柱				
图②	四棱柱				
图③	六棱柱				

(2)根据(1)中的结果,你能得出棱柱的侧面数、侧棱数、顶点数与棱柱底面边数之间各有什么关系?

(3)根据(2)中的猜想,直接写出二十棱柱的侧面数、侧棱数、顶点数。

2. 将一个长方形绕它的一边所在的直线旋转一周,得到的几何体是圆柱,现在有一个长为 4 cm、宽为 3 cm 的长方形,分别绕它的长、宽所在的直线旋转一周,得到两个不同的圆柱体,它们的体积分别是多大?(结果保留 π)

3. 把正方体的六个面分别涂上六种不同颜色,并画上朵数不等的花,各面上的颜色与花的朵数情况见下表:

颜色	红	黄	蓝	白	紫	绿
花的朵数	1	2	3	4	5	6

　　如图所示，现将上述大小相同，颜色、花朵分布也完全相同的四个正方体拼成一个水平放置的长方体，长方体的下底面共有多少朵花?

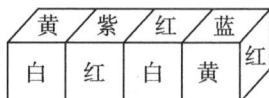

　　4. 如图1所示是三个直立于水面上的形状完全相同的几何体（下底面为圆面，单位：厘米），将它们拼成如图2所示的新几何体，求该新几何体的体积。（结果保留π）

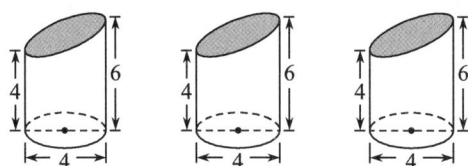

图1

图2

　　5. 棱长为 a 的小正方体摆成如右图所示的形状，

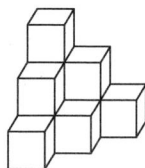

　　（1）求该物体的表面积；

　　（2）依图中摆放方法类推，如果该物体摆放了上下20层，求该物体的表面积。

　　6. 如图所示，一个正方体由27个大小相同的小立方块搭成，现从中取走若干个小立方块，得到一个新的几何体。若新几何体与原正方体的表面积相等，则最多可以取走 ＿＿＿＿ 个小立方块。

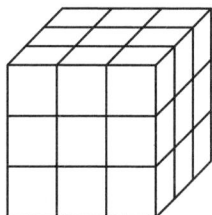

诊断题目素养分析

题号	核心素养	解答
1	空间观念	解：（1）填表如下： 表格见下 推理能力 （2）棱柱的侧面数＝棱柱底面边数、侧棱数＝棱柱底面边数、顶点数棱＝柱底面边数×2； （3）二十棱柱的侧面数是20、侧棱数是20、顶点数是40。 故答案为：3，3，3，6；4，4，4，8；6，6，6，12。

（1）填表如下：

	图形名称	底面边数	侧面数	侧棱数	顶点数
图①	三棱柱	3	3	3	6
图②	四棱柱	4	4	4	8
图③	六棱柱	6	6	6	12

题号	核心素养	解答
2	空间观念 几何直观	解：绕长所在的直线旋转一周得到圆柱体积为：$\pi \times 3^2 \times 4 = 36\pi$ cm³。 绕宽所在的直线旋转一周得到圆柱体积：$\pi \times 4^2 \times 3 = 48\pi$ cm³。
3	空间观念	解：由摆放露出外面的颜色可知： "红色"的邻面有"蓝、黄、紫、白"，因此"红色"的对面为"绿"； "黄色"的邻面有"蓝、红、绿、白"，因此"黄色"的对面为"紫"； 于是，"白"对面"蓝"， 上面的是红、紫、黄、蓝，则下面的是绿、黄、紫、白， 所以长方体的下底面花的朵数为6+5+2+4=17， 答：长方体的下底面共有17朵花。
4	空间观念 运算能力	解：$\pi \times 2^2 \times 10 + \dfrac{1}{2}$（$\pi \times 2^2 \times 10$）$=40\pi + 20\pi = 60\pi$ cm³。 答：该新几何体的体积为 60π cm³。

续表

题号	核心素养	解答
5	空间观念	解：（1）$a \times a \times （6 \times 6）=36a^2$。 答：该物体的表面积是 $36a^2$； （2）从上到下第一层为 1 个，第二层为 1+2=3 个，…第 20 层为 $\frac{1}{2} \times 20 \times （20+1）=210$ 个，
	推理能力	俯视面，左视面，主视面，右视面，底面，后面各有 210 个正方形， 该物体的表面积共包含 $201 \times 6=1260$ 个正方形， 该物体的表面积为：$1260a^2$ 答：该物体的表面积是 $1260a^2$。
6	空间观念	解：若新几何体与原正方体的表面积相等，最多可以取走 16 个小正方体，只需留 11 个：① 中心的 3 个和四角上各 2 个，如图所示；② 其中一个角 3 个，其余三个角和中心是 2 个（图略）。 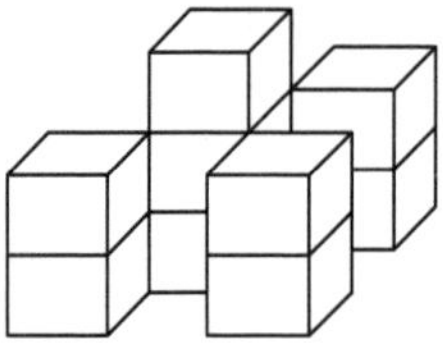 故答案为：16。

七、你需要如何管理自己的学习?

表 1　项目进程计划表

	步骤环节	任务
这个项目执行的具体步骤有哪些?		
项目负责人是谁? 小组成员如何分工?		
项目开始之前, 需要提前告知谁?		
谁有可能会为项目提供帮助? 怎样帮助?		

表2 项目总结表

序号	姓名：	日期：
1	和你一起完成项目的队友是谁？	
2	你解决的问题是什么。	
3	用三到四句话介绍这个项目，需要包含你经过的各个步骤以及你对原始计划进行的较大调整。	
4	反思项目过程中发生的计划之外的事情。	
5	简述你从这个项目中，学到的最重要的两三件事。	
6	回忆一下你在项目中做的事情以及和其他人的合作，回答下面的问题： （1）你欣赏这个项目的哪些方面？ （2）你在项目中哪方面做得比较好？ （3）这个项目有哪些困难和不足的地方？ （4）在下一个项目中，你有哪些地方可以做得更好？	

表3 项目组内评估表

组号	记录承担的任务/献出的计策	完成任务情况			献出的计策			满分30分
		承担任务出色完成（15–20分）	承担任务基本完成（10–15分）	承担任务未全部完成（5–10分）	积极献策，且被采纳（8–10分）	能提出自己见解，有一定帮助（5–7分）	有一定思考，但不能提出计策（5分以下）	
1								
2								
3								
4								

表4 项目自主评价表

任务流程	评价标准			自我评价
	水平A	水平B	水平C	
确定制作学校模型的环节与步骤	1. 能够充分地进行合作交流； 2. 将制作学校模型拆解成不同的子任务，并按照一定顺序，制定出完成小任务的先后步骤，陈列在计划书中。	1. 能够有效地进行合作交流； 2. 将制作学校模型拆解成不同的子任务，将子任务陈列在计划书中。	1. 能够进行围绕任务分解为主题的合作交流； 2. 对于子任务的拆解结果和完成顺序还并不清楚。	

续表

任务流程	评价标准			自我评价
	水平 A	水平 B	水平 C	
将制定出的任务按照合理方式进行小组分工	1. 能够充分地进行合作交流； 2. 按照组内成员的意愿和特长，将每个子任务分派给小组内的不同成员； 3. 明确任务完成标准，陈列在计划书中。	1. 能够有效地进行合作交流； 2. 将大部分任务合理地分派给小组内的成员； 3. 了解任务完成标准，陈列在计划书中。	1. 能够围绕主题进行合作； 2. 对任务进行分工，对完成任务标准不十分明确； 3. 能将任务划分，结果陈列在计划书中。	
认识、识别学校建筑中的几何体	1. 认识常见的基本几何体，由实物可以联想到正确的几何体，并能按照一定标准将几何体进行分类； 2. 能找出组成学校的所有几何体，并知道如何用基本几何体（长方体、球体、圆柱、棱柱等）组合成学校模型。	1. 认识常见的基本几何体，由实物可以联想到正确的几何体，并能按照一定标准进行分类； 2. 能找出组成学校的大部分几何体，但不能准确组合成学校模型。	1. 认识小部分几何体，不清楚几何体分类标准； 2. 能找出组成学校的小部分几何体，不知道怎样组合成学校模型。	

续表

任务流程	评价标准			自我评价
	水平 A	水平 B	水平 C	
绘制学校三视图	1. 能根据几何体各个表面想象出其视图的形状； 2. 能画出圆柱、棱柱、棱锥、圆锥等基本几何体的三视图； 3. 可以按照长对正、高齐平、宽相等的原则，按一定比例尺缩放真实尺寸，绘制基本几何体三视图。	1. 能画出由小立方块堆积成的简单立体图形的三视图； 2. 可以绘制出三视图，但不能按照一定比例绘制，比例略微失真。	1. 不能画出由小立方块堆积成的简单立体图形的三视图； 2. 不能画出圆柱、棱柱、棱锥、圆锥的三视图；无法绘制出接近学校建筑实物比例的三视图。	
绘制基本几何体的各部分展开图	1. 能想出多种正方体的展开图，并按照展开图方式将平面图形拼接成展开图； 2. 能画出长方体（正方体）、圆锥、圆柱的展开图，找到展开图的不同平面图形之间边长的对应关系； 3. 能仿照正方体、棱柱、棱锥的展开图准确地画出三号楼的展开图。	1. 能画出若干种正方体的展开图，并按照展开图方式将平面图形拼接成展开图； 2. 能画出圆锥、圆柱的展开图，但是几何图形之间的对应关系不正确； 3. 能仿照正方体、棱柱、棱锥的展开图大致地画出展开图。	1. 能画出至少一种正方体的展开图； 2. 只能画出圆锥、圆柱的展开图； 3. 不能大致画出三号楼的展开图。	

任务流程	评价标准			自我评价
	水平 A	水平 B	水平 C	
制作完善学校模型	1. 能准确地指出展开图中的相对面； 2. 能根据制作的展开图准确地将平面图形拼接成立体模型框架，拼接处严丝合缝； 3. 各部分结构使用了尽可能多的几何体的展开图，配以美观装饰。	1. 能准确地说出展开图中的相对面； 2. 能根据制作的展开图将平面图形大致拼接成模型框架； 3. 各部分结构完整，能够展开。	1. 不能准确地说出展开图中的相对面； 2. 不能根据制作的展开图将平面图形拼接成模型框架。	
课堂展示	1. 整体设计有创意和独特艺术性； 2. 能精确地还原出教学楼的比例尺寸； 3. 能清晰地讲解如立体图形三视图、比例尺、立体图形的展开与折叠当中相关的数学原理。	1. 整体设计较完整； 2. 能较好地还原教学楼比例尺寸； 3. 能讲解相关数学原理。	1. 能基本搭建教学楼模型； 2. 能了解相关数学原理。	
项目整体评价	1. 小组分工明确，每人都参与并按照项目计划书承担相关任务； 2. 能清晰呈现项目操作流程，三视图与展开图绘制准确全面，各项数据标识清晰；	1. 小组分工较明确，能完成相关任务； 2. 能较好呈现项目操作流程，能绘制三视图与展开图，绘制较为准确，有相关数据标识；	1. 小组有分工，大部分成员参与活动； 2. 有项目式操作流程，设计图纸能呈现三视图与展开图；	

任务流程	评价标准			自我评价
	水平 A	水平 B	水平 C	
项目整体评价	3. 有详细丰富的复盘过程，能够根据项目完成过程与结果对同伴和自我做出评价，并发现问题，理性分析完成过程中的问题以及提出好的建议。	3. 有复盘过程，能够根据项目完成过程与结果对同伴和自我做出评价。	3. 缺少项目复盘。	

素养本位的项目式学习 ｜初中物理｜

创作能击中目标的投石机

编写人员：李 娟 魏 巍

物 理
教学指南

一、项目概要

项目主题：创作能击中目标的投石机

项目性质：物理学科项目

学科及学段：初中物理八年级

课时安排：6 学时

项目简介：

投石机是古代战争中人类智慧的结晶，在冷兵器时代，对攻克城池起到了至关重要的作用。投石机的制作和使用综合运用到了杠杆、功、能量及其转化等物理知识。部分学生通过实践活动或者机器人课程的学习积累了类似经验，但对于投石机的物理学原理却很少研究。通过投石机的设计、制作和使用能更好地帮助学生把握科学本质，形成能量转化和转移的观念。

项目通过"举办投石机攻城大赛"这一情境，邀请学生自主选材设计制作出一个投石机，并进行调试改进，参加投石机攻城赛，评选出投得既远又

准的投石机，并进行颁奖。整个项目实施的过程就是学生实现知识建构的过程，在这个过程中学生知识的获取源于解决项目中的真实问题，知识体系的建构也是在切身实践与理论总结中完成的，这有利于学生深刻理解知识的本质并实现对所获取知识和技能的实践应用。在完成具体的项目任务的过程中，学生的认知、探究、分析问题、解决问题、合作交流、创新等能力得以提升，学生的分析归纳、模型建构、科学论证等物理思维得以发展，学生的科学态度与责任感得以培养，进而学生的核心素养得以提升。

二、相关课程内容分析

（一）相关知识技能分析

1.课标分析。

本项目创作的投石机属于大型杠杆装置，学生在设计制作投石机的过程中需要了解杠杆的构成要素，建立杠杆模型，并借助实验探究的方法分析归纳出杠杆平衡的条件，进一步将杠杆进行分类，在此基础上确定投石机的杠杆类型，再进行具体的加工制作。在使用投石机投掷的过程中，学生基于投掷的距离及准确度等问题的解决，需要学习功和能的相关知识，利用动能和势能的转化完成投石机掷远和掷准的任务。因此，通过本项目的教学我们能实现《义务教育物理课程标准（2022年版）》中如下内容的学习：

主题	课标内容编号	课标内容
运动和相互作用	2.2.6	知道简单机械。探究并了解杠杆的平衡条件。
能量	3.1.1	了解能量及其存在的不同形式。能描述不同形式的能量和生产生活的联系。
	3.1.2	通过实验，认识能量可以从一个物体转移到其他物体，不同形式的能量可以相互转化。
	3.1.3	结合实例，认识功的概念。知道做功的过程就是能量转化或转移的过程。

续表

主题	课标内容编号	课标内容
能量	3.2.1	知道动能、势能和机械能。通过实验，了解动能和势能的相互转化。举例说明机械能和其他形式能量的相互转化。
	3.2.2	知道机械功。用生活中的实例说明机械功的含义。
	3.2.4	能说出人类使用的一些机械，了解机械的使用对社会发展的作用。
实验探究	4.2.5	探究杠杆的平衡条件。
跨学科实践	5.2.1	了解我国古代的技术应用案例，体会我国古代科技对人类文明发展的促进作用。

2. **教材分析**。

本项目适用对象为初中学段八年级下学期的学生，项目涉及的教学内容在不同版本教材中对应的章节略有不同，例如：在上海科学技术出版社教材中对应第十章《机械与人》中"科学探究：杠杆平衡条件"、"做功了吗"以及"合理利用机械能"三节内容；在人民教育出版社教材中对应第十一章《功与机械能》中"功"、"动能和势能"、"机械能及其转化"以及第十二章《简单机械》中"杠杆"四节内容。不管哪个版本的教材，此部分内容都是在学生已经学习了力、力与运动、压强、浮力等力学相关知识和技能的基础上展开，此时学生已经具备了力学相关的知识技能和一定的探究能力、科学思维能力。

项目涉及的物理核心概念有：杠杆、功、能量、机械能、动能与势能；涉及的主要物理规律有：杠杆的平衡条件、机械能的转化和转移；涉及的主要技能有：实验探究的技能、杠杆模型的制作。

3. **概况总结**。

综合对课程标准和教材的分析，本项目需要的知识、技能有：

分类	具体描述
知识	杠杆的特点及要素。
	杠杆平衡的条件及杠杆种类。
	功和能量的含义。
	动能、势能及其影响因素。
	动能和势能能够相互转化，能量可以从一个物体转移到另一个物体，不同形式的能量可以相互转化。
	做功的过程就是能量转化或转移的过程。
技能	能够开展研究杠杆平衡条件的实验探究。
	能够开展研究影响动能和重力势能影响因素的实验探究。
	能依据杠杆模型，设计制作投石机。
	能依据重力势能和弹性势能的相关因素，调节投石机的动力大小。
	能利用能量转化的知识，调整投石机投掷的距离和准确度。

（二）提炼学科大观念

1. 分析并提炼项目所需知识技能背后的关键概念、原则或大观念，建立其层级和逻辑关系。

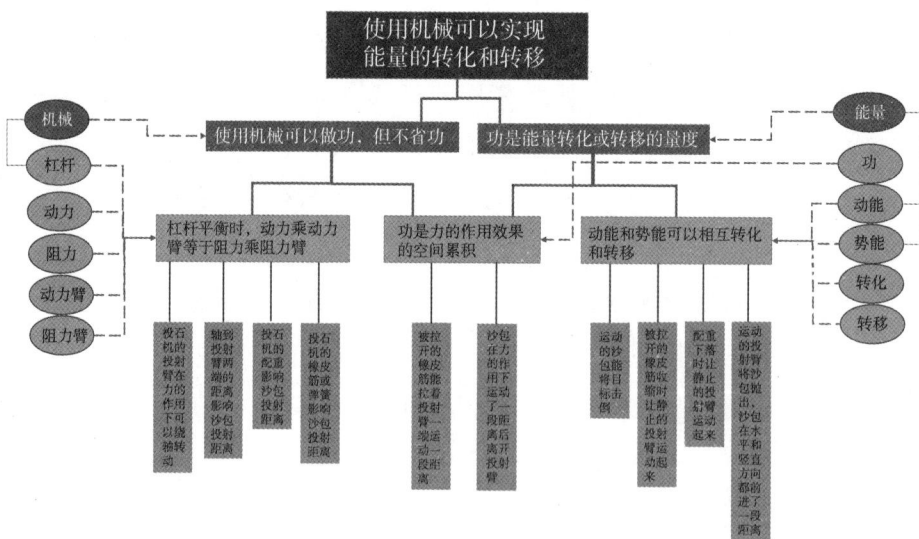

图 1　大观念提炼路径图

如图1所示，采用埃里克森在《创造思考的教室》一书中提到的知识性结构的建构方法，我们依据项目相关现象和事实，分析其背后的概念、通则和原理，并逐级建构起它们之间的层次关系，提炼出本项目的学科大观念，具体分析如下：

由"投石机的投射臂在力的作用下可以绕轴转动"的现象，结合生活中大量类似事例，抽象概括出杠杆的定义；进而通过分析"轴到投射臂两端的距离影响沙包投射距离""投石机的配重影响沙包投射距离""投石机的橡皮筋或弹簧影响沙包投射距离"等现象，建立动力、阻力、动力臂、阻力臂的概念，通过实验探究提炼得出"杠杆平衡时，动力乘动力臂等于阻力乘阻力臂"这一通则。

通过对"被拉开的橡皮筋能拉着投射臂一端运动一段距离""沙包在力的作用下运动一段距离后离开投射臂"等事实的分析归纳出功的概念，进一步提炼出"功是力的作用效果的空间累积"这一通则。

由"运动的沙包能将目标击倒""被拉开的橡皮筋收缩时让静止的投射臂运动起来""配重下落时让静止的投射臂运动起来""运动的投射臂将沙包抛出，沙包在水平和竖直方向都前进了一段距离"这些事实，结合生活中的大量事例，概括出能量、动能、势能的概念，在实验探究的基础上概括出动能和势能的影响因素，进一步结合生活中的现象提炼出"动能和势能可以相互转化和转移"这一通则。

由"杠杆平衡时，动力乘动力臂等于阻力乘阻力臂"和"功是力的作用效果的空间累积"两条通则，结合"省力的杠杆费距离、费力的杠杆省距离"这一特点，提炼出"使用机械可以做功，但不省功"这一原理；由"功是力的作用效果的空间累积"和"动能和势能之间可以相互转化和转移"提炼出"功是能量转化或转移的量度"这一原理。进一步分析"使用机械可以做功，但不省功"，"功是能量转化或转移的量度"，提炼出"使用机械可以实现能量的转化和转移"这一观念。

2. 用陈述句的方式将项目所指向的大观念的具体内涵表述出来。

使用机械可以实现能量的转化和转移。

（三）绘制以大观念为核心的知识、技能结构图

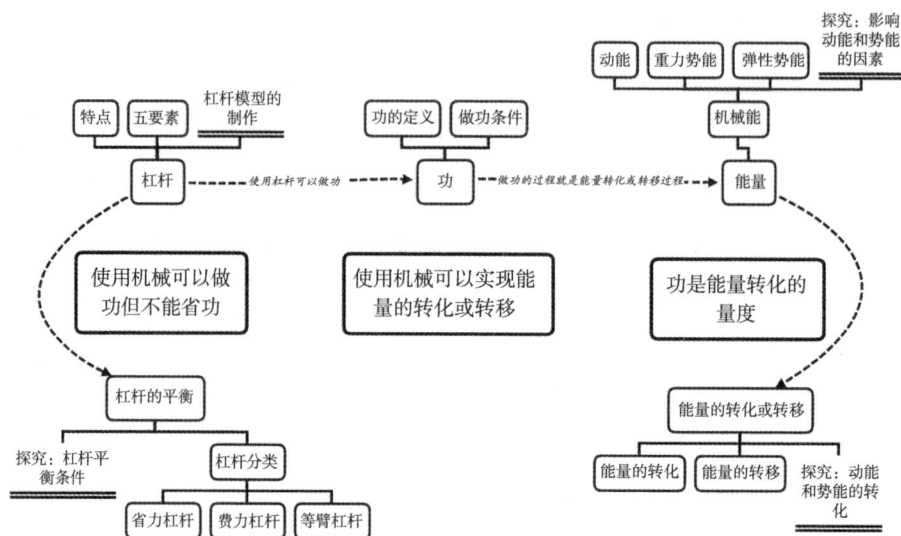

图2　以大观念为核心的知识、技能结构图

三、素养目标

1. 能从运动与相互作用的关系出发，建构杠杆模型，搭建投石机主体结构；能依据杠杆的平衡条件，对杠杆进行分类，阐释不同类型的杠杆的特点；能根据投石机对力和投射臂移动距离的实际需求，为其选择合适的支点位置。（运动与相互作用观念、模型建构）

2. 能从功能关系的角度出发，调整投石机的动力装置，改变投石机做功的多少；能从能量守恒的视角出发，依据动能和势能的影响因素，调整投石机投掷时的能量，改变沙包的投掷距离，形成"使用机械可以实现能量的转化和转移"的观念。（能量观念、科学论证）

3. 能运用批判性思维和创新性思维，辩证地看待自己作品的优点和缺点；能多角度思考问题，利用跨学科知识完善自己的作品，改进投石机投掷的远度和准度。（质疑思维、创新意识）

4.具有交流合作的意识，能进行组内及组间的合理分工，完成项目任务，能进行项目作品的宣讲、交流及展示。（合作、交流）

四、项目设计整体构思

（一）项目构思

本项目基于"举办投石机攻城大赛"这一情境，引导学生创作投石机模型并进行投掷比赛，加深对杠杆、功、能量及其转化等物理知识的理解，实现学科内容与外部世界的关联，培养学生的问题解决能力和实践创新能力。学生需组建团队、制定计划、合理分工完成投石机的设计、制作、试投以及改进等任务。在项目开展的过程中，采用问题驱动的方式进行，每个任务下设计了系列学科活动，引导学生开展科学探究、调查研究、合作交流等学科活动。在解决真实问题的过程中，提升学生的认知、探究、分析问题、解决问题、合作交流、创新等能力，锻炼学生的分析归纳、模型建构、科学论证等物理思维，形成严谨求实的科学态度。

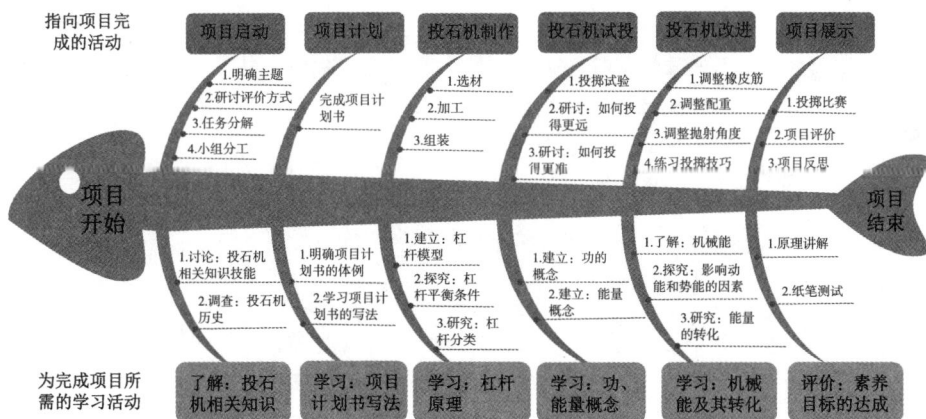

图 3 项目构思鱼骨图

（二）项目任务、问题或活动进程

为了引导学生完成项目任务，推进项目进程，教师可提前设计每个任务对应的驱动问题和问题链，引导学生开展学习或探究活动。

项目进程	项目要求或任务	驱动问题及问题链	学习或探究活动
入项	了解项目要求及评价方式	驱动问题：怎样制作一个能击中目标的投石机？ 问题链： 1. 你了解这个项目吗？ 2. 你认为一架性能优越的投石机有什么特点？ 3. 从哪些方面对投石机项目进行评价？ 4. 我们需要呈现哪些项目成果？ 5. 我需要学习哪些相关知识？	教师介绍：通过视频、实物展示等方式介绍项目； 实践体验：用投石机投掷物品； 小组讨论：怎么评价一个投石机的好坏； 头脑风暴：投石机项目涉及的相关知识、技能。
项目实施	任务一：完成项目计划书	驱动问题：如何规划项目？ 问题链： 1. 项目计划书包含哪些内容？ 2. 该项目可以分成哪几个子任务？这样设计的依据是什么？ 3. 项目团队如何分工？分别承担哪些任务？	教师指导：怎样制定项目计划书； 研讨设计：制定项目计划书。
	任务二：投石机制作	驱动问题：怎样制作投石机的主体结构？ 问题链： 1. 你了解投石机吗？投石机的种类有哪些？ 2. 投石机这类机械有什么特点？ 3. 怎样为投石机提供动力？	文献查阅：投石机的种类，动力的来源； 观察分析：投石机这类机械的特点； 小组讨论：确定投石机种类及动力来源； 师生研讨：确定统一的投掷物品；

续表

项目进程	项目要求或任务	驱动问题及问题链	学习或探究活动
	任务二：投石机制作	4.怎样选择投掷物品？ 5.投石机投掷时，匀速转动的条件是什么？ 6.投射臂的支点如何选取？ 7.怎样设计投石机结构？ 8.怎样为投石机选材？ 9.怎样进行各个部件的加工？ 10.怎样将各个部件进行组装？	实验探究：杠杆平衡条件； 研究分析：杠杆的种类及特点，确定投石机杠杆种类； 设计：投石机结构图纸； 研讨：投石机材料选择的依据； 技能学习：学习使用切割机、螺丝刀、钳子、钢锯等工具； 加工制作：按照图纸，选择合适的材料，从工程技术的角度将各个部件合理组装起来。
项目实施	任务三：投石机试投	驱动问题： 怎样利用投石机把沙包投得更远？ 问题链： 1.怎样将沙包投出去？ 2.投石机给沙包的力有什么效果？ 3.沙包为什么能将目标击倒，它具有什么能量？ 4.沙包能量的大小和哪些因素有关？ 5.沙包能量的来源是什么？ 6.投石机投沙包涉及哪些能量，这些能量的大小与哪些因素有关？ 7.怎样增加投石机投射沙包的能量？	实践练习：投石机试投； 观察分析：沙包运动状态的变化； 理论学习：建构能量的概念； 实验探究：影响动能大小的因素； 讨论分析：建立势能概念； 实验探究：影响重力势能和弹性势能大小的因素； 讨论分析：能量转化的利用。

续表

项目进程	项目要求或任务	驱动问题及问题链	学习或探究活动
项目实施	任务四：投石机改进	驱动问题： 怎样利用投石机击中目标？ 问题链： 1. 还有什么因素影响投石机投射的距离？ 2. 怎样控制投石机投射沙包的距离？ 3. 怎样让投石机投得更准？ 4. 怎样提高投石机击中目标的概率？	讨论分析：沙包的投射距离还受哪些因素影响； 研究分析：改变投石机投射距离的方法； 实践改进：调整弹力装置或者调整配重及投射角度； 实践练习：改进装置后，理论与实践结合，多加练习。
项目展示	项目作品展示评比	驱动问题： 怎样在比赛中取得好成绩？ 问题链： 1. 怎样进行作品的推介？ 2. 展示会上，组员怎样合理分工，做好相关准备？	实践练习：投石机投掷； 研讨：项目推介的流程及分工； 展示评比：进行投掷比赛，讲解制作原理。
项目反思	复盘与总结	驱动问题： 本项目中有哪些收获和遗憾？	评价：利用项目评价工具进行组间、组内、个人评价； 总结：完成项目反思。

五、项目流程

（一）项目准备

教师为项目的顺利实施做好准备，考虑项目成功实施的要求，教师要事先进行计划、准备和沟通。

项目开始前需要考虑的问题有：

（1）我们应该在这个项目上投入多少时间？

（2）我们应该事先收集哪些专业案例？

（3）我们应该提前准备什么资源来帮助学生学习这些特定的制作技巧？

（4）项目的各个阶段需要哪些材料资源（例如，学生为了完成项目需要的实验器材）？

（5）有必要安排使用实验室吗？

（6）学生已经具备了哪些可以应用到这个项目中的基本技能（例如，我们是否已经具备了设计的技巧或手工制作的技巧，以及其他相关的技能）呢？还有哪些技能需要复习和重新学习呢？

（7）完成这个项目，学生需要小组合作、购买材料，要提前通知家长，做好准备，并做好预案，以确保所有项目小组都可以完成一个投石机的创作。

（8）该项目还要用到木材、铁丝、钉子、皮筋、剪刀、胶水等器材，鼓励学生使用自己家里的工具，教室或学校的设备可预留给家里缺少器材的学生。

（9）调研并预约学生作品的展示场地，并提前进行场地设计与布置。

（10）与他人分享学生创作的作品将有效地激励学生制作出高质量的作品。

（二）项目启动

1.**教师就"投石机"这一项目进行介绍，让学生明确项目主题及要求。**

教师向学生介绍该项目的主题，提出项目完成的过程要求和终结要求，展示项目的最终作品要求，和学生一起欣赏往届优秀作品。

2.**教师和学生讨论确定项目成果的呈现形式，以及评价方式。**

成果呈现形式：

（1）完成项目书。

（2）小组设计并制作出一个投石机，并用 PPT 展示讲解制作原理及过程。

（3）学生分组运用自己制作的投石机对统一提供的沙包进行掷远和掷准比赛，先进行班内评选，每个班级分别选出掷远和掷准的第一名，参加学校比赛，选出校级一等奖、二等奖和三等奖，颁发证书。

评价形式：

评价内容	评价对象	组织形式	评价指标	评价类型
分段任务完成情况	个人	自评	《素养表现自我评价表》	过程性评价
	个人	教师评价		
项目作品、PPT或海报及作品讲解情况	团队	组间评价	《教学指南》中表3、表4	终结性评价
团队合作	个人	组内评价	《教学指南》中表5	过程性评价
自我反思	个人	自评	《学习指南》中表3	过程与终结性评价

3. **学生分组，组建项目团队。**

学生自愿结合，组成项目小组，进行组内分工，组员领取各自的项目任务。

4. **学生和教师讨论完成此项目需要的物理知识。**

教师引导学生思考制作"投石机"需要哪些物理知识，学生开展头脑风暴，并以思维导图的方式表示出来。教师进行指导，引导学生完善思维导图。

5. **学生课后对投石机的发展史展开调查。**

利用学校、网络等资源调查投石机的发展史，形成调查报告。

（三）项目实施

● **任务一：完成项目计划书**

问题设计：

驱动问题：

如何规划项目？

问题链：

（1）项目计划书包含哪些内容？

（2）该项目可以分成哪几个子任务？这样设计的依据是什么？

（3）项目团队如何分工？分别承担哪些任务？

活动设计：

（1）教师指导：怎样制定项目计划书。

（2）研讨设计：制定项目计划书。

评价设计：

教师对《项目计划书》进行任务一的学习过程评价。

● **任务二：投石机制作**

问题设计：

驱动问题：

怎样制作投石机的主体结构？

问题链：

（1）你了解投石机吗？投石机的种类有哪些？

（2）投石机这类机械有什么特点？

（3）怎样为投石机提供动力？

（4）怎样选择投掷物品？

（5）投石机投掷时，匀速转动的条件是什么？

（6）投射臂的支点如何选取？

（7）怎样设计投石机结构？

（8）投石机怎样选材？

（9）怎样进行各个部件的加工？

（10）怎样将各个部件进行组装？

活动设计：

（1）文献查阅：投石机的种类，动力的来源。

（2）观察分析：投石机这类机械的特点。

（3）小组讨论：确定投石机种类及动力来源。

（4）师生研讨：确定统一的投掷物品。

（5）实验探究：杠杆平衡条件。

（6）研究分析：杠杆的种类及特点，确定投石机所属的杠杆种类。

（7）设计：投石机结构图纸。

（8）研讨：投石机材料选择的依据。

（9）技能学习：学习使用切割机、螺丝刀、钳子、钢锯等工具。

（10）加工制作：按照图纸，选择合适的材料，从工程技术的角度将各个部件合理组装起来。

阶段成果：

制作投石机的主体结构。

评价设计：

学生利用《学习指南》中《素养表现自我评价表》进行任务二的学习过程自我评价。

● **任务三：投石机试投**

问题设计：

驱动问题：

怎样利用投石机把沙包投得更远？

问题链：

（1）怎样将沙包投出去？

（2）投石机给沙包的力有什么效果？

（3）沙包为什么能将目标击倒，它具有什么能量？

（4）沙包能量的大小和哪些因素有关？

（5）沙包能量的来源是什么？

（6）投石机涉及哪些能量，这些能量的大小与哪些因素有关？

（7）怎样增加投石机投射沙包的能量？

活动设计：

（1）实践练习：投石机试投。

（2）观察分析：沙包运动状态的变化。

（3）理论学习：建构能量的概念。

（4）实验探究：影响动能大小的因素。

（5）讨论分析：建立势能概念。

（6）实验探究：影响重力势能和弹性势能大小的因素。

（7）讨论分析：能量转化的利用。

阶段成果：

能利用制作的投石机进行投掷，尽量把沙包投远。

评价设计：

学生利用《学习指南》中《素养表现自我评价表》进行任务三的学习过程自我评价。

● **任务四：投石机改进**

问题设计：

驱动问题：

怎样利用投石机击中目标？

问题链：

（1）还有什么因素影响投石机投射的距离？

（2）怎样控制投石机投射沙包的距离？

（3）怎样让投石机投得更准？

（4）怎样提高投石机击中目标的概率？

活动设计：

（1）讨论分析：沙包的投射距离还受哪些因素影响。

（2）研究分析：改变投石机投射距离的方法。

（3）实践改进：调整弹力装置或者调整配重及投射角度。

（4）实践练习：改进装置后，理论与实践结合，多加练习。

阶段成果：

能利用制作的投石机进行投掷，让沙包击中目标。

评价设计：

学生利用《学习指南》中《素养表现自我评价表》进行任务四的学习过

程自我评价。

（四）项目作品展示与评估

1. 小组 PPT 展示讲解投石机的制作过程及原理。

学生将投石机的制作方法及原理以 PPT 的形式展现，并为大家讲解。

2. 参加班内投石机攻城赛。

每个班级分别选出掷远和掷准的第一名。教师利用《"投石机"项目评价表》根据学生掷准和掷远成绩，对学生作品进行评价打分。

3. 小组利用评价表格对展示作品进行互评。

使用《"投石机"项目评价表》进行组间互评。

4. 组长利用组内评价表格针对小组成员各方面表现进行评价。

组长使用《"投石机"项目组内评估表》对组员进行评价。

5. 学生使用自我反思评价表，进行自我评估。

学生使用《自我反思评价表》，结合项目经历和观众评价，针对自己创作作品的质量、效果、需要改进的地方等，写出反思。

6. 各班级选出的优胜作品参加学校比赛，选出校级一等奖、二等奖和三等奖。

班级选拔的优秀作品参加校级投石机攻城赛。

7. 对获奖作品颁奖，作品展示。

对在班级和校级比赛中获奖的同学进行颁奖，将能体现学科特色和个人特色、有艺术价值和创意的作品，放学校保存。

8. 教师反思本次活动的成功之处，调整下一次项目开展时需要改进的地方。

教师就本项目开展过程中的经验和教训进行反思，写出心得体会，为其他项目的开展积累经验。

六、教学设计

入　项

活动名称	预设课堂双边活动		教学建议与资源支持
	学生活动	教师指导	
教师介绍：通过视频实物展示等方式介绍项目	阅读项目邀请函 问题1.你了解这个项目吗？ 学生通过查阅资料明确项目要求。	通过项目情境的创设，让学生对项目有一个整体认识，同时引发学生兴趣； 介绍项目的目的，提供投石机发展史的相关资料或资源检索方法。	提供项目邀请函、投石机发展史的相关资料； 引导学生关注到历史发展背景、时代背景等对投石机产生与发展的影响。
实践体验：用投石机投掷物品	问题2.你认为一架性能优越的投石机有什么特点？ 用投石机投掷物品，通过对比，总结一架性能优越的投石机所具备的特点。	提供往届学生的优秀作品给学生，组织学生进行试投。	往届学生优秀作品。
小组讨论：怎么评价一个投石机的好坏	问题3.从哪些方面对投石机项目进行评价？ 小组讨论项目评价标准，制作评价表格。 问题4.我们需要呈现哪些项目成果？ 小组讨论明确最终作品的呈现内容和呈现形式。	介绍项目概要，提出项目比赛要求； 指导学生研讨成果呈现形式和评价形式。	评价标准要体现多元化和多样性。

续表

活动名称	预设课堂双边活动		教学建议与资源支持
	学生活动	教师指导	
头脑风暴：投石机涉及的相关知识	问题5.我需要学习哪些相关知识？ 班级内分组，并和小组内同学进行头脑风暴，思考完成此项目需要哪些物理知识，并将想法用思维导图的方式记录下来。	指导学生梳理思路，形成思维导图。 完成项目需要的物理知识有： 1. 杠杆及平衡条件； 2. 功和能的概念； 3. 动能、势能及其影响因素； 4. 动能和势能的相互转化； 5. 做功的过程就是能量转化或转移的过程。	项目知识的梳理对于学生来说是未知内容，教师要鼓励学生开拓思路。

任务一：完成项目计划书

活动名称	预设课堂双边活动		教学建议与资源支持
	学生活动	教师指导	
教师指导：怎样制定项目计划书	问题1.项目计划书包含哪些内容？ 通过参考已有样例明确项目计划书至少包含： （1）项目目标； （2）需要完成的知识储备； （3）项目需要执行的步骤； （4）需要的工具和材料； （5）小组成员分工； （6）项目可能遇到的困难； （7）需要做的事情。	教师提供往届学生的计划书，师生共同分析其优缺点，梳理并明确出科学、合理的项目计划书。	提供项目计划书示例。 该项目还要用到木材、铁丝、钉子、皮筋、剪刀、胶水等器材，鼓励学生使用自己家里的工具，教室或学校的设备可预留给家里缺少工具的学生。

续表

活动名称	预设课堂双边活动		教学建议 与资源支持
	学生活动	教师指导	
研讨设计：制定项目计划书	问题2.该项目可以分成哪几个子任务？这样设计的依据是什么？ 小组讨论，如何将项目分解成若干个任务，并思考需要学习哪些相关知识。 问题3.项目团队如何分工？分别承担哪些任务？ 组内讨论，明确成员分工，成员认领任务，组长协调分配。	组织小组交流展示，引导学生分析每一个小组项目计划的优势和不足，结合项目本身的逻辑、学科的知识，对项目计划书进行调整与改进。	鼓励学生大胆思考与创新，勇于提出自己的想法和观点；引导学生多角度、全面思考问题。

任务二：投石机制作

活动名称	预设课堂双边活动		教学建议与资源支持
	学生活动	教师指导	
文献查阅：投石机的种类及动力的来源	问题1.你了解投石机吗？投石机的种类有哪些？ 学生通过上网查阅相关资料，了解投石机的历史、种类以及投石机动力的来源。 投石机种类：配重式投石机、弹射式投石机等。	教师指导学生进行资料的查阅、分享、梳理总结，组织学生分享查阅结果，明确投石机的分类以及投石机动力的来源。	提供不同类型投石机的视频等相关资料。

续表

活动名称	预设课堂双边活动		教学建议与资源支持
	学生活动	教师指导	
观察分析：投石机这类机械的特点	问题2. 投石机这类机械有什么特点？ 现场操作投石机，观察投石机的特点，对比生活中常见的剪刀、开瓶器、撬棒、钓鱼竿等机械，寻找其共同点，建立杠杆模型； 进一步观察分析，找到使投石机转动的动力和阻碍其转动的阻力。 结合其他杠杆类机械，明确杠杆的五要素：动力、阻力、动力臂、阻力臂。	提供投石机和生活中各种简单机械，并进行操作演示，引导学生通过总结他们的共同点来建构杠杆的定义； 引导学生科学规范的认识杠杆五要素； 学习力臂概念时，可结合演示实验：保持阻力不变，只改变动力的方向，观察动力大小的变化，引出力臂的概念，从而认识力臂的意义。	提供生活中常见的简单机械； 准备自制力臂演示仪器。
小组讨论：确定投石机种类及动力来源	问题3. 怎样为投石机提供动力？ 研讨确定自己小组制作的投石机类型，明确两种投石机的动力来源，配重式投石机：配重的拉力；弹射式投石机：弹力装置的弹力。 研讨确定具体为投石机提供动力的物体。	引导学生分析投石机的动力来源，选择合适的器材，为投石机提供动力。提醒学生注意实验安全。	有条件的学校可为学生提供：弹力带、哑铃片等器材。

续表

活动名称	预设课堂双边活动		教学建议与资源支持
	学生活动	教师指导	
师生研讨：统一确定投掷物品	问题4.怎样选择投掷物品？从安全、取材等角度研讨确定投掷物品。 实验阶段各小组可根据要求自制沙包，比赛时用学校统一提供的沙包。	组织学生从安全的角度出发讨论确定要统一质量的投掷物品。	为保证比赛的公平性，建议各个小组投掷的物品要统一；为保证安全，教师可自制质量为50g的沙包。
实验探究：杠杆平衡条件	问题5.投石机匀速转动的条件是什么？ 认识杠杆的平衡状态：明确当杠杆在动力和阻力的作用下保持静止状态或匀速转动状态就是处于平衡状态。 提出问题：投石机使用时近似平衡状态，杠杆平衡的条件是什么？ 小组讨论，明确实验器材、研讨实验方案。 小组合作，展开实验探究，收集实验数据； 分析数据，总结结论。得出杠杆平衡时动力、动力臂、阻力、阻力臂应满足的关系：动力×动力臂＝阻力×阻力臂。 在此基础上了解，投石机投掷时要满足杠杆平衡的条件。	引导学生明确什么是杠杆的平衡状态； 帮助学生解决实验探究中的几个关键难题：选择什么样的杠杆；怎样避免杠杆自重对杠杆平衡的影响；怎样方便测量力臂；如何调节杠杆水平平衡；用什么来提供动力和阻力等； 指导学生实验操作过程。	提醒学生多次实验，引导学生进行组内、组间合作交流，分析数据寻找普遍规律。

续表

活动名称	预设课堂双边活动		教学建议与资源支持
	学生活动	教师指导	
研究分析：杠杆的种类及特点，确定投石机所属的杠杆种类	问题6.投射臂的支点如何选取？ 结合生活经验和杠杆平衡条件的理论分析，对杠杆进行分类，总结出省力杠杆、费力杠杆、等臂杠杆的特点。 研讨：投石机应该是费力杠杆还是省力杠杆。 根据两类杠杆的特点结合制作投石机的需求，明确投石机的杠杆类型：费力杠杆。 在此基础上确定投射臂的支点的位置。	通过理论分析，引导学生认识到"省力杠杆可以省力但费距离、费力杠杆费力但省距离"； 引导学生分析投石机应该属于哪一种类型的杠杆。 拓展：生活中的各类杠杆，进一步明确不同类型杠杆的特点。	提供不同类型的杠杆，供学生对比与总结。
设计：投石机结构图纸	问题7.怎样设计投石机结构？设计投石机的图纸。	指导学生进行投石机的设计。	为学生提供设计图纸的相关工具和资源。
研讨：投石机材料选择的依据	问题8.怎样为投石机选材？从材料的坚固程度、取材的难易度、是否易于加工等角度为投石机选取合适的材料。	为学生提供合理建议。	

活动名称	预设课堂双边活动		教学建议与资源支持
	学生活动	教师指导	
技能学习：工具的使用	问题9.怎样进行各个部件的加工？ 在教师及家长指导下学习使用切割机、螺丝刀、钳子、钢锯等工具。 利用合适的工具进行各个部件的加工。	指导学生制作投石机。	指导学生学习工具的使用，开放创新实验室，对学生提供工具支持。
加工制作：制作投石机	问题10.怎样将各个部件的进行组装？ 按照图纸，选择合适的材料，从工程技术的角度将各个部件合理组装起来。	指导学生进行部件的安装。	
素养评价	根据素养表现与评价表进行自我评价。		

任务三：投石机试投

活动名称	预设课堂双边活动		教学建议与资源支持
	学生活动	教师指导	
实践练习：投石机试投	问题1.怎样将沙包投出去？ 小组利用自制投石机尝试进行沙包的投掷。 通过实践发现问题、总结经验，及时记录并寻找解决办法。	组织学生进行投石机的试投，指导学生及时记录并解答问题。	为学生提供试投场地和辅助工具。

续表

活动名称	预设课堂双边活动		教学建议与资源支持
	学生活动	教师指导	
观察分析：沙包运动状态的变化	问题2. 投石机给沙包的力有什么效果？ 通过对比观察，探究力对物体运动状态的影响，建立功的概念，结合实例，总结出做功的两个必要条件及不做功的三种情况。	引导学生建立功的概念，指导学生从功的角度分析，寻找影响投石机投射距离的因素。	
理论学习：能量的概念	问题3. 沙包为什么能将目标击倒，它具有什么能量？ 在建立功的概念的基础上，理解能量的概念，了解功和能之间的关系。 通过分析，判断沙包的能量。	通过规律总结，引领学生建立功的概念； 通过建立能量概念，引导学生形成"功是能量转移或转化的量度"的观念； 通过实例分析，建立动能概念。	功和能概念的建立过程比较抽象，可以引入其他事例辅助分析。
实验探究：影响动能大小的因素	问题4. 沙包能量的大小和哪些因素有关？ 利用控制变量法，设计实验，探究动能的大小与哪些因素有关，利用实验结论调整沙包动能的大小。	在实验探究的过程中，帮助学生解决几个难点：如何利用转换法反映动能的大小、如何用控制变量的思想研究动能与其影响因素的关系。渗透两个重要的科学方法：控制变量法、转换法。	为学生提供实验场地和器材，组织学生展开小组实验，并指导实验过程。

续表

活动名称	预设课堂双边活动		教学建议与资源支持
	学生活动	教师指导	
讨论分析：建立势能概念	问题5.沙包能量的来源是什么？ 通过分析不同投石机的特点，寻找沙包射出时动能的来源，建立重力势能和弹性势能的概念。	引导学生找到不同能量的特点，区分判断机械能及机械能的种类。	
实验探究：影响重力势能和弹性势能大小的因素	问题6.投石机涉及哪些能量，这些能量的大小与哪些因素有关？ 利用控制变量法，设计实验，探究得到重力势能及其影响因素的关系。利用实验结论判断比较不同物体重力势能的大小。 分析弹性势能的影响因素。	在实验探究的过程中，帮助学生解决几个难点：如何利用转换法反映重力势能的大小、如何用控制变量的思想研究势能与其影响因素的关系。渗透两个重要的科学方法：控制变量法、转换法。	为学生提供实验场地和器材，组织学生展开小组实验，并指导实验过程。
讨论分析：能量转化的利用	问题7.怎样增加投石机投射沙包的能量？ 利用单摆模型、滚摆模型，通过分析特殊点的能量，探究总结机械能的转化过程。将探究结论用来分析沙包投掷过程中的能量转化。分析增加投石机投射沙包的能量的方法。	结合单摆和滚摆模型，引导学生从动能和势能影响因素的角度出发分析能量的变化，了解能量转化的过程，在此基础上分析投石机投掷时动能和势能的转化情况。	提供单摆和滚摆模型。
素养评价	根据素养表现及评价表进行自我评价。		

任务四：投石机改进

活动名称	预设课堂双边活动		教学建议与资源支持
	学生活动	教师指导	
讨论分析：沙包的投射距离还受哪些因素影响	问题1.还有什么因素影响投石机投射的距离？ 研究分析沙包的投射角度对投射距离的影响。 利用跨学科知识（例如数学的函数运算）或者跨学段知识（高中抛体运动的规律及方法）改进投石机。	引导学生多角度思考问题，利用跨学科、跨学段知识研究增加沙包投射距离的方法。	整理并准备跨学科知识（例如数学的函数运算）或者跨学段知识（高中抛体运动的规律及方法），为学生答疑。
研究分析：改变投石机投射距离的方法	问题2.怎样控制投石机投射沙包的距离？ 从能量转化的角度，通过改变橡皮筋的种类、缠绕匝数和伸缩长度调整橡皮筋的弹性势能；通过调整配重的质量、配重下落高度等因素改变配重的重力势能。从能量转化的角度改变沙包的动能，从而改变射出时的速度，改变投射距离。	为学生答疑解惑，寻找个性化问题的解决办法。	为学生提供场地进行模拟试投。
实践改进：调整弹力装置或者调整配重及投射角度	问题3.怎样让投石机投得更准？ 综合考虑控制橡皮筋的弹性势能或配重的重力势能以及投射的角度等因素，让投石机命中目标。	引导学生综合考虑多个因素，改进投石机。	为学生提供场地进行模拟试投。

续表

活动名称	预设课堂双边活动		教学建议与资源支持
	学生活动	教师指导	
实践练习：改进装置后，理论与实践结合，多加练习	问题4.怎样提高投石机击中目标的概率？ 学生结合理论分析，多加练习，结合投掷情况向老师和同学请教，再次改进投石机，为参加投石机攻城赛做好准备。	指导学生完善投石机，提高投石机的命中率和掷远度。	为学生提供场地进行模拟试投。
素养评价	根据素养表现及评价表进行自我评价。		

项目展示

活动名称	预设课堂双边活动		教学建议与资源支持
	学生活动	教师指导	
研讨：项目推介的流程及分工	问题1.怎样进行作品的推介？ 小组讨论，明确展示内容（例如投石机的制作方法及原理等），确定PPT展示内容。 问题2.展示会上，组员怎样合理分工，做好相关准备？ 组长组织组员做好展示的准备。	及时发现其中的问题，也鼓励学生提出疑问、帮助同学纠错，针对问题进行更正和讲解。	指导学生进行组内分工，让每位组员都能参与到展示中。
展示评比	小组PPT展示，讲解投石机制作过程及原理； 参加投石机攻城赛，小组互评； 每个班级分别选出掷远和掷准的第一名。 班级选拔的优秀作品参加校级投石机攻城赛。	教师利用《"投石机"项目评价表》，根据学生掷准和掷远成绩，对学生作品进行评价打分。 对获奖作品颁奖，并进行优秀作品展示。	

项目反思

活动名称	学生活动	教师指导
项目评价	1. 使用《"投石机"项目评价表》进行组间互评。 2. 组长使用《"投石机"项目组内评估表》对组员进行评价。	指导学生完成自评与互评。
项目反思	问题：参与本项目有哪些收获和遗憾？ 学生使用《自我反思评价表》，结合项目经历和观众评价，针对自己创作作品的质量、效果、需要改进的地方等方面，写出反思。	教师就本项目开展过程中的经验和教训，进行反思，写出心得体会，为其他项目的开展积累经验。

七、项目评价

根据不同素养目标确定不同任务对应的素养表现，采用不同评价方式评价学生素养达成情况。

表1　素养表现及评价方式

项目环节		素养表现	评价方式			
			课堂互动	实验探究	纸笔测试	成果呈现
项目启动		了解项目要求及评价方式。	√			√
项目实施	任务一：完成项目计划书	能完成项目计划书。	√			√
	任务二：投石机制作	能结合杠杆模型，判断杠杆的五要素，确定投石机的选材。	√		√	

项目环节		素养表现	评价方式			
			课堂互动	实验探究	纸笔测试	成果呈现
项目实施	任务二：投石机制作	能利用合适的器材，设计实验并探究得到杠杆的平衡条件，并能评估实验中的新问题。	√	√	√	
		能依据杠杆平衡条件对杠杆进行分类，利用不同类型杠杆的特点判断杠杆的类型。	√		√	
		能科学合理地调整投石机的动力臂和阻力臂，为投石机选择合适的支点，并能说明确定支点位置的原因。	√		√	√
	任务三：投石机试投	能结合生活实例，判断物体做功和不做功的情况并分析原因。	√		√	
		能结合真实情境，对功进行简单计算。	√		√	
		能科学分析投石机投掷沙包时的做功情况。	√			√
	任务四：投石机改进	能选择合适的器材，运用控制变量法和转换法探究并得出影响动能和势能大小的因素。	√	√	√	
		能分析生活中物体动能、势能和机械能的变化。	√		√	
		能在具体的事例中分析动能和势能是如何转化的。	√	√		
		能将能量转化的原理应用于投石机的改进，使投石机投得更远、更准。	√			√

续表

项目环节		素养表现	评价方式			
			课堂互动	实验探究	纸笔测试	成果呈现
项目实施	任务四：投石机改进	能从多角度改进投石机，例如外观、结构、抛射角、受力、运动状态等。	√			√
项目展示		能在小组合作中承担重要任务、提出合理建议且被采纳，并能进行项目作品的宣讲、交流及展示。	√			√

备注：课堂互动包括课堂提问、课堂观察、口头汇报、小组讨论、辩论、演示等；实验探究包括实验操作、实验报告等；纸笔测试包括传统试题、改良纸笔测试等；成果呈现包括研究论文、项目成果、思维导图、微视频等。

表2　素养表现及评价标准表

素养表现	评价标准			等级
	熟练掌握 A	基本掌握 B	有待提高 C	
能结合杠杆模型，判断杠杆的五要素，确定投石机的选材。	能理解杠杆的含义，并判断哪些机械是杠杆；能找出并画出任意杠杆中的支点、动力、阻力、动力臂和阻力臂；能为投石机找到合适的制作材料。	能理解杠杆的含义，并判断哪些机械是杠杆；能找出并画出任意杠杆中的支点、动力和阻力，但动力臂和阻力臂不一定能准确找到；能为投石机找到合适的制作材料。	能记住杠杆的定义，判断哪些机械是杠杆；能找出部分杠杆中的支点、动力、阻力、动力臂和阻力臂；不能为投石机找到合适的制作材料。	

素养表现	评价标准			等级
	熟练掌握 A	基本掌握 B	有待提高 C	
能利用合适的器材，通过实验探究得到杠杆的平衡条件，并能评估实验中的新问题。	能选择出合适的器材进行实验；能设计出合理的实验方案探究杠杆的平衡条件；能搜集并分析实验数据，总结出杠杆的平衡条件；能科学地分析与评估实验中出现的新问题。	能选择出合适的器材进行实验；能根据实验方案探究杠杆的平衡条件；能搜集并分析实验数据，总结出杠杆的平衡条件；能科学地分析与评估实验中出现的部分新问题。	能利用给定的实验器材进行实验；能根据实验方案探究杠杆的平衡条件；能搜集实验数据，知道杠杆的平衡条件；不能科学地分析与评估实验中出现的新问题。	
能依据杠杆平衡条件对杠杆进行分类，利用不同类型杠杆的特点判断杠杆的类型。	能通过分析杠杆的平衡条件，对杠杆进行分类并说出不同类型杠杆的特点；能判断生活中使用杠杆的类型。	能对杠杆进行分类并说出不同类型杠杆的特点；能判断生活中大部分杠杆的类型。	知道杠杆的种类；能判断生活中部分杠杆的类型。	
能科学合理地调整投石机的动力臂和阻力臂，为投石机选择合适的支点，并能说明确定支点位置的原因。	能依据杠杆的平衡条件，找到使用杠杆省力或者省距离的办法；能为投石机选择合适的支点，并说明确定支点位置的原因。	知道使用杠杆省力或者省距离的办法；能为投石机找到合适的支点，但不能说明确定支点位置的原因。	不知道如何使用杠杆省力或者省距离；能为投石机选择一个支点，但不知道哪里更合适。	

续表

素养表现	评价标准			等级
	熟练掌握 A	基本掌握 B	有待提高 C	
能结合生活实例，判断物体做功和不做功的情况并分析原因。	能说出功的概念，并理解功的含义；能结合功的概念，总结出做功的必要条件；能通过实例分析，归纳出不做功的三种情况；能分析并判断真实情境中哪些物体做功哪些物体不做功。	能说出功的概念，基本理解功的含义；能说出做功的必要条件；能说出不做功的三种情况；能分析真实情境中哪些物体做功哪些物体不做功。	不能说出功的概念及功的含义；不知道做功的必要条件（或只知道一条）；不能全部说出不做功的三种情况；能分析部分真实情境中哪些物体做功哪些物体不做功。	
能结合真实情境，对功进行简单计算。	能计算任何情况下物体做功的多少。	能计算物体沿力的方向运动时做功的多少。	不能正确计算物体做功。	
能科学分析投石机投掷沙包时的做功情况。	能通过观察投掷实验时沙包投掷的情况，分析整个过程中投石机对沙包的做功情况并说明原因。	能通过观察投掷实验时沙包投掷的情况，判断整个过程中投石机对沙包的做功情况。	不能判断整个过程中投石机对沙包的做功情况。	
能选择合适的器材，运用控制变量法和转换法探究并得出影响动能和势能大小的因素。	能运用控制变量法，设计实验探究动能和势能与哪些因素有关；能运用转换法，选择合适的器材反映物体动能和势能的大小；	能运用控制变量法，确定探究动能和势能与哪些因素有关的思路；能运用转换法思想解释选择哪些器材能反映物体动能和势能的大小；	不能设计实验探究动能和势能与哪些因素有关；不知道选择哪些器材能反映物体动能和势能的大小；	

素养表现	评价标准			等级
	熟练掌握 A	基本掌握 B	有待提高 C	
	能根据实验现象总结动能和势能与哪些因素有关。	能根据实验现象总结动能和势能与哪些因素有关。	能说出动能和势能与哪些因素有关。	
能分析生活中物体动能、势能和机械能的变化。	能结合实验探究的结论，分析真实情境中物体动能、势能和机械能是如何变化的。	能结合实验探究的结论，分析真实情境中大部分物体动能、势能和机械能是如何变化的。	能分析真实情境中部分物体（如质量不变的物体）动能、势能和机械能是如何变化的。	
能在具体的事例中分析动能和势能是如何转化的。	能通过分析动能和势能的变化，分析具体事例中动能和势能是如何转化的。	能通过分析动能和势能的变化，分析常见事例中动能和势能是如何转化的。	能判断部分事例中动能和势能是如何转化的。	
能将能量转化的思想应用于投石机的改进，使投石机投得更远、更准。	能利用动能和势能的相互转化，改进投石机，使其投得更远、更准。	能改进投石机，使其投得更远。	不能利用动能和势能的相互转化，改进投石机，使其投得更远、更准。	
能从多角度改进投石机，例如外观、结构、抛射角、受力、运动状态等。	能利用跨学科、跨学段知识改进投石机，提高投石机命中目标的几率。	能根据实验经验改进投石机，提高投石机命中目标的几率。	不能较好的调节投石机，来提高投石机命中目标的几率。	

表3 "投石机"项目评价表

素养表现	评价标准	优秀	良好	有待提高	能力有限	得分
能从多角度改进投石机，例如外观、结构、抛射角、受力、运动状态等	设计创意（8分）	有创新元素	有适当创新	设计有待改进	无创意	
		7～8分	5～6分	3～4分	1～2分	
	作品外观（4分）	设计合理、大方	设计较合理	过于简单	外观有待提高	
		4分	3分	2分	1分	
	材料选择（12分）	绿色环保	取自生活	材料有待改进	购买半成品	
		10～12分	7～9分	4～6分	1～3分	
	作品效果（16分）	投石机设计合理，掷远和掷准效果好	投石机结构合理，能达成掷远或者掷准的目的	投石机结构完整，能实现投掷	投石机不能正常工作	
		13～16分	9～12分	5～8分	1～4分	
能在小组合作中承担重要任务、提出	PPT或海报制作情况（16分）	制作用心，内容合乎逻辑，科学准确地描述了投石机的制作原理、过程等，能吸引听众	思路清晰，内容科学，表述合理	过于简单，原理不完全正确，思路较清晰	较为粗糙，思路不清晰	
		13～16分	9～12分	5～8分	1～4分	

续表

素养表现	评价标准	优秀	良好	有待提高	能力有限	得分
合理性建议且被采纳，并能进行项目作品的宣讲、交流及展示	语言表达（4分）	镇静自信，讲话清楚，有自己的感受、经验及想法	镇静、口齿清晰，能客观、流畅地表达	讲话含糊，表达不完整	不清晰，表达混乱	
		4分	3分	2分	1分	
	小组协作（10分）	分工明确合理，紧密配合，有组织，有方法，高效完成任务并有良好表现效果	小组全员参与，能完成任务，有良好的表现效果	组内有分工，能完成任务，但效果一般	小组组织无序（或只有1～2人参与），效果一般	
		8～10分	5～7分	3～4分	1～2分	
总体评价						

表4 "投石机"项目评价表（投掷比赛得分表）

组号	组员姓名	掷远成绩（10分）	掷准成绩（20分）	总分
1				
2				
3				
4				
5				

续表

组号	组员姓名	掷远成绩（10分）			掷准成绩（20分）			总分
6								
7								
8								
9								
10								
11								

表5 "投石机"项目组内评估表

组号	记录承担的任务/献出的计策	完成任务情况			献出的计策			得分满分30分
		承担任务出色完成（15–20分）	承担任务基本完成（10–15分）	承担任务未全部完成（5–10分）	积极献策，且被采纳（8–10分）	能提出自己见解，有一定帮助（5–7分）	有一定思考，但不能提出计策（5分以下）	
1								
2								
3								
4								

物 理
学习指南

一、你知道为何要开展这个项目吗?

投石机是古代的一种攻城武器,出现于中世纪初期,它通过把巨石投进敌方城内,造成破坏,主要用于围攻要塞。投石机的种类很多,根据动力来源的不同,常见的投石机有两种:配重式投石机和弹射式投石机(如下图所示)。

配重式投石机

弹射式投石机

投石机的制作和使用综合运用到了杠杆、功、能量及其转化等物理知识。你可以组建团队,和小伙伴们合作参与本项目,自主选材设计制作出一个投石机,并通过投石机的调试,增加其投掷的准确性,参加投石机攻城大赛。在这个过程中锻炼自己的动手能力和创新能力,在"玩"中学习相关力学知识,享受创作乐趣，相信本项目能让你成为一名优秀的设计者、制作者、创造者。

二、你需要呈现哪些作品？

1.投石机作品，并提供产品说明。

2.作品推介 PPT 。

三、你需要怎样开展项目？

（一）项目启动

【活动1】阅读项目邀请函，了解项目要求。

邀请函

亲爱的同学：

　　我们有一个挑战给你。

　　如果你是冷兵器时代的一名战无不胜的大将军，奉命攻打一座防守严备的军事要塞 A 城，你会用什么武器呢？

　　在没有火药的冷兵器时代，投石机也许是你不错的选择。查阅并学习相关知识和技能，和你的小伙伴们一起设计并制作一个投石机，参加我们的投石机攻城大赛吧！

　　我们希望你能做到以下几点：

　　1.组建团队，制作出一个属于自己的投石机。

　　2.写一份关于投石机的说明书，介绍其原理和使用方法。

　　3.参加班级投石机攻城赛，优胜者参加校级投石机攻城大比拼。

　　4.参加作品推介会，向观众做一下展示，说明你的制作过程，你学到了什么，你有哪些心得体会。

　　我们迫不及待地想看到你们的作品！

×× 中学物理组

【活动 2】了解投石机。

网上查阅投石机的相关资料，与同学交流。

现场操作一下，试着用沙包击中一个目标，总结一下一架性能优越的投石机有什么特点。

【活动 3】制定评价方案。

小组讨论评价方式和评价指标。

【活动 4】梳理项目任务。

班级内分组，和小组内同学进行头脑风暴，思考完成此项目分哪些步骤，并将你们的想法用思维导图的方式记录在下方的方框中。在班级中展示交流小组讨论的结果。

思考讨论：如何逐一解决思维导图中涉及的物理知识并将项目分解成若干个小任务逐一解决，并记录下来。

（二）项目实施

● **任务一：完成项目计划书**

【活动1】完成项目计划书。

项目计划书	
项目目标	
需要完成的知识储备	
这个项目需要执行的步骤	
需要的工具和材料	
完成项目可能遇到的困难	
为保证项目顺利开展，需要做的事情	

【活动2】班级内分组，并讨论组内分工，领取项目任务。

项目任务表

	姓名	主要任务
组长		
组员1		
组员2		
组员3		

● **任务二：投石机制作**

【活动1】了解投石机种类。

通过文献查阅，你所了解的投石机的种类有哪些？

投石机类型	特点

【活动2】发现投石机的特点。

投石机这类机械有什么特点？

问题解决：

投石机特点	描述	科学依据
投石机组成		
投掷臂特点		
投石机动力		
投掷物的选取		

【活动3】探究投石机匀速转动的条件。

投石机匀速转动的条件是什么？

问题解决：

利用标尺、铁架台、钩码、弹簧测力计等器材设计实验，研究杠杆平衡条件。

实验报告

实验过程：

实验结论：

【活动4】选取投射臂的支点。

根据实验结论可以把杠杆分为几类？投石机属于哪种类型？

杠杆分类	特点	投石机类型选取

【活动5】根据观察和研究，设计投石机的图纸。

【活动6】选取材料、加工制作。

投石机制作过程记录：

材料选择：

材料加工：

材料组装：

自我评价：

序号	素养表现	评价等级
1	能结合杠杆模型，判断杠杆的五要素，确定投石机的选材。	
2	能利用合适的器材，设计实验并探究得到杠杆的平衡条件，并能评估实验中的新问题。	
3	能依据杠杆平衡条件对杠杆进行分类，利用不同类型杠杆的特点判断杠杆的类型。	
4	能科学合理地调整投石机的动力臂和阻力臂，为投石机选择合适的支点，并能说明确定支点位置的原因。	

● **任务三：投石机试投**

【活动1】投石机投掷实验。

用自制投石机进行反复投掷实验，对比其他小组的投石机投掷现象，分析投石机给沙包的力有什么效果？

实验研究

动手操作，并利用弹簧测力计及刻度尺，测量并记录力与距离，改变支点的位置多次实验，可以与其他小组交换实验数据，以获得更多的实验数据。

实验次数	F_1	S_1	F_2	S_2
1				
2				
3				

通过对上面数据进行分析，你发现了什么规律？

实验总结：

新概念	条件	公式	计算

【活动 2】分析沙包为什么能将目标击倒。

投石机是攻城的利器，投掷的石头威力巨大，破坏力十足。这说明投掷的石头具有巨大的能量，能量的定义是什么呢？它的分类及影响因素又是什么呢？

能量	能量的分类	探究影响因素	沙包能量 / 沙包能量来源
		实验过程： 实验结论：	

续表

能量	能量的分类	探究影响因素	沙包能量 / 沙包能量来源
		实验过程： 实验结论：	
		实验过程： 实验结论：	

自我评价：

序号	素养表现	评价等级
1	能结合生活实例，判断物体做功和不做功的情况并分析原因。	
2	能结合真实情境，对功进行简单计算。	
3	能科学分析投石机投掷沙包时的做功情况。	

续表

序号	素养表现	评价等级
4	能选择合适的器材，运用控制变量法和转换法探究并得出影响动能和势能大小的因素。	
5	能分析生活中物体动能、势能和机械能的变化。	
6	能在具体的事例中分析动能和势能是如何转化的。	

● **任务四：投石机改进**

【活动1】调节改进，提高投石机命中率。

在利用制作的投石机投掷沙包时，投掷出的沙包速度很快，具有较大动能，动能来自哪里？观察投石机投掷的整个过程，都包含了哪些能量的转化？利用能量转化的知识进一步改进投石机，让投石机变得更强大。

投石机改进方案

	影响因素	原理或科学依据	改进方案
投石机投射的距离			
投石机的命中率			

自我评价：

序　号	素养表现	评价等级
1	能将能量转化的思想应用于投石机的改进，使投石机投得更远、更准。	
2	能从多角度改进投石机。例如外观、结构、抛射角、受力、运动状态等。	

（三）项目展示

【活动1】完成投石机项目书。

投石机项目书

◆**设计原理：**

_____

◆**设计草图**

◆**准备材料**

需要的材料有：_____。

◆**制作实现**

按照设计草图，制作投石机。

◆**投掷实验**

用学校统一准备的沙包，将制作的投石机进行投掷实验，注意实验安全。

◆**设备调制**

小组根据实验情况，改进自己的设备。

◆**试投成绩**

（1）掷远评比

掷远距离测量：_____

（2）掷准评比

用沙包投中距起点分别为 2 m, 4 m, 6 m, 8 m, 10 m 的目标，分别计分 4 分，8 分，12 分，16 分，20 分。

得分记录：＿＿＿＿＿＿＿＿＿＿

【活动 2】在小组内推荐自己的想法，并进行试投。

投石机攻城赛校级比赛活动策划

一、举办时间：** 年 ** 月 ** 日

二、具体活动安排

1. 准备：① 过程性材料及 PPT，制作人：各小组自主分工完成；

　　　　 ② 大屏幕播放，负责人：相关教师。

2. 当天活动安排。

场地	活动内容	时间	学生会负责人及主持	负责人及评委	地点	备注
	1. 开幕式		主持人 2 人		大屏幕处	
	2. 投远		学生志愿者 9 人，教师 1 人，主持人 1 人		3 个组在北楼下同时进行	
	3. 掷准		学生志愿者 6 名，教师 1 名，主持人 1 人		3 个组在篮球场北、掷远场地南同时进行	需要学生画场地

三、项目说明

1. 投远。

◆ 服务人员：学生志愿者 9 人，分 3 组同时进行，其中每组 1 人点录，2 人负责记录成绩；教师 1 名。

◆ 维持纪律：学生会自律部。

◆ 教师需准备器材：

卷尺每组一个、起点线、沙包每组一个。

◆ 比赛规则：

① 不允许将投石机放在桌子上或者凳子上参加比赛。

② 投石机的底座前端和起点重合。

③ 每组有 3 次机会，取最远成绩为最终成绩。

④ 按照 2 ∶ 3 ∶ 5 的比例分别颁发一等奖、二等奖、三等奖。

2. 掷准。

◆ 服务人员：学生志愿者 6 人，分 3 组同时进行，其中每组 1 人点录，1 人负责记录成绩，教师 1 名。

◆ 维持纪律：学生会自律部。

◆ 教师需准备器材：起点、分别在距起点 2 米、4 米、8 米、10 米处放置投掷目标、沙包每组一个。

◆ 比赛规则：

① 不允许将投石机放在桌子上或者凳子上参加比赛。

② 注意投石机的底座前端需要和起点重合。

③ 每组有 3 次机会，三次成绩总和为最终成绩。

④ 按照 2 ∶ 3 ∶ 5 的比例分别颁发一等奖、二等奖、三等奖。

四、颁奖

1. 邀请集团领导颁发一等奖；

2. 现场颁发各奖项。

【活动 3】利用项目评价工具进行组间、组内、个人评价

（四）项目反思

【活动】复盘与总结，利用项目《自我反思评价表》完成项目反思。

四、你可以获得哪些资源？

与任务相关的资源在任务中呈现，其他相关资源由教材、线上学习包、教学平台和网络资源提供。

在本项目的学习中，你将依次获得以下资源：

任务	资源类型	名称
任务一	模板	往届学生项目计划书
任务二	实验室	探究杠杆平衡条件实验装置
	视频	各类工具的使用方法
任务三	视频	功的教学资源
任务四	视频	能量的教学视频
	实验室	探究影响动能和重力势能大小影响因素、能量转化的实验装置
展示课	汇报模板	PPT、海报制作模板

对于这些资源你也可以通过网络获取更多的补充。

此外，你还可以获得更多的多媒体资源，重点关注你感兴趣的部分以及后续问题涉及的内容。需要注意的是教材是每一位同学最直接、最基础、最重要的学习素材，本项目的学习指南指向教材内容，将有助于你尝试筛选有用信息，提高自学能力。

五、你学会了什么？

1. 知道杠杆的特点，并将杠杆模型应用于实际制作；能够开展研究杠杆平衡条件的实验探究，并依据杠杆的平衡条件，对杠杆进行分类，能说出不同类型的杠杆的特点；能根据实际需求选择合适的杠杆种类。

2. 了解功和能量的概念，能通过实验探究并了解动能和重力势能影响因素，知道能量可以从一个物体转移到另一个物体，不同形式的能量可以互相转化。

3. 能从功能关系的角度出发，了解做功的过程就是能量转化或转移的过程；能将能量及其转化的知识应用于实际制作。形成"使用机械可以实现能量的转化或转移"观念。

4.能进行组内及组间的合理分工，完成项目任务，能进行项目作品的宣讲、交流及展示。

六、你真的学会了吗?

投石机分析报告

观看一则投石机制作视频完成如下报告：

请结合自己制作投石机的经验，分析视频中投石机的优缺点，形成一份分析报告。评论其结构、原理、使用过程等方面的优点、缺点并提出改进措施。

作业要求：

◆ 完成形式为一篇分析报告。

◆ 从投石机的材料选择、设计原理、使用过程中的投掷情况等方面用物理知识（杠杆、做功、能量转化等知识）分析出其优点和缺点，针对缺点尽可能地提出改进措施并说明理由，可画图进行解释。

◆ 针对让投石机投得更远或更准提出合理的改进意见或具体措施。

◆ 提交格式：文件名为"学号＋姓名＋投石机项目测评"，仅接收 word 文档：文章第一行写标题，第二行写姓名、学号，空一行写报告，报告分模块或者用表格的形式陈列清楚。

◆ 提交时间：** 年 ** 月 ** 日 20：00 前提交至 **；本次测试成绩将算入本学期总评成绩，请准时提交，如晚于规定时间，每迟交 1 天，将少得 1 分。

教师参考用评价标准

标准 A：材料选择	学生从投石机的投掷臂、底座、支点材料、配重容器及配重选择等方面进行科学详细阐述。 报告中每体现以下1条内容得1分，其他合理答案可加分。				/5分

部位	分析	优点	缺点
主体	木头	材料易得。	容易断裂。
配重容器	木头	材料易得。	大小受限，装的配重少，质量小，重力势能小，转换成的动能小，投掷距离近。
配重	石块	取材容易。	
投掷容器	铁链和布袋	可以加大距离，从而增大做功。	
触发装置	铁链	操作方便。	

标准 B：设计原理	学生从省力杠杆、费力杠杆、动能和势能的转化等方面进行详细阐述。 报告中每体现以下1条内容得1分，其他合理答案可加分。				/7分

方面	分析	优点	缺点
投石机类型	投掷前是费力杠杆，投掷时是省力杠杆。		
投掷原理	将配重的重力势能转化为子弹的动能和重力势能，子弹离开投掷袋后，将重力势能转化为动能。		投掷的距离远近由配重的重力势能的大小决定，所以投掷距离受限。

续表

方面	方面	分析	优点	缺点	
标准B：设计原理	摇杆	因为投石机在投掷前是费力杠杆，要让配重具有一定的重力势能，可以通过摇杆施加动力。	配重类型的投石机用摇杆使用方便。如果投石机比较大，配重也要增大，就要设计摇杆。		/8分
	投掷臂	距离支点的位置做的粗。	不易断裂。		
	组装	卯榫结构。	更结实，防止钉子钉裂木头。		
	底座	三角形的结构和加宽的底座。	使投石机更稳定。		
	投掷袋	将投掷袋利用链条放到投石机的下部，子弹的运动距离变长。	子弹不容易掉落。	从能量转化角度分析，投掷袋和链条的作用不大，因为能量守恒，配重的重力势能最后转化为子弹的重力势能和动能，太长的链条因为在运动过程中要克服摩擦力做功，还要消耗更多的能量。	

	学生从能量转化等方面进行详细阐述。		
	报告中每体现以下1条内容得2分，其他合理答案可加分。		
	方面	**分析**	**改进**
标准 C：投掷改进	投石机结构	投石机的高度决定了配重重力势能的大小，从而决定了转化成子弹的动能的大小，进而影响子弹投掷的远近。	投石机的高度变高，可以让配重具有更多的重力势能相应的底座也要变大，才能更稳定。
	配重	配重的重力势能的大小决定了转化成子弹的动能的大小，进而影响子弹投掷的远近，但是配重不能达到很大。	将利用配重的重力势能改成利用橡皮筋的弹性势能，从配重的位置拉一根橡皮筋（可以详细地描述出可选择的具体材料）到底座的最右端（可画图说明）。
	投掷袋	链条的质量大，那么在能量转化过程中，能量损失多，转化成子弹的动能较少，子弹会投得不远。	可换成皮筋或者其他材料（要注意考虑子弹掉落的风险）。
	材料	木头材料易断。	可换成PVC管等（其他硬度、强度高的材料也可以）。
总分			/20分

七、你需要如何管理你的项目？

表1 项目计划书

项目计划书	
项目目标	
需要完成的知识储备	

续表

项目计划书	
这个项目需要执行的步骤	
需要的工具和材料	
完成项目可能遇到的困难	
为保证项目顺利开展，需要做的事情	

表2 项目日志

日期	项目完成情况记录	反思与改进

表3 自我反思评价表

项目		梳理总结
学科素养	通过本项目的制作，你收获了哪些知识，掌握了哪些技能。	
	通过本项目，你对实验探究有什么新的认识，你在实验探究方面有哪些提升。	
	你认为本项目的制作，让你的思维得到哪些锻炼。	
	在项目的制作及问题的研究过程中需要具备什么样的科学精神？你对科学知识的价值有没有新的认识。	
团队合作	在小组中，你承担哪些任务。	
	你的任务完成情况怎样。	
	你还有哪些贡献。	
自我反思	通过本项目的制作，你的最大收获是什么。	
	你知道了自己的哪些优势（自学力、探究力、动手力、领导力、演讲力等）。	
	你知道自己还需要在哪些方面继续努力。	
	这个项目还有哪一些需要改进的地方。	

素养本位的项目式学习 │初中化学│

配制大树吊针液

●编写人员：范亚男　刘文英　赵　欣

化 学
教学指南

一、项目概要

项目主题： 配制大树吊针液

项目性质： 化学学科

学科及学段： 初中化学九年级

学时安排： 5 ~ 7 学时

项目简介：

每年，初三学子们都会去植树，在山上亲手种下小树苗，也种下对生活的希望。当我们种植后，这些树苗的成活率又是怎样呢？同样的，校园里也有一些树龄较长的古树老树，这些树木叶片发黄、不壮实，如何给它们补充营养呢？其实，我们可以从公园的新树、古树上找到答案，它们身上都挂着神奇的吊针液，用以补充营养。大树吊针液是根据人体输液的原理专门为大树研发的

一种药剂，能给大树补充所需的营养元素，从而激活细胞再生，提高大树成活率，实现复壮树木，有效防治病害的侵袭，主要适用于新移植的树木，衰弱的古树、老树及生病的树木等。其实，大树吊针液就是溶液在生活中的一种应用。

本项目引导学生科学的从营养元素的角度分析植株长势不佳的原因，结合植株的个性化问题，亲手设计并配制一种有用的溶液——大树吊针液，并应用于校园内植株。围绕这一目标，一方面，学生要认识不同的营养元素，辨析固体肥料和液体肥料的优劣势，认识到液态肥料的肥效快、吸收率高、对环境污染少，从而选择大树吊针液来解决树木问题；另一方面，学生要认识大树吊针液，在此过程中分析"什么是溶液？""溶液的组成是怎样的？"最后，学生要思考如何配制个性化的大树吊针液，通过分析植株内存在的问题，选择个性化的营养成分，学习如何配制溶液，从而解决校园内植株问题。在此项目实施过程中，学生初步感受定量研究的意义。运用科学思维从生活中发现问题，并利用所学知识解决问题，服务于生活，同时提升科学探究能力、培养科学素养，体会化学在生活中的应用价值。

二、相关课程内容分析

（一）相关知识技能分析

1. 课标分析。

"配制大树吊针液"项目需要学生根据不同植株的问题亲手配制一份个性化大树吊针液，并应用于校园内植株去解决问题。从物质分类的角度来看，大树吊针液属于液体混合物——溶液，溶液在生活中具有的重要应用。溶液的配制也是化学科学实验中很重要的一部分。

根据《义务教育化学新课程标准（2022年版）》（从下简称"新课标"）要求，学生应该认识溶解现象，知道溶液是由溶质和溶剂组成的，并具有均一性和稳定性的特点；知道水是一种重要的溶剂，并体会溶液在生产、生活中的应用价值；知道溶质质量分数可以表示浓度，认识溶质质量分数的含义，并学习计算溶质质量分数和配制一定溶质质量分数的溶液的基本方法，初步感受定量研究的意义。

在本项目中，学生通过对大树吊针液的调查、分析，能认识溶解现象，建立溶液的概念和基本特征，体会溶液在生产生活中的重要作用；通过了解大树吊针液的成分，知道无机盐对绿色植物生长的重要意义；学生通过分析大树吊针液各成分的含量，知道可以用溶质质量分数定量表示溶液，并能配制一定溶质质量分数的大树吊针液。本项目与新课标要求紧密契合，还强化了新课标中提出的"化学实践"在日常教学中的落实，在项目实施的过程中，学生以小组为单位走出教室亲自实践，让学生在真实情境里"做中学""用中学""创中学"，落实化学学科核心素养。

2. **教材分析**。

本项目适用于初中化学九年级上学期的学生，项目涉及教学内容在不同版本教材中对应的章节略有不同。例如：在鲁科版教材中，对应于第三单元《溶液》中"溶液的形成""溶液的定量表示"两节内容；在粤教版教材中，对应于第七单元《溶液》中"溶解与乳化""溶液浓稀的表示"两节内容。在人教版教材中，第九单元《溶液》涉及了"溶液的形成""溶质的质量分数"。不管哪个版本的教材，此部分内容都是在学生已经学习了最常用的溶剂——水的性质等相关知识和技能上展开的，通过生物课的学习，学生们已经知道含氮、磷、钾的无机盐对植物的生长发育起着重要作用。由此可见，学生已经具备了相关的知识、技能的储备和一定的探究能力、科学思维能力。

项目涉及的概念有：植物营养元素、肥料状态、溶液、溶质、溶剂、能量、乳化、浊液、溶质质量分数、溶液配制。

涉及的技能与方法有：实验探究相关技能（控制变量、转换法、分析、论证）、推理、宏微结合。

3. **概括总结**。

综合对课标和教材的分析，本项目需要的知识、技能如下：

分类	具体描述
知识	1.溶液是均一稳定的混合物,起溶解作用的物质是溶剂,被溶解的物质是溶质。
	2.物质在溶解过程中通常伴随着能量变化。
	3.乳化现象是以细小液滴形态分散在水中,形成不易分层、比较稳定的混合物。
	4.溶质质量分数用来表示溶液的组成,它是溶质与溶液的质量之比。
	5.配制一定质量分数溶液基本步骤为计算、称量、溶解、装瓶存放。
技能	1.能辨识溶液与浊液,能知道常见的乳化现象。
	2.能知道溶液的形成、概念及特点,解释溶解过程中的能量变化和生产生活中的现象或过程。
	3.能基于溶质质量分数解释实际问题。
	4.能基于溶质质量分数的简单计算,配制一定溶质质量分数的溶液,能分析错误操作对结果的影响。
	5.能分析得出氮、磷、钾等无机盐在植物生活中的作用及缺乏时的病症。

(二)提炼学科大观念

1.分析并提炼项目所需知识技能背后的关键概念、原则或大观念,建立其层级和逻辑关系。

校园中的植株长势不佳,需要补充营养元素,学生为了解决这个问题进而查阅资料:发现不同的药品可以为植物补充不同的营养成分,相比于固态肥料,液态肥料的肥效快、吸收率高、对环境污染少。因此抽离出"植物营养元素""肥料状态"两个概念。大树吊针液就是一种常见的液态肥料,在帮助新植株生长、给古树补充营养等方面有着重要作用,并且在不改变外界条件的状态下,吊针液中各个部分的浓度都一样,能稳定存在。从这一事实性知识出发,可以提取出"浊液""溶液""溶质""溶剂"四个概念。进一步地,我们能归纳出两条通则:(1)均一、稳定是所有溶液的共同特征。(2)溶液在解决树木问题中应用广泛。

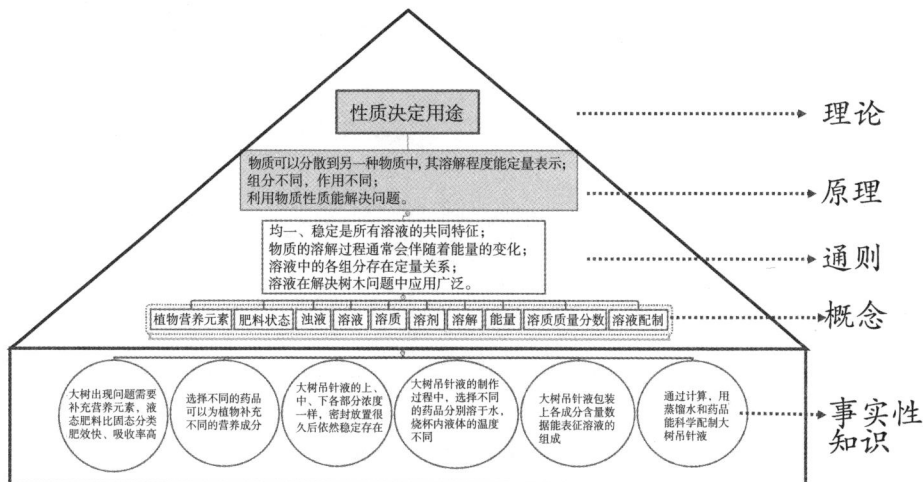

图 1　大观念提炼路径图

在配制大树吊针液的过程中，选择不同的药品溶于水时，烧杯内液体的温度不同。如硝酸铵溶于水后液体温度变低，硫酸钾溶于水时液体温度变化不大。我们从中总结出"溶解"和"能量"两个概念，进而归纳出通则：物质的溶解过程通常会伴随着能量的变化。

大树吊针液包装上各成分含量数据能表征溶液的组成。在实际配制大树吊针液时，要准确计算药品和蒸馏水的用量，使用实验仪器正确操作。因此该过程提取出"溶质质量分数""溶液配制"这两个概念，并进而总结出通则：溶液中的各组分存在定量关系。

我们进一步从解决现实问题的思路出发，四条通则背后蕴含着三条原理：（1）物质可以分散到另一种物质中，其溶解程度可以定量表示；（2）组分不同，作用不同；（3）利用物质性质能解决问题。最终，我们可以提炼出该单元的理论，即大观念为：性质决定用途。元素的性质不同决定其可以改善不同生长问题的植株，学生结合实际考察，从元素的角度分析植株问题，选择适宜的营养肥料并配制成科学的溶液来解决实际问题。在改善问题植株的过程中，学生能够利用物质的不同性质，确定物质的用途来创造性地解决不同的问题，形成"性质决定用途"的化学观念。

2. 用陈述句的方式将项目所指向的大观念的具体内涵表述出来。

性质决定用途。

（三）绘制以大观念为核心的知识、技能结构图

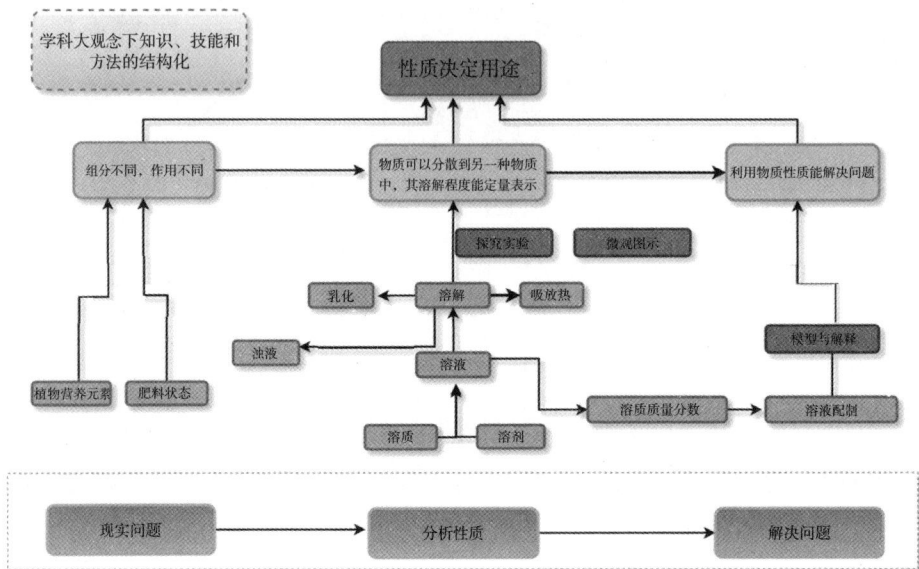

图2　大观念为核心的知识、技能结构图

三、素养目标

1. 能从营养元素的角度认识大树存在的问题，能辩证地分析论证固态、液态肥料的优势，并选择大树吊针液解决实际问题。（科学思维、科学探究）

2. 能从物质构成、微粒间作用力的角度对混合物进行分类，如溶液、浊液。能从物质溶解的现象认识物质溶解伴随能量变化，能运用微粒结构图示分析说明溶质的溶解过程。（化学观念）

3. 能从定性的角度分析溶液组成、从定量的角度计算溶液各成分的含量，建立物质可以定量分散到另一种物质中的模型；能选择常见的仪器、药品科学配制大树吊针液，形成配制一定溶质质量分数溶液的认知模型。（科学思维）

4. 能积极参与学习过程，针对客观实际进行科学谨慎细致的合理分工并创造性地解决问题。能用海报、PPT、作品等多种形式展示交流学习成果。（沟通与合作、创造性与问题解决、科学探究与实践）

5. 能提出有探究价值的问题，能依据探究目的设计探究方案，运用化学实验等方法进行探究，并运用物质的性质分析、解决实际问题，形成性质决定用途的观念。（科学态度与责任）

四、项目设计整体构思

（一）项目构思

本项目选择"校园内植株长势不佳"这一情境，引导学生分析校园内部分植株长势不佳原因，通过配制个性化的大树吊针液，加深学生对溶液、溶解、溶质质量分数等核心概念的理解，从而实现学科与生活之间的联系，培养学生分析解决实际问题的能力。在此过程中，学生需要通过组建团队、制定项目计划、完成小组分工、制定评价标准等前期准备，再进行实地考察、查阅资料、动手实践、包装应用等学习活动，最终完成项目任务。该项目以任务驱动的方式进行，每个子任务下设计了驱动问题：如"什么是大树吊针液？""如何定量表示吊针液各组分的组成？""如何在实验室科学、准确配制个性化吊针液？"同时也设计了系列学科活动，如开展科学探究、分组实验、模型建构等活动。在解决真实问题中，让学生感受定量研究的意义，学会运用科学思维解决问题，提升科学探究能力和科学素养，体会化学在生活中的应用价值。

本项目涉及的主要子任务，以及完成子任务所需的驱动问题和学习探究活动整体架构，如下图 3：

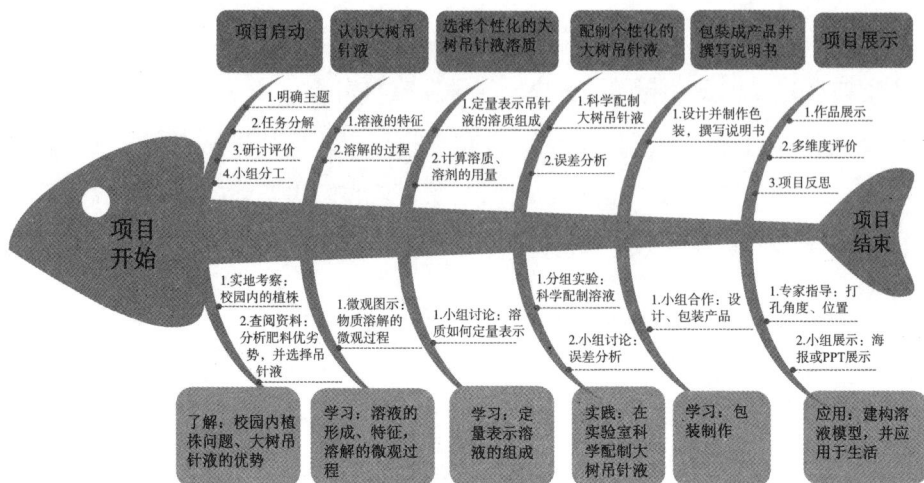

图 3　项目构思鱼骨图

（二）项目任务、问题或活动进程

项目任务、问题或活动进程表

项目进程	项目要求或任务	问题或问题链	学习或探究活动
项目启动	1.明确项目主题和要求； 2.分析完成项目需要的步骤； 3.完成项目计划书	驱动问题： 如何配制大树吊针液？ 问题链： 1.大树长势不佳，如何补充营养？ 2.固体肥料和液体肥料的区别是什么？ 3.完成本项目需要哪些步骤，如何分解任务？ 4.如何制定本项目的评价？	实地考察：以小组为单位，考察校园内的植株存在什么问题，分析判断缺少何种营养元素，并为下一步制定项目计划做准备； 查阅资料：通过查阅资料，首先分析固态肥料和液态肥料的优劣势，并通过对比最终确定选择大树吊针液态肥料。

续表

项目进程	项目要求或任务	问题或问题链	学习或探究活动
项目实施	任务一：认识大树吊针液	驱动问题： 什么是大树吊针液？ 问题链： 1. 大树吊针液有什么特征？大树吊针液是溶液吗？ 2. 溶液的特征是什么？ 3. 怎样表示物质溶解微观过程？ 4. 物质溶解会有温度变化吗？如何从微观视角进行解释。	实验探究：通过探究氢氧化钠、氯化钠等不同物质的溶解过程，感知物质溶解的温度变化； 微观图示：学生用图示、微观动画等形式表示物质溶解的微观过程。
	任务二：选择个性化吊针液的溶质	驱动问题： 如何定量表示大树吊针液各组分的组成？ 问题链： 1. 溶质的含量如何定量表示？ 2. 溶质质量分数如何应用？ 3. 还有其他表示溶质质量方法吗？	小组讨论：小组讨论吊针液中的溶质如何定量表示。
	任务三：配制个性化大树吊针液	驱动问题： 如何在实验室科学、准确地配制个性化大树吊针液？ 问题链： 1. 在实验室，如何配制一份个性化的大树吊针液？ 2. 配制一份大树吊针液需要哪些仪器和步骤？如何分析误差？	分组实验：以小组为单位，确认配方和各物质的用量，在实验室中科学配制大树吊针液。

续表

项目进程	项目要求或任务	问题或问题链	学习或探究活动
项目实施	任务四：包装成产品并撰写说明书	驱动问题： 你怎样进行产品包装？ 问题链： 1. 如何对大树吊针液进行产品包装？ 2. 你怎样撰写产品说明书？	小组合作：小组成员设计产品包装袋，并进行包装产品，撰写产品说明书。
项目展示	成果展示与评价	驱动问题： 你如何更好地展示你的作品？ 问题链： 1. 怎样实地应用你的大树吊针液？ 2. 你怎样向参观者推介作品？	专家指导：专家指导应用吊针液时如何打孔、使用； 小组展示：以海报或者PPT形式进行小组展示，向参观者介绍产品。

五、项目流程

（一）项目准备

教师为项目的顺利实施做好准备，考虑项目成功的实施要求，教师要事先进行计划、准备和沟通。

项目开始前需要考虑的问题有：

（1）我们应该在这个项目上投入多少时间？进度如何安排？

（2）为了保障项目的顺利开展，教师应该做的前期准备有哪些？比如事先收集哪些专业案例知识？项目的各个阶段需要哪些材料资源（例如，学生为了完成项目需要的实验器材、核心知识）？

（3）学生已经具备了哪些可以应用到这个项目中的基本经验和技能？还需要进行哪些方面的培训？

（4）教师调研并预约学生作品的展示场地，并提前进行场地设计与布置。

（二）项目启动

1. 教师引导学生开启这个项目，让学生明确项目主题及要求。

情境展示：大树出现问题，如何补充营养?

2. 头脑风暴——分析固体液体肥料的优缺点，认识大树吊针液。

3. 给出驱动任务：配制大树吊针液。

4. 学生思考项目驱动性问题，对驱动问题进行拆解。

（1）实地考察，确定问题植株。

（2）认识吊针液。

（3）选择合适大树吊针液的溶质。

（4）配制个性化的大树吊针液。

（5）包装设计及应用。

老师通过搭脚手架的方式让学生能步步递进地去完成一个个的小任务以最终完成项目总任务。

5. 学生制作项目中需要回答的问题清单。

（1）在这个项目中，你最感兴趣的是什么?

（2）通过这个项目，你希望学到什么?

（3）要回答驱动性问题，你需要知道些什么?

（4）什么样的信息能帮助我们进一步了解我们要做的项目?

（5）可以向哪些专业人士寻求信息为我们完成项目提供支持?

（6）完成这个项目对实际生活有哪些帮助?

6. 教师和学生讨论确定项目成果的呈现形式，以及评价方式。

成果呈现形式：

（1）完成项目计划书。

（2）学生制作出大树吊针液、撰写说明书、包装成产品、并应用于校园内植株，并用 PPT 和科学海报展示讲解项目学习思路及过程。邀请教师评审团进行评估，评出最佳配方奖、最佳设计奖、最佳效果奖等奖项。

评价方式：

描述性评价、表现性评价（对学习过程和学习成果的整体评价）、改良的纸笔测验、档案袋评价相结合的方式进行多维度评价。

评价内容	评价对象	组织形式	评价指标	评价类型
阶段任务完成情况	个人	自评	表现性评价表 描述性评价表	过程性评价
	个人	组内评价		
	个人	教师评价		
项目作品、PPT或海报及作品讲解情况	团队	组间评价	表现性评价表	终结性评价
核心知识	个人	教师评价	能力和知识测试题	改良纸笔测试
自我反思	个人	自评	表现性评价	过程与终结性评价

7. 学生分组，并讨论组内分工，领取项目任务，完成项目计划书。

按照学生头脑风暴的结果，引导学生完善思维导图，并制定每个小组的项目计划书，进行组内分工，组员领取各自的项目任务。学生分配在项目展示中的角色。

作品展示以团队的形式进行，小组成员分工合作，提前做好规划和安排，承担不同的角色，如主持人、作品解说员等。

（三）项目实施

● 任务一：认识大树吊针液

问题设计：

驱动问题：

什么是大树吊针液？

问题链：

（1）大树吊针液有什么特征？大树吊针液是溶液吗？

（2）溶液具有的一般特征是什么？

（3）怎样表示物质的微观溶解过程？

（4）物质溶解会有温度变化吗？如何从微观视角进行解释？

活动设计：

（1）小组展示：认识大树吊针液的本质特征。

（2）交流讨论：梳理总结出溶液的一般特征。

（3）实验探究：探究不同物质在溶解时的温度变化。

（4）微观探析：并从微观角度用多种方式描述溶解过程中变化。

阶段成果：

认识大树吊针液。

评价设计：

根据《描述性评价表》《表现性评价表》进行评价。

● **任务二：选择个性化吊针液的溶质**

问题设计：

驱动问题：

如何定量表示吊针液各组分的组成？

问题链：

（1）溶质的含量该如何定量表示？

（2）溶质质量分数如何应用？

（3）还有其他表示溶液组成的方法吗？

活动设计：

（1）小组讨论：吊针液中各组分的含量如何表示。

（2）模型建构：抽离出溶质质量分数的模型。

（3）讨论交流：其他表示溶液组成，如体积分数。

阶段成果：

计算一定量的大树吊针液溶质的用量。

评价设计：

根据《描述性评价表》《表现性评价表》进行评价。

● **任务三：配制个性化的大树吊针液**

问题设计：

驱动问题：

如何在实验室科学、准确地配制个性化吊针液？

问题链：

（1）在实验室，配制大树吊针液需要哪些步骤？

（2）配制需要哪些实验仪器？如何正确使用这些仪器？

（3）如何避免产生误差？

活动设计：

（1）小组讨论：配制溶液的步骤和仪器。

（2）分组实验：在实验室完成配制。

（3）讨论交流：分析实验误差造成的结果。

（4）模型建构：抽离出配制溶液配制的模型。

阶段成果：

配制出大树吊针液。

评价设计：

根据《描述性评价表》《表现性评价表》进行评价。

● **任务四：包装成产品并撰写说明书**

问题设计：

驱动问题：

你怎样进行产品包装？

问题链：

（1）如何对大树吊针液进行产品包装？

（2）你怎样撰写产品说明书？

活动设计：

（1）动手操作：学生设计产品包装，并进行产品封装。学生根据设计自己的理念设计出有新意、有特色、具有美学价值的包装袋，在教师或家长的协助下，联系厂家制作，最后完成产品封装。

（2）设计：为"大树吊针液"配备详细的使用说明书。学生为自己的作品撰写一份详细的使用说明书，内容包括但不仅限于：设计理念及原理、所用原料（溶质）、产品功能等。

阶段成果：

将吊针液包装成带有说明书的产品。

项目评价：

根据《描述性评价表》《表现性评价表》进行评价。

（四）作品展示与评估

1.学生作品（方案、溶液、说明书）评估。

学生制作出大树吊针液、撰写说明书、包装成产品，并应用于校园内植株，通过 PPT 汇报的方式进行作品展示及答辩。邀请教师评审团进行评估，评出最佳配方奖、最佳设计奖、最佳效果奖等奖项。

2.从多维度对学生进行评估。

学生可使用《配制大树吊针液评估表》来评估项目，包括描述性评价、表现性评价（对学习过程和学习成果的整体评价）、改良的纸笔测验、档案袋评价相结合的方式进行多维度评价。

3.学生写出反思，反思成功的地方和下一次执行这个项目的时候需要进行调整的地方。

无论是老师还是学生都可以从多个角度回顾项目，反思其中的亮点、挑战以及成长。

六、教学设计

项目启动

"大树吊针液"项目计划书

活动名称	预设课堂双边活动		教学建议与资源支持
	学生活动	教师活动	
明确项目主题及要求	1.明确项目任务，了解项目主题； 2.查阅材料，辨析固体肥料和液体肥料的优劣势，认识到液态肥料的肥效快、吸收率高、对环境污染少； 3.了解大树吊针液的成分、作用及含量。	提出项目要求，给出驱动任务；提供吊针液相关资料，介绍项目概要。	提供学生查阅用的背景知识材料。

续表

活动名称	预设课堂双边活动		教学建议与资源支持
	学生活动	教师活动	
任务分解及小组分工	1.小组讨论，进行头脑风暴，学生思考完成此项目需要怎样分解任务，需要哪些化学知识。并将想法用思维导图的方式记录下来； 2.组内讨论明确成员分工，小组初步制定大树吊针液的配制方案，派代表进行汇报。	引导学生对配制大树吊针液的任务进行拆分，通过搭脚手架的方式让学生能步步递进地去完成一个个的小任务以最终完成项目总任务。	强调分工明确； 提供分工记录表等。
实地考察	考查校区树木的生长情况，结合生物课所学知识，判断树木是否缺乏相关营养，推测植株需要补充的营养成分。	带领学生实地考察树木生长情况，引导学生思考如何优化配制大树吊针液的方案。	实地考察大树。
完成项目计划书	通过完成项目计划书明确： （1）项目目标； （2）需要完成的知识储备； （3）项目需要执行的步骤； （4）需要的工具和材料； （5）小组成员分工； （6）项目可能遇到的困难； （7）需要做的事情。	全面做好学生的辅助工作。	项目计划书。
确定项目评价方式	讨论项目评价标准，制作评价表格。	指导学生明确成果呈现方式和评价形式。	评价表。

任务一：认识大树吊针液

活动名称	预设课堂双边活动		教学建议与资源支持
	学生活动	教师活动	
小组展示	以小组为单位，每个小组请一名代表，讲述小组查阅的大树吊针液知识； 其他小组同学认真倾听，提出问题。	教师点评，若学生汇报存在问题，可以引导学生交流讨论发现自己存在的问题。	注意时间控制。
问题研讨	根据老师提出的问题组，思考吊针液的特征，是否均一？是否稳定？是否是混合物？ 哪些物质可以做溶质，哪些可以做溶剂？ 归纳总结： 1.溶液的定义及溶液的特征； 2.溶液的组成：溶质和溶剂。	提出引导性问题： 1.大树吊针液所含营养成分的分布均一吗？是稳定存在吗？是多种物质混合在一起吗？ 2.大树吊针液的成分中每种物质的作用有什么不同？ 3.只有水能溶解其他物质吗？ 鼓励学生大胆思考与创新，勇于提出自己的想法和观点。	课堂课件。
构建模型	逐渐完成分散系的模型建构。	引导学生形成物质能分散到另一种物质的观念。	课堂课件。
问题研讨	小组讨论油水、黄泥水、吊针液在特征上有什么不同，从而进行模型建构，归纳总结悬浊液的定义及乳浊液的定义。	教师演示实验，展示油水和黄泥水，并用玻璃棒搅拌，静止后引导学生观察； 引导学生总结。	实验仪器。
实验探究：配制溶液	分组实验：动手配制氯化钠、氢氧化钠、硝酸铵溶液，并测量溶液温度变化，总结实验现象和结论。	为学生提供相应的实验材料； 强调注意实验安全，引导学生学会总结。	实验仪器。

续表

活动名称	预设课堂双边活动		教学建议与资源支持
	学生活动	教师活动	
分析研讨：溶解的过程	认识溶解过程： 1. 氯化钠溶解的过程； 2. 葡萄糖溶解的过程。 归纳：微观粒子在溶解过程中的变化，进而形成溶液的概念。	为学生提供相应视频、材料资料，指导学生从化学角度分析实验现象。	课件视频。
项目小结	学生互相交流，可以查阅相关资料，了解溶液或者溶质的溶解过程，在生活、生产中还有什么应用； 小组互相交流本项目的收获。	引导学生思考总结： 1. 除了大树吊针液之外，溶液或者溶质的溶解过程在生活生产中还有什么应用吗？ 2. 通过本项目你收获了哪些？	学生需要的相关资料。
素养评价	根据表现性评价量表、描述性评价量表进行评价。	引导学生进行多维度评价。	评价表。
能力测评	完成能力测评，并根据教师提供的答案进行自评。	提供试题，反馈评价，根据评价结果，提供个性化补偿性学习。	评价表。

任务二：选择个性化吊针液的溶质

活动名称	预设课堂双边活动		教学建议与资源支持
	学生活动	教师活动	
明确项目主题及要求	根据实地考察，展示小组考察结果：大树需要什么营养物质，配制吊针液应需要什么溶质？用量该如何控制？	引导学生将所学的溶液知识迁移到实际的生产生活中。从生活走进化学，再将化学应用于生活。	注意控制时间。

续表

活动名称	预设课堂双边活动		教学建议与资源支持
	学生活动	教师活动	
问题研讨：大树吊针液的溶质如何定量表示	学生根据之前所学溶液相关知识，寻求探索定量表示溶液组成的方法。通过小组思考、交流，描述标签包含信息、尝试说出质量分数的含义。	教师引导学生思考。	课件资料。
分析归纳	学生整理归纳溶液定量表示的方法。定量表示溶液组成的方法有很多，化学上常用溶质质量分数来表示溶液的组成，它是溶质与溶液的质量之比；学生认识溶质质量分数，及其计算公式；学生自己总结，并根据教师提示进行反思交流，找出最适合表示大树吊针液组成的方法。	提供相关资料，引导学生了解溶液组成的表示方法；教师引导学生认识溶质质量分数，并引导学生分析应用该公式的注意事项。	查阅的相关资料。
构建模型：表示溶液组成的方法	整理归纳表示溶液的一般思路，构建溶液溶质的质量分数模型。	引导学生进行模型构建。	课件资源。
拓展延伸	表示溶液组成的其他方法，如：白酒的度数，空气中各种气体组分的表示。	引导学生进行思路提升。	课件资源。
素养表现评价	根据表现性评价量表、描述性评价量表进行评价。	引导学生进行多维度评价。	多维度评价表。

续表

活动名称	预设课堂双边活动		教学建议与资源支持
	学生活动	教师活动	
能力测评	提供试题，反馈评价。	完成能力测评，根据教师提供答案进行自评。	能力测评试题。

任务三：配制个性化大树吊针液

活动名称	预设课堂双边活动		教学建议与资源支持
	学生活动	教师活动	
小组展示：产品设计方案	学生展示小组设计配制大树吊针液的实验方案。	为学生提供丰富的资料，并指导学生大胆尝试。	给学生提供的丰富的资料。
实验探究：配制大树吊针液	学生根据自己的设计思路进行实验操作，配制大树吊针液。	为学生提供实验材料及帮助。	实验材料。
构建模型：溶液配制模型	学生归纳总结配制溶液的一般过程。	引导学生归纳总结思路方法。	课件资料。
素养提升	体会物质能分散到另一种物质的观念。培养严谨、客观的科学态度，体会有关溶液组成的计算对于解决生产、生活问题的重要作用。	学生阅读相关材料，了解生产、生活中对溶液的应用。	阅读的相关材料。
能力测评	完成能力测评，根据教师提供答案进行自评。	提供试题，反馈评价。	评价表。

项目成果展示表

活动名称	预设课堂双边活动		教学建议与资源支持
	学生活动	教师活动	
展示评比	作品展示以团队的形式进行,小组成员分工合作,提前做好规划和安排,承担不同的角色,如主持人、作品解说员等; 学生将制作出的大树吊针液应用于校园内植株,通过科学海报及 PPT 汇报的方式进行作品展示及答辩。 邀请教师评审团进行评估,评出最佳配方奖、最佳设计奖、最佳效果奖等奖项。	教师根据评价表对学生作品进行评价打分; 组织对获奖作品颁奖,并进行优秀作品展示。	评价表。
项目评价	学生可使用配制大树吊针液评估表来评估项目,包括描述性评价、表现性评价(对学习过程和学习成果的整体评价)、改良的纸笔测验、档案袋评价相结合的方式进行多维度评价。	教师指导学生进行评价。	评价表。
反思提升	学生写出反思,反思下一次执行这个项目的时候需要进行调整的地方; 无论是老师还是学生都可以从多个角度回顾项目,反思其中的亮点、挑战以及成长。	教师就本项目进行反思总结,积累经验。	反思指导样板。

七、项目评价

评价是教学系统中不可或缺的重要组成部分,基于核心素养导向的评价能有效诊断学生学习效果、改进教师教学、促进学生化学课程核心素养的发展。树立科学的评价观，强化过程性评价，改进终结性评价，探索增值评价。本学习单元的评价方式主要有描述性评价、表现性评价以及改良的纸笔测验。

1. **描述性评价。**

描述性评价是一种学生、教师共同参与描述学生学习过程的评价方式。通过收集学生的日常学习情况，对学生学习化学的过程进行全方位描述，便于学生更客观地了解自己，教师了解教学情况。其可分为实验探究、动手能力、合作能力、语言表达、学习习惯五个维度。

描述性评价量表

描述维度	评价内容	组长描述	教师描述
实验探究	1. 从学生能否设计完整合理的实验方案来进行描述； 2. 从学生能否选择合适的溶质进行描述； 3. 从学生能否准确计算出所需溶质、溶剂的质量进行描述； 4. 从学生能否反思、改进实验进行描述。		
动手能力	1. 从学生能否走出教室实际考察，准确收集信息进行描述； 2. 从制备大树吊针液时能否规范操作，如称量、溶解、装瓶存放等实验操作进行描述； 3. 从能否正确使用托盘天平、量筒、玻璃棒等仪器进行描述； 4. 从能否注意实验进行的安全性进行描述。		
合作能力	1. 在小组合作学习时，从学生与他人的交流程度进行描述； 2. 在配制大树吊针液的过程中，从学生能否主动领取任务，并高质量完成任务方面进行描述。		

续表

描述维度	评价内容	组长描述	教师描述
语言表达	1. 从学生课堂回答问题次数、质量方面进行描述； 2. 在讲解PPT、海报时，从学生的语言表达是否流畅清晰、直接明了、重点突出等方面描述。		
学习习惯	1. 从学生在课上的听讲情况进行描述； 2. 从学生作业的完成上交情况、书写的认真程度等方面进行描述。		

2. **表现性评价**。

表现性评价是在尽可能真实的情境中，基于表现性任务，运用评分规则对学生完成复杂任务的过程表现或结果做出判断。因此在表现性评价中，评分规则的制定必须以学科核心素养为导向，体现与教师教学、学生学习的一致性。有效促进学生化学学科核心素养的形成与发展。具体主要是对学生学习过程和学习成果进行评价。

（一）学习过程评价

"配制大树吊针液"表现性评价量表

评价内容	评价标准			自我评价	小组互评	教师评价
	优秀	良好	有待提高	得分	得分	得分
信息收集处理	能够通过各种途径快速查阅收集适合本项目的信息。收集后能对有效信息进行提取加工，整合成资料。	能够通过一种途径适时查阅适合本项目的信息。收集后能对有效信息进行提取加工，整合成资料。	能够在他人的帮助下查阅适合本项目的信息。在他人帮助下能基本能对有效信息进行提取，整合成资料。			

续表

评价内容	评价标准			自我评价	小组互评	教师评价
	优秀	良好	有待提高	得分	得分	得分
认识溶液	能结合具体情境，辨认出溶液、溶质和溶剂；能知道大树吊针液等溶液具有均一性和稳定性；能从微观角度描述常见物质溶解的微观过程，并准确解释物质溶解的温度变化。	能辨认出溶液、溶质、溶剂；能知道大树吊针液等溶液具有均一性和稳定性；能说出课本中出现的物质（如氯化钠、硝酸铵、氢氧化钠）溶解的不同温度变化和微观过程。	能知道溶液是由溶质和溶剂组成的，但不能辨认出溶质和溶剂；能了解大树吊针液具有均一性和稳定性，但不能从微观角度认识物质溶解的过程，不能解释物质溶解时的温度变化。			
选择溶质	能根据实地考察分析大树所需要的营养成分，能从元素的角度选择多种溶质；选择溶质时考虑实验室是否能提供、价格是否昂贵、是否有毒性等因素。	能根据实际考察基本确定大树所需的营养成分，能选择一种合理的溶质；选择溶质时考虑到一到两个因素。	能进行实地考察，但不能确定大树所需的营养成分，无法选择配制吊针液所需的溶质。			
定量计算	能准确说出溶质质量分数的含义；能在配制大树吊针液等复杂陌生情境中，对所需溶剂、溶质的质量进行准确计算。	能说出溶质质量分数的含义；能在简单的情境下，对溶液的溶质质量分数进行准确计算。	能基本说出溶质质量分数的含义；只能对课本中出现的简单原型进行计算。			

续表

评价内容	评价标准			自我评价	小组互评	教师评价
	优秀	良好	有待提高	得分	得分	得分
溶液配制	能够正确地进行实验操作，正确地使用仪器，准确、规范地配制含有多种溶质的大树吊针液；能对配制溶液进行准确的误差分析。	能够基本正确地进行实验操作和使用仪器，能准确配制含有一种溶质的大树吊针液；能对大部分误差进行分析。	能够完成实验操作，但仍有需要改进的地方。能配制含有一种溶质的大树吊针液；不能对配制溶液进行准确的误差分析。			
汇报展示	汇报人精神面貌好，语言表达流畅生动，条理清晰。	汇报人讲解作品语言清晰，汇报内容较为简洁。	汇报人语言表达基本清楚，汇报内容不全面。			
反思与改进	能及时反思学习过程中出现的问题和收获的知识；能根据反思及时调整学习状态，改进实验进行有效改进。	能反思学习过程中出现的问题；能根据反思对学习状态进行微调整，对实验进行简单改进。	不能及时反思学习过程中出现的问题；不能及时调整学习状态；不能对实验进行有效改进。			

（二）学习成果评价

"配制大树吊针液"项目成果评价表

评价内容		评价标准			自我评价	小组互评	教师评价
		优秀	良好	有待提高	得分	得分	得分
作品	最佳配方奖	研究路径清晰，方案可行。吊针液均一稳定，能补充多种营养，且准确呈现各营养物质的含量。	研究路径比较清晰，方案大部分可行。吊针液均一稳定，补充一种营养，能准确呈现各营养物质的含量。	研究路径不清晰，方案不可行。吊针液不稳定，较短时间内会分层，营养单一、不能呈现营养物质的含量。			
	最佳设计奖	包装美观有创意，装置精美，连接顺畅。	包装简洁，装置连接顺畅。	包装简陋，装置存在漏液问题。			
	最佳效果奖	作品能长时间稳定挂在树上并持续输液。	能短时间稳定挂在树上并输液。	无法完成给大树输液。			
	最佳演讲人	PPT制作用心，内容丰富，有研究反思；汇报人精神面貌好，语言表达流畅生动，条理清晰。	PPT制作精美，无反思；汇报人讲解时语言清晰，表达较为流畅。	PPT制作过于简单；汇报人语言表达基本清楚。			
	最佳科学海报奖	海报制作思路清晰，具有创意。能呈现学习过程和作品，内容科学丰富，制作精良。	海报制作能完整呈现学习过程和作品，内容丰富。	海报制作仅能呈现作品，过于简单，有待改进。			
整体评价							

3. 改良的纸笔测验。

依据王磊教授在《基于学生核心素养的化学学科能力研究》一书中阐释的化学学科能力系统，按照"学习理解""应用实践""迁移创新"三种能力水平和九个具体的能力等级，进行基于能力指标的结构化命题。

4. 档案袋评价。

学习档案要关注、记录学生经历化学学习的关键事件，能反映学生学习和成长的历程。有助于教师了解学生的学习情况，存在的困难和问题，便于及时指导学生的学习生活。

将以上学习过程中的描述性评价、表现性评价，改良的纸笔测验成绩装入学期档案袋，进行记录评价。

八、项目资源

资源类型	具体内容
实验室资源	学校提供开放的化学实验室，同时实验室配备了必需的实验仪器、试剂、实验防护用具，有专门的实验员全程指导学生实验。
文本与视频资源	针对每个课时有相应的教学指南、课件、视频学习资源等资料。
信息技术资源	依托于大数据分析技术和移动智能网络终端，实现全程跟踪定位学生的学习过程、及时检测其能力发展，并反馈学生的能力水平，形成个性化的学习方案，并为实现学生和课程的双向选择提供科学依据。

化 学
学习指南

一、你知道为何要学这一项目吗？

每年初三学子们都会去植树，在山上亲手种下小树苗，也种下对生活的希望，我们该如何提高树苗的成活率呢？校园里有一些树龄较长的古树老树，这些树木叶片发黄，不壮实，如何给它们补充营养呢？其实，我们可以从公园的新树、古树上找到答案——它们身上都挂着神奇的吊针液。什么是大树吊针液呢？大树吊针液是根据人体输液的原理专门为大树研发的一种药剂，能给大树补充所需的营养元素，从而激活细胞再生，提高大树成活率，实现复壮树木，有效防治病害的侵袭，主要适用于新移植的树木、衰弱的古树及生病的树木等。

大树吊针液的应用和配制综合运用了生物及与溶液相关的化学知识。在本项目活动中，你需要和小伙伴们从营养元素的角度分析植株长势不佳的原因，结合植株的个性化问题，亲手设计并配制一种有用的溶液——大树吊针液，并应用于校园内植株。在这个过程中，你将在"创作"中学习相关化学知识，同时感受动手实践的快乐、定量研究的严谨，以及解决实际问题的满足感。请和小伙伴们一起踏上项目之旅，感受化学的魅力吧！

二、你需要呈现哪些作品?

在这个项目中，你需要呈现以下作品:

1. 制作出大树吊针液，包装成产品并撰写产品说明书。

2. 围绕配制大树吊针液项目完成的过程绘制科学海报和制作 PPT。

三、你需要怎么开展这个项目?

（一）项目启动

【活动 1】阅读下列资料，了解项目要求。

资料:

大树吊针液是根据人体输液的原理专门为大树研发的一种药剂，能给大树补充所需的营养元素，从而激活细胞再生，提高大树成活率，实现复壮树木，有效防治病害的侵袭，主要适用于新移植的树木、衰弱的古树及生病的树木等。根据所使用对象不同，营养成分有很大差别。

附：部分营养成分的作用:

1. 氮肥［如硫酸铵（NH_4）$_2SO_4$、硝酸铵 NH_4NO_3］就是供植物生长需要的含氮养分的肥料，是组成植物体蛋白质的重要物质，植物叶绿素、磷脂、配糖物、核酸、维生素以及生物碱中都含有氮。使用氮肥适量得当，则叶绿枝茂。

2. 磷肥［如磷酸二氢钾 KH_2PO_4、磷酸钙 Ca_3（PO_4）$_2$］是供植物生长需要的含磷养分的肥料，可分为天然磷肥和人工磷肥两类。适量施用磷肥，对根系发育有良好作用，能促使作物躯干健壮，增强抗旱、抗寒、抗病能力。

3. 钾肥（如硝酸钾 KNO_3、氯化钾 KCl）是供植物生长需要的含钾养分的肥料，适量施用钾肥，能使谷物籽粒饱满，促使土豆、薯类等块根增大，水果、甘蔗、甜菜等则能增加糖分，使稻麦等禾本科作物分蘖增多。并能使植物茎根粗壮，不易倒伏，增强抗旱、抗寒、抗病能力。

4. 维生素 C 能抗坏血病，故又称抗坏血酸，可以增强植物体质，提高免疫能力，增强抗病能力。具有抗氧化的作用，提高酶的生物活性，以免植株早衰、受损，增强作物对天气变化等不良环境的适应能力，预防因高温、低温及其他外界变化造成的生理性病害及不良影响。

请结合项目概要，根据实地考察结果小组交流项目如何开展、如何分工，完成配制大树吊针液任务分解思维导图，并填写项目计划书和项目日志。

配制大树吊针液任务分解

思维导图

项目计划书

你的任务是什么	
你打算怎么完成该项目？具体步骤有哪些？如何进行小组分工	
你需要什么资料、工具、材料	
完成项目可能遇到哪些困难	
你计划解决上述困难的措施	
呈现的成果形式	

项目日志

日期	活动内容 （做了什么）	活动过程 （怎么做的）	收获与困惑

备注：请每天填写。你每天的记录和反思都离目标更近了一步。

● **任务一：认识大树吊针液**

问题设计：

请思考下列问题：

（1）大树吊针液有什么特征？大树吊针液是溶液吗？

（2）溶液的特征是什么？如何判断溶液的溶质和溶剂？

（3）怎样表示物质溶解的微观过程？

（4）物质溶解会有温度变化吗？你能从微观视角去解释吗？

（5）怎样表示物质的微观溶解过程？

【活动一】小组展示：展示查阅到的大树吊针液的相关知识，认识大树吊针液的本质特征。

【活动二】交流讨论：梳理总结出溶液的一般特征。

【活动三】实验探究：探究不同物质在溶解时的温度变化。

【活动四】微观探析：观看物质溶解的微观图示或动画，用多种方式描述物质溶解过程中的变化。

阶段成果：

认识大树吊针液。

项目评价：

根据《描述性评价表》《表现性评价表》进行评价。

● **任务二：选择个性化吊针液的溶质**

问题设计：

请思考下列问题：

（1）大树吊针液中溶质的含量该如何定量表示？

（2）溶质质量分数如何应用？

（3）还有其他表示溶液组成的方法吗？

【活动一】小组讨论：思考吊针液中各组分的含量如何表示。

【活动二】模型建构：请你给溶质质量分数下个定义。

【活动三】讨论交流：请你开动脑筋想想还有哪些表示溶液组成的方法。

阶段成果：

计算一定量的大树吊针液中溶质的用量。

项目评价：

根据《描述性评价表》《表现性评价表》进行评价。

● **任务三：配制个性化大树吊针液**

问题设计：

请思考下列问题：

（1）在实验室里，配制大树吊针液需要哪些步骤？

（2）配制大树吊针液需要哪些实验仪器？如何正确使用这些仪器？

（3）如何避免产生误差？

【活动一】小组讨论：配制大树吊针液的步骤和需要的实验仪器，以及这些仪器的正确使用方法及注意事项。

【活动二】分组实验：走进实验室，小组分工配制大树吊针液。

【活动三】讨论交流：分析实验误差造成的结果。

【活动四】模型建构：请你梳理出配制溶液的一般思路和方法。

阶段成果：

在实验室配制出大树吊针液。

项目评价：

根据"描述性评价表""表现性评价表"进行评价。

● **任务四：包装成产品并撰写说明书**

问题设计：

请思考下列问题：

（1）如何对大树吊针液进行产品包装？

（2）你怎样撰写产品说明书？

【活动一】设计产品包装，并进行产品封装。请你根据设计自己的理念设计出有新意、有特色、具有美学价值的包装袋，在教师或家长的协助下，联系厂家制作，最后完成产品封装。

【活动二】为"大树营养针"配备详细的使用说明书。请你为自己的作品撰写一份详细的使用说明书，内容包括但不仅限于：设计理念及原理、所用原料（溶质）及溶质的质量分数、产品功能等。

项目成果：

将大吊针液包装成带有说明书的产品。

项目评价：

根据"描述性评价表""表现性评价表"进行评价。

（二）项目展示

【活动】作品展示。

要求：以团队的形式进行，用 PPT 展示本组大树吊针液的制作过程、产品、说明书、海报等。小组成员分工合作，提前做好规划和安排，承担不同的角色，如主持人、作品解说员等。

项目评价：

请同学们认真聆听小组汇报，并以小组为单位依据《表现性评价量表》《项目成果评价表》进行打分。我们将评出以下几个奖项：最佳配方奖、最佳设计奖、最佳效果奖等。

四、你可以获得哪些资源？

与任务相关的资源在任务中呈现，其他相关资源由教材、线上学习包、教学平台和网络资源提供。

在本项目的学习中，你将依次获得以下资源：

任务	资源类型	名称
启动课	图片	往届学生制作的大树吊针液
任务1	文件	补偿习题、拓展资料
	视频	导学视频，答疑视频
任务2	文件	补偿习题、拓展资料
	视频	导学视频，答疑视频
任务3	文件	补偿习题、拓展资料
	视频	导学视频，答疑视频
	实验室	配制大树吊针液的仪器药品
任务4	图片	各种产品的说明书
展示课	汇报模板	PPT、海报制作模板

对于这些资源你也可以通过网络获取更多的补充，重点关注你感兴趣的部分以及后续问题涉及的内容。需要注意的是，教材是每一位同学最直接、最基础、最重要的学习素材，本项目的学习指南通过指向教材内容，将有助于你尝试筛选有用信息，提高自学能力。

五、你学会了什么?

1. 你能从营养元素的角度认识大树存在的问题;能辩证地分析论证固态、液态肥料的优势,并选择大树吊针液解决实际问题。

2. 你能从物质构成、微粒间作用力的角度对混合物进行分类,如溶液、浊液。能从物质溶解时的宏观现象认识物质溶解伴随能量变化,能运用微粒结构图示分析说明溶质的溶解过程。

3. 你能从定性的角度分析溶液组成、从定量的角度计算溶液各成分的含量,建立物质可以定量分散到另一种物质中的模型;能选择常见的仪器、药品科学配制大树吊针液,形成配制一定溶质质量分数溶液的认知模型。

4. 你能积极参与学习过程,针对客观实际进行科学谨慎细致的合理分工并创造性地解决问题。能用海报、PPT、作品等多种形式展示交流学习成果。

5. 你能够提出有探究价值的问题,能依据探究目的设计探究方案,运用化学实验等方法进行探究,并运用物质的性质分析解决实际问题,形成性质决定用途的观念。

六、你真的学会了吗?

1. 小甲同学发现校园中的果树叶片发黄,经分析发现树木缺少氮元素,因此打算配制硝酸铵溶液为树木补充氮元素。在实验室中,他计划配制 1000 克溶质质量分数 1.3% 的硝酸铵溶液,他的操作流程如下:

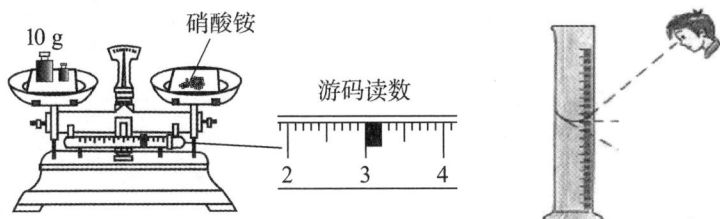

（1）用托盘天平称取 13 克硝酸铵固体,用量筒量取 1000 毫升蒸馏水,操作如上图。

（2）将硝酸铵固体加入未干燥的烧杯,并用 1000 毫升蒸馏水,并用温度计搅拌。

（3）将溶液转移至试剂瓶中，并贴上标签。

请你找出他的错误操作，并分析该操作对所配溶液产生的影响。

2. 小乙同学欲配制 1000 克溶质质量分数 0.13% 的氯化铵大树吊针液，但发现实验室没有氯化铵固体，只有一瓶溶质质量分数为 2.6% 的氯化铵溶液，请问小甲需要 2.6% 的氯化铵溶液多少克？需要水多少毫升？

七、你需要如何管理自己的学习？

素养表现及评价标准表

素养表现	评价标准			等级
	熟练掌握 A	基本掌握 B	有待提高 C	
1. 能从营养元素的角度认识大树存在的问题；能辩证地分析论证固态、液态肥料的优势，并选择大树吊针液解决实际问题。	能从营养元素的角度判断大树存在的问题；能辩证地分析论证固态、液态肥料的优势，最终选择大树吊针液解决实际问题。	能从营养元素的角度判断大树存在的问题；不能分析论证固态、液态肥料的优势，无法选择大树吊针液解决实际问题。	无法从营养元素的角度判断大树存在的问题；不能分析论证固态、液态肥料的优势，无法选择大树吊针液解决实际问题。	

素养表现	评价标准			等级
	熟练掌握 A	基本掌握 B	有待提高 C	
2. 能从物质构成、微粒间作用力的角度对混合物进行分类，如溶液、浊液；能从物质溶解时的宏观现象认识物质溶解伴随能量变化，能运用微粒结构图示分析说明溶质的溶解过程。	能从微粒间作用力的角度辨认溶液和浊液；能从物质溶解时温度变化认识物质溶解伴随能量变化；能运用微粒结构图示分析说明溶质的溶解过程。	能从宏观现象辨认溶液和浊液；能从物质溶解时温度变化认识物质溶解伴随能量变化；不能运用微粒结构图示分析说明溶质的溶解过程。	不能辨认溶液和浊液；知道物质溶解伴随能量变化；不能用微粒结构图示分析说明溶质的溶解过程。	
3. 能从定性的角度分析溶液组成、从定量的角度计算溶液各成分的含量；能选择常见的仪器、药品科学配制大树吊针液，掌握配制一定溶质质量分数溶液的一般方法。	能分析出组成溶液的溶质和溶剂；能根据数据计算溶液各成分的含量；能够正确地进行实验操作，正确地使用仪器，准确、规范的配制含有多种溶质的大树吊针液；能对配制溶液进行准确的误差分析。	能分析出组成溶液的溶质和溶剂；根据数据计算溶液各成分的含量；能够正确地进行实验操作和使用仪器；准确配制含有一种溶质的大树吊针液，但不能对配制的溶液进行准确的误差分析。	能分析出组成溶液的溶质和溶剂，不能计算溶液各成分的含量；能配制大树吊针液，但存在一定误差；能配制含有一种溶质的大树吊针液，不能对配制溶液进行准确的误差分析。	

续表

素养表现	评价标准			等级
	熟练掌握 A	基本掌握 B	有待提高 C	
4. 能积极参与学习过程，针对客观实际进行科学谨慎细致的合理分工并创造性地解决问题；能用海报、PPT、作品等多种形式展示交流学习成果。	能积极参与学习过程，高效完成组内分工并帮助其他同学解决问题；能用海报、PPT、作品等多种形式展示交流学习成果。	能积极参与学习过程，完成组内分工；能用海报、PPT、作品其中一种形式展示交流学习成果。	能参与学习过程，完成组内分工；无法参与学校成果的展示交流。	
5. 能提出有探究价值的问题；能依据探究目的设计探究方案，运用化学实验等方法进行探究，并运用物质的性质分析、解决实际问题。	能提出有探究价值的问题；依据探究目的设计探究方案，实施探究；能运用物质的性质分析、解决实际问题。	能提出有探究价值的问题；无法对提出的问题开展深入的探究；能运用物质的性质分析、解决简单的实际问题。	能提出问题；无法对提出的问题开展深入的探究；能运用物质的性质分析、解决简单的实际问题。	

描述性评价量表

描述维度	评价内容	组长描述	教师描述
实验探究	1.从学生能否设计完整合理的实验方案来进行描述； 2.从学生能否选择合适的溶质进行描述； 3.从学生能否准确计算出所需溶质、溶剂的质量进行描述； 4.从学生能否反思、改进实验进行描述。		
动手能力	1.从学生能否走出教室实际考察，准确收集信息进行描述； 2.从配制大树吊针液时能否规范操作，如称量、溶解、装瓶存放等方面进行描述； 3.从能否正确使用托盘天平、量筒、玻璃棒等仪器进行描述； 4.从能否注意实验进行的安全性进行描述。		
合作能力	1.在小组合作学习时，从学生与他人的交流程度进行描述； 2.在配制大树吊针液的过程中，从学生能否主动领取任务，并高质量完成方面进行描述。		
语言表达	1.从学生课堂回答问题次数、质量方面进行描述； 2.在讲解PPT、海报时，从学生的语言表达是否流畅清晰，直接明了，重点突出等方面进行描述。		
学习习惯	1.从学生在课上的听讲情况进行描述； 2.从学生作业的完成上交情况、书写的认真程度等方面进行描述。		

"配制大树吊针液"表现性评价量表

评价内容	评价标准			自我评价 得分	小组互评 得分	教师评价 得分
	优秀	良好	有待提高			
信息收集处理	能够通过各种途径快速查阅收集本项目的信息。收集后能对有效信息进行提取加工，整合成资料。	能够通过一种途径适时查阅收集适合本项目的信息。收集后能对有效信息进行提取加工，整合成资料。	能够在他人的帮助下查阅适合本项目的信息。在他人帮助下能能对有效信息进行提取，整合成资料。			
认识溶液	能结合具体情境，辨认出溶液、溶质和溶剂；能知道大树吊针液等溶液具有均一性和稳定性；能从微观角度描述常见物质溶解的微观过程，并准确解释物质溶解的温度变化。	能辨认溶液、溶质和溶剂；能知道大树吊针液等溶液具有均一性和稳定性；能说出课本中出现的物质（如氯化钠、硝酸铵、氢氧化钠），溶解的不同温度变化和微观过程。	能知道溶液是由溶质和溶剂组成的但不能辨认出溶质和溶剂；能知道大树吊针液具有均一性和稳定性；不能从微观角度认识物质溶解的过程，不能解释物质溶解时的温度变化。			

续表

评价内容	评价标准			自我评价	小组互评	教师评价
	优秀	良好	有待提高	得分	得分	得分
选择溶质	能根据实地考察分析大树所需要的营养成分，能从元素的角度选择多种溶质；选择溶质时考虑实验室是否能提供、价格是否昂贵、是否有毒性等因素。	能根据实际考察基本确定大树所需的营养成分，能选择一种合理的溶质；选择溶质时能考虑一到两个因素。	没有进行实地考察，而是根据生活经验选择配制吊针液所需的溶质；选择溶质时考虑因素不够全面。			
定量计算	能准确说出溶质质量分数的含义；能在配制大树吊针液等复杂陌生情境中，对所需溶剂、溶质的质量进行准确计算。	能说出溶质质量分数的含义；能在简单的情境下，对溶液的溶质质量分数进行准确计算。	能基本说出溶质质量分数的含义；只能对课本中出现的简单原型进行计算。			
溶液配制	能够正确地进行实验操作，正确地使用仪器；能准确、规范地配制含有多种溶质的大树吊针液；能对配制溶液进行准确的误差分析。	能够基本正确地进行实验操作和使用仪器；能准确配制含有一种溶质的大树吊针液；能对配制溶液进行准确的误差分析。	能够完成实验操作，但仍有需要改进的地方；能配制含有一种溶质的大树吊针液，但不能对配制溶液进行准确的误差分析。			

续表

评价内容	评价标准			自我评价	小组互评	教师评价
	优秀	良好	有待提高	得分	得分	得分
汇报展示	汇报人精神面貌好，语言表达流畅生动，条理清晰。	汇报人讲解作品语言清晰，汇报内容较为简洁。	汇报人语言表达基本清楚，汇报内容不全面。			
反思与改进	能及时反思学习过程中出现的问题和收获的知识；能根据反思及时调整学习状态，对实验进行有效改进。	能反思学习过程中出现的问题；能根据反思对学习状态进行微调整，对实验进行简单改进。	不能及时反思学习过程中出现的问题；不能及时调整学习状态，不能对实验进行有效改进。			

"配制大树吊针液"项目成果评价表

评价内容		评价标准			自我评价	小组互评	教师评价
		优秀	良好	有待提高	得分	得分	得分
作品	最佳配方奖	研究路径清晰，方案可行。吊针液均一稳定，能补充多种营养，且准确呈现各营养物质的含量。	研究路径比较清晰，方案大部分可行。吊针液均一稳定，补充一种营养，能准确呈现营养物质的含量。	研究路径不清晰，方案不可行。吊针液不稳定，较短时间内会分层，营养单一、不能呈现营养物质的含量。			
	最佳设计奖	包装美观有创意，装置精美、连接顺畅。	包装简洁，装置连接顺畅。	包装简陋，装置存在漏液问题。			

续表

评价内容		评价标准			自我评价	小组互评	教师评价
		优秀	良好	有待提高	得分	得分	得分
作品	最佳效果奖	作品能长时间稳定挂在树上并持续输液。	能短时间稳定挂在树上并输液。	无法完成给大树输液。			
	最佳演讲人	PPT制作用心，内容丰富，有研究反思；汇报人精神面貌好，语言表达流畅生动，条理清晰。	PPT制作精美，无反思；汇报人讲解时语言清晰，表达较为流畅。	PPT制作过于简单；汇报人语言表达基本清楚。			
最佳科学海报奖		海报制作思路清晰，具有创意；能呈现学习过程和作品，内容科学丰富，制作精美。	海报制作能完整呈现学习过程和作品，内容丰富。	海报制作仅能呈现作品，过于简单，有待改进。			
整体评价							

自我反思表

对学习态度的反思	我是否积极参与到项目中了？ 我知道自己还需要在哪些方面继续努力？	
对学习内容的反思	在规定的时间里，我充分研究了这个主题吗？ 这个项目还有哪一些需要改进的地方？	
对学习策略的反思	我的研究步骤足够清晰吗？ 我和同伴充分讨论并共同制定了项目的方案吗？	

续表

对学习结果的反思	我掌握该项目的核心化学知识了吗？ 我了解该项目相关背景知识了吗？ 我现在的项目成果是源于多种信息的有效整合吗？ 我的设计成果能够展示在该项目中我的所学、所思、所想吗？	

种一粒粟，收万颗子

编写人员：杨　青　马晓蕾

生 物 学
教学指南

一、项目概要

项目主题： 种一粒粟，收万颗子

项目性质： 生物学学科项目

学科及学段： 生物学八年级

课时安排： 6 学时

项目简介：

"一花一世界"，哪怕是小小的一棵植物，总也有生命的妙处。世间不缺少美，缺少的是发现美的眼睛；世间也不缺少美妙的音符，缺少的是聆听美妙的耳朵。从种子萌发到苗壮成长，从开花授粉到硕果累累，在植物栽培的劳动和体验中，你一定可以感受植物别样的魅力。本项目我们将亲手栽种一株植物，全方位地从生命的角度来认真观察、分析和思考植物生长的整个过程，最后用自己栽培收获的种子共建学校种子资源库，每一代学子传承接力。

以"种一粒粟，收万颗子"为任务，围绕这一任务，一方面学生从种子、花盆、土壤的选择开始，经历栽种、培育直到种子的收集，体验收获的快乐；另一方面在整个过程中不仅要建构生命现象的知识体系，还要引导学生在种植过程中发现问题、描述问题、解决问题，掌握科学探究的方法，形成结构与功能相适应的生命观念，更要体验知识源于实践、劳动创造生活的真实感受，形成正确的学习观、生命观、劳动观和生活观。

二、相关课程内容分析

（一）分析相关知识技能

1. 课标分析。

"种一粒粟，收万颗子"项目的实施是落实新课标要求的重要载体和途径。《义务教育生物课程标准（2022年版）》（以下简称"新课标"）"植物的生活"板块中提出明确要求：通过本主题的学习，学生能够理解植物生命活动的基本过程和原理，运用这些生命活动原理分析、解释、解决生产生活中的某些实际问题等。以新课标的要求与本项目紧密契合，学生从种子、花盆、土壤的选择开始，经历栽种、培育直到种子的收集，全方位体验一种常见植物的栽培过程。

主题	课标内容编号	课标内容要求	项目活动
植物的生活	4.1	绿色开花植物的生命周期包括种子萌发、生长、开花、结果与死亡等阶段。	栽培：从种子、花盆、土壤的选择开始，经历栽种、培育直到种子的收集，体验一种常见植物的栽培过程。
	4.1.1	种子包括种皮和胚等结构。	催芽：观察种子结构，设计实验探究影响萌发的内部因素。
	4.1.2	种子萌发需要完整、有活力的胚，需要充足的空气、适宜的温度、适量的水等环境条件。	催芽：提供适宜种子萌发的条件，设计实验探究影响萌发的外部因素。
	4.1.4	叶芽通过细胞的分裂和分化发育成茎和叶。	修剪：探究芽的类型和结构，选择合适的芽，通过去芽、打枝等方式促进多开花。

续表

主题	课标内容编号	课标内容要求	项目活动
植物的生活	4.1.5	花中最重要的结构是雄蕊和雌蕊，雄蕊产生的精子与雌蕊产生的卵细胞相结合形成受精卵，花经过传粉和受精后形成果实和种子。	打种：通过探究花的结构，选择合适的花人工授粉，促进传粉和受精，成功结出果实和种子。
	4.2	植物通过吸收、运输和蒸腾作用等生理活动，获取养分。	培育植物，更好地生长。
	4.2.1	植物根部吸收生活所需的水和无机盐，通过导管向上运输，供植物利用，其中大部分水通过蒸腾作用散失。	施肥、浇水：当缺乏某种无机盐时，植物表现出相应的特征，通过分析和论证，选择适合的肥料。
	4.3.3	光合作用和呼吸作用原理在生产生活中有广泛的应用。	选盆：选择透气性好的花盆，利于根部呼吸作用； 生长：给植物提供有利的环境条件，促进有机物的积累。

2. **教材分析**。

本项目适用对象为七年级或八年级学生，涉及内容在不同版本的教材中章节和内容安排上略有不同，如济南版初中生物教材分布在八年级上册第四单元"物种的延续"第一章"绿色开花植物的一生"，分七节从开花、传粉、受精、果实和种子的形成、种子的萌发、营养器官的生长和无性生殖等方面说明了植物生长、发育和生殖的经历。鲁科版初中生物教材中分布在八年级下册第三单元"生物圈中的绿色植物"第三章"被子植物的一生"，在教材的编排上，这一章以被子植物生命周期为线索，依次讲述了种子的萌发、植株的生长、开花和结果，被子植物才能够世代延续。人教版初中生物教材分布在七年级上册第三单元"生物圈中的绿色植物"第二章"被子植物的一生",教材编排上从种子、生长、开花、结果,按照植物的生长历程设计了四节内容,与第三章"绿色植物与生物圈的水循环"、第四章"绿色植物是生物圈"中有机物的制造者、绿色植物与生物圈中的碳氧平衡起到承上启下的作用。纵观不同版本的教材,内容上大同小异,学生不仅了解到绿色开花植物的生长、发育和繁殖过程,还可以了解在这个过程中,植物体各器官在形态结构和功能上所发生的变化规律和影响因素,强调了植物与环境的关系。

3. **概况总结**。

根据课标分析和教材分析,本项目需要的知识、技能如下:

分类	具体描述
知识	1. 花的主要结构。
	2. 花的种类和着生方式。
	3. 传粉的概念及方式。
	4. 双受精的过程,及果实和种子形成过程。
	5. 种子的结构。
	6. 种子萌发的条件。
	7. 根吸收水和无机盐。
	8. 芽的类型及功能。
	9. 呼吸作用、光合作用、蒸腾作用的原理。
技能	1. 解剖和识别种子、花、果实的各部分结构。
	2. 通过多种途径展开调查解决问题。
	3. 人工授粉。
	4. 通过观察和探究实验,探究影响种子萌发的因素。
	5. 观察各器官的结构,运用科学方式记录不同发育时期的特点。

（二）提炼学科大观念

1.提炼项目所需知识技能背后的关键概念，凝练观念并建立不同观念之间的逻辑关系。

根据艾瑞克森凝练大观念的方法，从事实性知识开始，自下而上逐级凝练大观念，凝练过程如下：

种子的结构包括胚根、胚芽、胚轴等，胚根发育成根，胚芽发育成茎和叶，胚发育成幼苗，双子叶植物的子叶和单子叶植物的胚乳中储存营养物质等，这些是事实性知识。根的生长、芽的生长发育、开花、结果等植物一生的各环节中都有一些事实性知识，这些事实性知识共同构成了"绿色开花植物的一生"这一主题。

根据这些事实性知识的共同特点，可以抽象出一些概念。植物的六大器官都是由不同的组织有机结合在一起形成的具有一定功能的结构，可以抽象出"结构""功能"这些概念。植物的各个器官都是由组织构成的，组织又是有细胞构成的，细胞的生长、分裂、分化、凋亡导致了各个器官的变化，进而完成植物的一生，抽象出"生长""发育""凋亡"这些概念。不论是种子的萌发还是有机物的制造，开花和结果等各项生理过程，都需要一定的条件，在一定的外部条件和内部调控之下，获得物质和能量以满足自身需要，从而完成生命活动，可以抽象出"调控""条件""物质""能量"等概念。

在概念的基础上进行抽象的理解，进而形成原理通则。由"结构""功能"等概念抽象出每种器官都有特定的结构，每种器官的功能也是不一样的，其功能要从植物的整体中体现，进而总结出植物体生命活动需要"结构与功能相适应"这一原理通则。由"生长""发育""凋亡"这些概念抽象出植物在不断地生长和变化之中以完成特定的生命周期这一原理通则；由"调控""条件""物质""能量"等概念抽象出植物生命活动受诸多因素调控这一原理通则。这些深度理解和原理通则有助于更深刻地理解事实性知识。

2.陈述句将项目所指向的学科大观念具体内涵表述出来。

在此基础上总结出本项目的大观念：在适宜环境条件下，植物的各结构与功能相适应完成包括种子萌发、生长、开花、结果与死亡的整个生命周期。

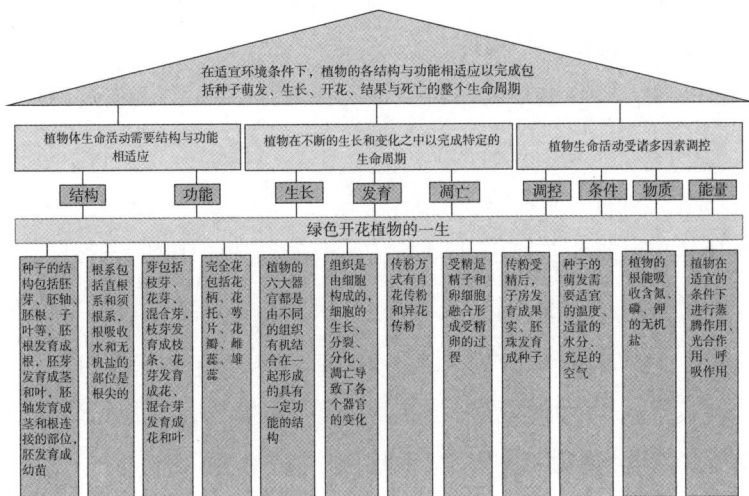

图1 大观念提炼路径图

（三）绘制以大观念为核心的知识技能结构图

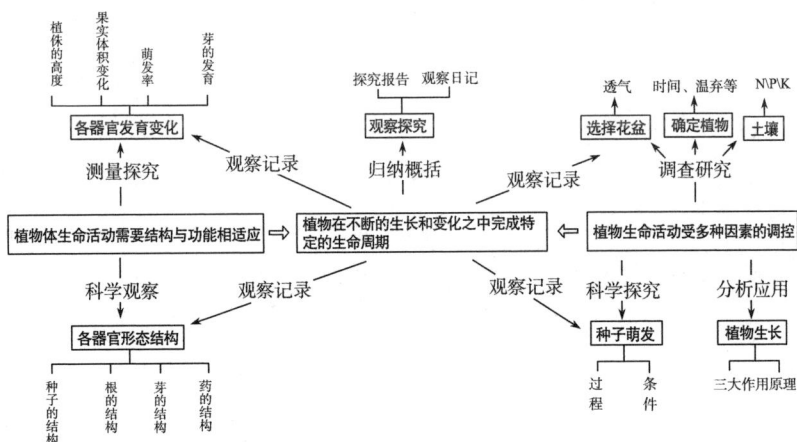

图2 以大观念为核心的知识技能结构图

三、素养目标

1.能从结构与功能的角度来分析植物各个器官，说出种子、花、果实、根、茎、叶的基本结构并尝试根据结构特点推测其功能，分析各器官的功能表现并尝试推测、分析其结构特点。

2.崇尚真知，尊重事实和证据，能客观准确记录实验数据，运用归纳与概括、分析与综合的方法，对收集的植物生长过程中的感性材料进行逻辑分析，概括总结植物的生命本质和生长规律。

3.能从栽培过程中发现与生物学相关的问题，应用已知科学知识和经验作出假设，设计对照实验并进行探究，分析数据得出结论，说出植物生长的影响因素等，进而尝试解决栽培过程中出现的与生物学相关的问题。

4.认同科学知识、原理和方法在解决问题中的作用，能运用光合作用和呼吸作用原理给植物提供生长所需的条件，让植物更好地生长。

5.能进行组内及组间的合理分工合作，能进行项目作品的宣讲、交流、展示；能明确学习目标，统筹安排时间，专心致志。

四、项目设计整体构思

以植物栽培这一任务为驱动，在从栽种到管理，在植物生长的每一个阶段进行观察、记录、探究等实践活动，在亲身经历的过程中去体验，在观察植物生长的过程中，培养学生按照一定的时间顺序细心观察的能力，用科学的语言描述观察到的现象的能力，养成质疑精神及将描述转化为问题的能力。在栽培体验、观察记录的过程中，逐步形成个体生命存在生长、发育和繁殖、死亡的生命观念。

（一）项目构思

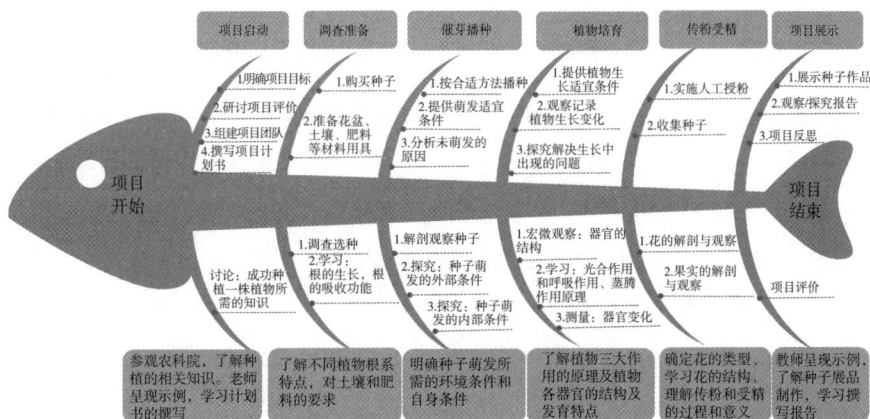

图 3　项目构思鱼骨图

（二）项目任务、问题或活动进程

项目进程		项目要求或任务	驱动问题及问题链	学习或探究活动
项目启动		明确项目目标和任务要求，组建团队，合理分工，撰写项目计划书。	驱动性问题： 如何撰写项目计划书？ 问题链： 1. 项目成果的呈现方式有哪些？ 2. 如何评价项目完成情况？ 3. 项目计划书应该包含哪些内容？	参观农业种植场所，了解种植相关知识，讨论成功种植一株植物所需的知识；学习如何撰写项目计划书。
项目实施	任务一：调查准备	按照调查结果，选择合适的种子，挑选土壤、花盆，准备合适的肥料或营养液等。	驱动性问题： 种植哪种植物？准备哪些材料用具？ 问题链： 1. 完成任务需要准备哪些材料用具？ 2. 有哪些注意事项？ 3. 怎样设计调查表？	设计调查报告，展开调查；了解不同植物根系特点、对土壤和肥料的要求。

续表

项目进程		项目要求或任务	驱动问题及问题链	学习或探究活动
项目实施	任务二：催芽播种	提供萌发适宜条件，按合适方法播种；观察记录植物萌发的情况和过程，完成植物观察报告。	驱动性问题：种子怎样才能更快地萌发？问题链：1. 种子萌发需要哪些自身条件？2. 种子萌发需要哪些环境条件？	解剖观察种子结构，探究种子萌发的外部条件和内部条件。
	任务三：植物培育	提供植物生长适宜条件，探究解决生长中出现的问题；宏微观察各器官的结构，测量各器官变化（株高、叶片面积、果实体积等），记录植物生长的状态和过程，完成植物观察报告。	驱动性问题：怎样才能让植物更好地生长？问题链：1. 植物生长需要哪些条件？2. 怎样才能给植物提供合适的条件？3. 植物的各器官的结构是怎样的，发育过程中发生了怎样的变化？4. 你的植物是否出现了某些生长问题？你认为原因可能是什么？如何证明？5. 怎样才能让你的植物开出更多的花，结出更多的果实？	了解植物三大作用的原理。植物各器官的结构、功能及发育特点。分析光合作用和呼吸作用、蒸腾作用原理的应用。了解芽的结构和类型，顶端优势等相关知识。
	任务四：传粉受精	实施人工授粉，收集种子；观察记录植物生长的状态和过程，完成植物观察报告。	驱动性问题：采取怎样的措施能让植物结出果实？问题链：1. 每朵花都能结出果实吗？2. 具有哪些结构才能结出果实和种子？3. 具有一定结构的花，开花后一定能结出果实和种子吗？4. 怎样才能让其结出果实？	解剖花和果实，确定花的类型、学习花的结构、理解传粉和受精的过程和意义。

项目进程	项目要求或任务	驱动问题及问题链	学习或探究活动
项目展示	展示种子作品；展示观察／探究报告。	怎样展示种子？怎样设计报告？	了解种子展品制作方式，学习报告设计。

五、项目流程

（一）项目准备

教师为项目的顺利实施做好准备。为了项目成功的实施，教师要事先进行计划、准备和沟通。

需要考虑的问题有：

（1）项目时间及任务分配方式；

（2）各个任务和成果展示的形式和地点；

（3）准备各个任务需要的资源支持和材料工具；

（4）活动过程中的安全预案；

（5）活动过程中需要的其他注意事项。

（二）项目启动

1.教师就项目进行介绍，学生明确项目主题及要求。

通过情景设置和任务驱动，引导学生明确项目目标和意义，尽可能调动学生参与积极性。

2.教师和学生讨论确定项目成果的呈现方式，确定项目评价方式。

成果呈现方式：

（1）收集种子，制作种子作品；

（2）撰写观察及探究报告。

评价方式：

师生讨论，设计成果评价方式，评价指征清晰可测，分段任务评价与成果评价相结合，个人评价、小组评价、教师评价相结合。

3. **指导学生完成项目计划书。**

（1）组建团队。

按照学生意愿和老师根据学生能力相结合的建议方式，确定分组方案。

（2）任务分解。

指导学生自上而下地进行任务分解，构建任务分解结构的图表形式，并尝试初步列出完成任务所需的知识储备。

（3）资源计划。

确定需要的工具和材料。

（4）风险管理。

项目可能遇到的困难

（5）制定进度计划。

对完成项目成果所要完成的具体工作做出时间安排。

（6）建立责任矩阵。

团队每个成员都可以从责任矩阵上清楚地看到每一项工作的负责人。

（7）创设沟通计划。

确定与项目相关者沟通的方式与频次等。

（三）项目实施

● **任务一：调查准备**

问题研讨：

种植哪种植物？准备哪些材料用具？

学科活动：

为了解决这一问题，引导学生进行调查研究和活动准备。

调查研究：

设计有关"种子选择、土壤、盆、肥料等"的项目准备调查表。

活动准备：

按照调查结果，选择合适的种子，挑选土壤、花盆，准备合适的肥料或营养液等。

● 任务二：催芽播种

问题研讨：

种子怎样才能更快地萌发？

学科活动：

解剖观察种子结构，探究种子萌发的外部条件和内部条件。

探究活动：

提供萌发适宜条件，按合适方法播种，观察记录植物萌发的情况和过程，完成植物观察报告。

评价方式：

通过探究报告的展示、点评进行评价，同时对探究报告进行表现性评价。

● 任务三：生长发育

问题研讨：

怎样才能让植物更好地生长？

学科活动：

了解植物三大作用的原理。植物各器官的结构、功能及发育特点。分析光合作用和呼吸作用、蒸腾作用原理的应用。了解芽的结构和类型，顶端优势等相关知识。

实践活动：

提供植物生长适宜条件，探究解决生长中出现的问题。宏微观察各器官的结构，测量各器官变化（株高、叶片面积、果实体积等），记录植物生长的状态和过程，完成植物观察报告。

评价方式：

通过探究报告的展示、点评进行评价，同时对探究报告进行表现性评价。

● 任务四：传粉受精

问题研讨：

采取怎样的措施能让植物结出果实。

学科活动：

解剖花和果实，确定花的类型、学习花的结构、理解传粉和受精的过程和意义。

实践活动：

实施人工授粉，收集种子。观察记录植物生长的状态和过程，完成植物观察报告。

评价方式：

通过探究报告的展示、点评进行评价，同时对探究报告进行表现性评价。

作品展示与评估

● 展示种子作品

介绍收集种子的"2019感动中国十大人物"的钟扬的故事，鼓励附中学子一起收获种子，即收集每个小组种植成果之一——种子，装瓶，做标记，放于学校专设的"种子库"，实现种子传承与展示。

4. 展示观察及探究报告。

整理每个任务形成的探究活动，修改完善，装订成册，进行展示交流。在探究和观察过程中注意留下记录和感受，书写图文并茂的观察日记，并在最后书写整个项目的总结和感受。

六、教学示例

项目启动

项目计划书

活动名称	预设课堂双边活动		教学建议与资源支持
	学生活动	教师活动	
明确项目主题及意义	观看视频，明确项目目标和意义：共建学校种子资源库，体验像科学家一样的研究历程。	播放2019感动中国十大人物之钟扬事迹，了解生物多样性研究的意义，介绍项目背景与目标。	微视频等。

活动名称	预设课堂双边活动		教学建议与资源支持
	学生活动	教师活动	
确定项目成果的呈现方式	讨论并最终确定成果呈现方式。	提出成果呈现方式的建议与学生一起讨论：制作观察日记；撰写调查探究报告；构建种子库。	与学生讨论交流，尊重学生的合理建议，也可以有其他的成果呈现方式。
确定项目成果的评价方式	讨论并最终确定成果成果评价量表，确定成果评价方式。	提出成果评价量规与评价方式的建议与学生一起讨论。	评价指征清晰可测，以终为始，评价先行。评价方式建议分段任务评价与成果评价相结合，个人评价、小组评价、教师评价相结合。
完成项目计划书	1. 组建团队。	给出建议。	按照学生意愿和老师根据学生能力给予建议相结合的方式，确定分组方案。
	2. 任务分解：通过头脑风暴的方式，构建任务分解结构的图表形式。并尝试初步列出完成任务所需的知识储备。	全面做好学生的引导和辅助工作。	可给学生提供任务分解的模板和图表框架。
	3. 资源计划：确定需要的工具和材料，如何获得。	全面做好学生的引导和辅助工作。	可给学生提供一些资源或获得资源的渠道。

续表

活动名称	预设课堂双边活动		教学建议与资源支持
	学生活动	教师活动	
完成项目计划书	4. 风险管理：列出项目可能遇到的困难。	全面做好学生的引导和辅助工作。	可以给学生一些提示，帮助学生全面思考可能遇到的困难。
	5. 制定进度计划：对完成项目成果所要完成的具体工作做出时间安排。	全面做好学生的引导和辅助工作。	教师可以引导学生通过风险预设，补充和修正自己的进度计划。
	6. 建立责任矩阵：团队每个成员都可以从责任矩阵上清楚地看到每一项工作的负责人。	全面做好学生的引导和辅助工作。	可给学生提供责任矩阵的模板和图表框架。
	7. 创设沟通计划确定与项目相关者沟通的方式与频次等。	全面做好学生的引导和辅助工作。	可给学生提供沟通计划的模板和图表框架。

任务一：调查选种

活动名称	预设课堂双边活动		教学建议与资源支持
	学生活动	教师活动	
情境导入	阅读绘本《安的种子》，引发思考：1. 故事告诉我们什么道理？2. 栽种植物要做好哪些准备？	提供绘本《安的种子》，并引导学生对故事进行深入思考。	由学生头脑风暴展开，老师不要打断和评价学生，进行充分的讨论和交流。

续表

活动名称	预设课堂双边活动		教学建议与资源支持
	学生活动	教师活动	
问题研讨：调查需要注意的事项和材料用具	要栽种植物，需要明确材料用具和各种注意事项，学生小组讨论制定调查表。	组织讨论。	在明确调查表需要设计"注意事项"和"材料用具"两大项的基础上，引导学生畅所欲言，在小组讨论的基础上，进行全班交流。
调查研究：根据设计，进行实践研究	根据前期制定修改的调查表，向有栽种经验的家庭成员进行调查或利用网络进行资料查找。	建议家长给予力所能及的信息支持或提供网络查阅条件。	给予信息支持或提供网络查阅条件。
选材实施：根据调查结果，选择和准备材料用具，着手实施	1. 修改完善调查报告，汇总调查结果，确定栽种的时间以及材料用具； 2. 按照调查结果选取种子：建议选取并种植两种植物：菜豆种子和自己选取的种子； 3. 准备材料用具：盆、土、营养液等。注意小组分工。	全面做好学生的引导和辅助工作。	对小组调查结果进行较为全面的指导；给学生提供统一的菜豆种子，另外一种自己选择。

任务二：种子萌发

活动名称	预设课堂双边活动		教学建议与资源支持
	学生活动	教师活动	
明确任务	学生思考问题，根据生活经验和知识储备，做出假设，开展头脑风暴：种子萌发可能与哪些因素有关。	出示任务：种子怎样才能更快地萌发。	
探究种子萌发的自身因素	观察实验：学生解剖菜豆种子，观察种子的结构，标注其各部分结构。思考种子萌发可能与哪些结构有关，不同的结构能发育成什么？实验设计：设计实验方案，展示交流点评。	种子自身的因素需要首先探究种子的结构，观察种子结构后，你认为种子萌发与哪些内部因素有关？组织学生讨论交流，点评修正方案。	
探究种子萌发的环境条件	学生思考种子萌发可能与哪些环境条件有关；设计实验方案，展示交流点评。	组织学生讨论交流，点评修正方案。	
实施计划	学生课下实践。	教师适时给予帮助和指导。	

七、项目评价

表1　"种一粒粟，收千颗子"探究报告评价表格（组间评价）

评估对象	评估标准	优秀 ☆☆☆	良好 ☆☆	有待提高 ☆
探究报告	调查研究	内容完整，准备充分、精细	内容较完整，准备较充分	内容欠缺，考虑不周

续表

评估对象	评估标准	优秀 ☆☆☆	良好 ☆☆	有待提高 ☆
探究报告	设计方案	设计科学、研究思路清晰，逻辑性强，可操作性强	方案设计较完整，可操作性较强	方案不完整，指导性不强
	发现问题解决问题	项目过程中能发现问题，通过思考、探究和交流等，创造性地解决问题	项目过程中能发现问题，并积极思考解决问题	无问题发现
观察报告	过程完整	全过程观察和记录，并能够表述自己的疑惑、收获和感悟等	观察认真，记录认真，过程较完整	有观察，有记录，但观察过程比较简单
	图文设计	设计合理、内容丰富、美观大方	图文并茂，内容较为完整	图文过于简单
实物展示	种子、果实、植株	能够获得成熟种子，设计出种子展品	植株挂果良好，发育良好	植株长势较好，但挂果较弱，甚至无挂果
展示讲解	PPT或海报制作情况	制作用心，内容丰富	思路清晰，内容科学	过于简单，有待改进
	语言表达	表达清晰，自然流畅，展示有激情，能打动人，启发性强，形成共鸣	表达清晰，自然流畅	表达基本清楚

续表

评估对象	评估标准	优秀 ☆☆☆	良好 ☆☆	有待提高 ☆
展示讲解	小组协作	分工合理，团结合作，良好的精神风貌	小组全员参与	分工不合理
总体评价				

表2 "种一粒粟，收千颗子"项目组内评估表（组长使用）

组员姓名	承担的任务/献出的计策	完成任务情况			献出的计策			得分满分30分
		承担任务出色完成（15-20分）	承担任务基本完成（10-15分）	承担任务未全部完成（5-10分）	积极献策，且被采纳（8-10分）	能提出自己见解，有一定帮助（5-7分）	有一定思考，但不能提出计策（5分以下）	
1								
2								
3								
4								
5								
6								
7								
8								
9								

表3 自我反思评价表

	项目	梳理总结
学科素养	通过本项目，你收获了哪些知识，掌握了哪些技能？	
	通过本项目，你对实验探究有什么新的认识，你在实验探究方面有哪些提升？	
	通过本项目，让你的思维得到哪些锻炼？	
	你认为在本项目中需要具备什么样的科学精神？	
	通过本项目，你对生命、自然、实践和社会责任有哪些感悟？	
团队合作	在小组中我承担哪些任务？	
	我的任务完成情况怎样？	
	我还有哪些贡献？	
自我反思	通过本项目，我的最大收获是什么？	
	我知道了自己的哪些优势？（自学力、探究力、动手力、领导力、演讲力等）	
	我知道自己还需要在哪些方面继续努力？	
	这个项目还有哪些需要改进的地方？你下一步的行动方向是什么？	

生 物 学
学习指南

一、你知道为何要开展这一项目吗?

"一花一世界",哪怕是小小的一棵植物,总也有生命的妙处。世间不缺少美,缺少的是发现美的眼睛;世间也不缺少美妙的音符,缺少的是聆听美妙的耳朵。本项目我们将亲手栽培一株植物,在栽种的过程中了解绿色开花植物的一生。一方面需要从种子、花盆、土壤的选择开始,经历栽种、培育直到种子的收集,全方位地从生命的角度来认真观察、分析和思考植物生长的整个过程,体验收获的快乐;另一方面在整个过程中我们要建构生命现象的知识体系,还要在种植过程中发现问题、描述问题、解决问题,掌握科学探究的方法,形成结构与功能相适应的生命观念,更要体验知识源于实践、劳动创造生活的真实感受,形成正确的学习观、生命观、劳动观和生活观。从种子萌发到苗壮成长,从开花授粉到硕果累累,在植物栽培的劳动和体验中,你一定可以感受植物别样的魅力。

种子是有花植物重要的繁殖体,同时也为资源利用和科学研究提供材料,保护和收集植物的种子在应对全球的变化,保护生物多样性等方面都有很高的科研价值。目前世界最著名的种子库有挪威斯瓦尔巴特种子库,又称"种子方舟"或"末日种子库"。本项目我们也将收集植物的种子，制作种子艺术作品，用自己栽培收获的种子建设学校"种子资源库"。

二、你需要呈现哪些作品？

1. 探究（观察）报告。

含项目计划书、选种调查表及调查报告、"种子结构"探究报告、"种子萌发条件"探究报告、"各器官发育"观察及探究报告。

2. 收集植物的种子，制作种子展品。

三、你需要怎样开展项目？

（一）项目启动

明确项目任务：

1. 选择一种适合的栽培植物在三个月内能开花、结果并收集种子。

2. 完成一份观察及探究报告。

【活动1】与同学、老师讨论，确定项目成果的呈现方式和项目评价方式。

项目成果的呈现方式	项目的评价方式

【活动2】与同学、老师讨论，确定每项成果的具体评价指标。

【活动3】组建团队，共同完成项目计划书，计划书中应该包含以下内容：

任务分解	自上而下地进行任务分解，构建任务分解结构的图表形式，并尝试初步列出完成任务所需的知识储备。
资源计划	确定需要的工具和材料，以及如何获取。
风险管理	思考项目可能遇到的困难。
建立责任矩阵	团队每个成员都可以从责任矩阵上清楚地看到每一项工作的负责人。
创设沟通计划	确定与项目相关者沟通的方式与频次等。

每个任务都需要按照以下的思路进行学习：

问题研讨：

这个任务给我们带来了哪些问题？哪些困难？需要我们做什么？

知识技能：

需要学习哪些知识和技能？

学习方式：

我怎样获得这些知识和技能？

活动准备：

活动前我需要做哪些准备？

自我评价：

如何展示与交流，有哪些反思和收获。

● **任务一：调查选种**

任务描述：选择一种适合在本季节栽种并能在三个月内开花结果的植物。挑选土壤、花盆，准备合适的肥料或营养液等。

1.你准备选择哪种植物进行栽培？怎样确定适合的植物？请设计并完成调查报告。

选种调查表

调查日期：　　　　调查人：

调查内容	调查方式	调查结果

2.完成调查报告，确定栽种植物，展示交流。

关于选择合适栽培植物的调查报告

写明调查结论，阐述选择该植物的原因：

3.你准备选择怎样的花盆？为什么？（提示：根据呼吸作用的原理，怎样的花盆对植物生长更为有利？根据该植物根的类型，选择什么形状的花盆更有利于植物的生长？）

4.你准备选择哪种土壤和肥料？为什么？（提示：植物需要哪些种类的无机盐？不同的植物对土壤和肥料的需求不同？）

● **任务二：种子萌发**

任务描述：栽种前采用科学的方式进行催芽，让种子顺利萌发，并用合适的方式播种。

1.种子的内部结构是怎样的？你能设计实验观察种子的内部结构吗？请设计并完成"种子结构"探究报告。

2.种子的这些结构与种子萌发有关系吗？你能设计实验证明吗？请设计并完成"种子萌发"探究报告。

3.种子萌发需要哪些环境条件？你能设计实验证明吗？请设计并完成"种子萌发"探究报告。

4.你能用合适的方式播种吗？请在探究报告中详细记录。（提示：播种的深度、密度、土壤的疏松程度可能对植物的生长都有影响。）

● **任务三：植物培育**

任务描述：提供植物生长适宜条件，探究解决生长中出现的问题。宏微观察各器官的结构，测量各器官变化，记录植物生长的状态和过程，完成植物观察报告。

1. 植物生长需要哪些条件？你准备怎样给植物提供合适的条件？（提示：可结合植物的光合作用、呼吸作用原理进行分析。）

2. 植物的各器官的结构是怎样的，发育过程中发生了怎样的变化？请设计并完成"各器官发育"观察及探究报告。（提示：用科学的方式进行观察、测量和记录，发现特点总结规律，形成观察报告。）

3. 你的植物是否出现了某些生长问题？你认为原因可能是什么？如何证明？（提示：是否出现了叶片发黄、植物萎蔫等问题？你可以通过何种方式查明原因？可以设计对照实验证明你的猜测吗？）

4. 植物的花是谁发育来的？你有办法让植物开更多的花吗？请设计并完成"解剖芽的结构"观察及探究报告。（提示：不同的芽，结构一样吗？它们都能发育成什么？为什么实际生产活动中有时需要打顶和摘心呢？）

● 任务四：传粉受精

任务描述：实施人工授粉，收集种子，观察记录植物生长的状态和过程，完成植物观察报告。

1. 每朵花都能结出果实吗？请设计并完成"花的解剖"探究报告，有条件的话可以制作一个"百花书签"。

（提示：不同花的结构都一样吗？这些结构的功能是什么？什么样的花才能结出果实？）

2. 具有一定结构的花，开花后一定能结出果实和种子吗？怎样才能让其结出果实？

3. 你能辨识植物的种子吗？如何成功收集种子？请设计并完成"果实的解剖"探究报告。

（二）项目展示

1. 怎样展示种子作品？

2. 怎样制作图文并茂，内容完整的展示报告？

四、你可以获得哪些资源？

1. 教材。

2. 相关网络资源。

3. 项目作品参考（附件1）。

4. 探究报告体例参考（附件2）。

五、你需要学会什么？

你需要掌握的知识和技能如下：

分类	具体描述
知识	1. 花的主要结构。
	2. 花的类型和着生方式。
	3. 传粉的概念及方式。
	4. 双受精的过程，及果实和种子形成过程。
	5. 种子的结构。
	6. 种子萌发的条件。
	7. 根吸收水和无机盐。
	8. 芽的类型及功能。
	9. 呼吸作用、光合作用、蒸腾作用的原理。
技能	1. 解剖和识别种子、芽、花、果实的各部分结构。
	2. 通过多种途径展开调查解决问题。
	3. 人工授粉。

续表

分类	具体描述
技能	4. 通过观察和探究实验，探究影响种子萌发的因素。
	5. 观察各器官的结构，运用科学方式记录不同发育时期的特点。

你需要实现的素养目标为：

1. 能从结构与功能的角度来分析植物各个器官，说出种子、花、果实、根、茎、叶的基本结构并尝试根据结构特点推测其功能，分析各器官的功能表现并尝试推测、分析其结构特点。

2. 崇尚真知，尊重事实和证据，能客观准确记录实验数据，运用归纳与概括、分析与综合的方法，对收集的植物生长过程中的感性材料进行逻辑分析，概括总结植物的生命本质和生长规律。

3. 能从栽培过程中发现与生物学相关的问题，应用已知科学知识和经验作出假设，设计对照实验并进行探究，分析数据得出结论，说出植物生长的影响因素等，进而尝试解决栽培过程中出现的与生物学相关的问题。

4. 认同科学知识、原理和方法在解决问题中的作用，能运用光合作用和呼吸作用原理给植物提供生长所需的条件，让植物更好地生长。

5. 能进行组内及组间的合理分工合作，能进行项目作品的宣讲、交流、展示；能明确学习目标，统筹安排时间，专心致志。

六、你真的学会了吗?

1. 月季具有较高的观赏价值。月季种子存在休眠现象，自然萌发率很低。为探究打破种子休眠的条件，某同学提出可能与湿度和温度有关，现提供湿沙和4℃冷藏箱，请你进行实验设计，在横线上填上相应内容：

组别	种子数量	实验处理	萌发率检测	实验目的
1	———	———	———	1组和2组探究 ＿＿＿ 打破休眠的影响
2	50粒	不与湿沙混合 4℃保存60天	提供适宜种子萌发的条件，常温培育5天	2组和3组探究 ＿＿＿ 对打破休眠的影响
3	———	———	———	

2.大雄打开"任意门"，把一棵仙人掌种到了热带雨林中，送给回到未来的哆啦A梦，假如这棵仙人掌克服重重困难，生存繁衍了下来，哆啦A梦看到的仙人掌还是大雄种下的那样吗？你认为变成了什么样子呢？（手绘描述、文字说明均可，形式多样。）

答案：1.上述原表　50粒　不与湿沙混合常温保存60天　提供适宜种子萌发的条件，常温培育5天　温度　50粒　与湿沙混合4℃保存60天　提供适宜种子萌发的条件，常温培育5天　湿度

2.能体现结构与功能相适应，言之有理，符合逻辑。

七、你需要如何管理自己的学习？

表1 "种一粒粟，收千颗子"探究报告评价表格（组间评价）

评估对象	评估标准	优秀 ☆☆☆	良好 ☆☆	有待提高 ☆
探究报告	调查研究	内容完整，准备充分、精细	内容较完整，准备较充分	内容欠缺，考虑不周
	设计方案	设计科学、研究思路清晰，逻辑性强，可操作性强	方案设计较完整，可操作性较强	方案不完整，指导性不强

续表

评估对象	评估标准	优秀 ☆☆☆	良好 ☆☆	有待提高 ☆
	发现问题解决问题	项目过程中能发现问题，通过思考、探究和交流等，创造性地解决问题	项目过程中能发现问题，并积极思考解决问题	无问题发现
观察报告	过程完整	全过程观察和记录，并能够表述自己的疑惑、收获和感悟等	观察认真，记录认真，过程较完整	有观察，有记录，但观察过程比较简单
	图文设计	设计合理、内容丰富、美观大方	图文并茂，内容较为完整	图文过于简单
实物展示	种子、果实、植株	能够获得成熟种子，设计出种子展品	植株挂果良好，发育良好	植株长势较好，但挂果较弱，甚至无挂果
展示讲解	PPT 或海报制作情况	制作用心，内容丰富	思路清晰，内容科学	过于简单，有待改进
	语言表达	表达清晰，自然流畅，展示有激情，能打动人，启发性强，形成共鸣	表达清晰，自然流畅	表达基本清楚

续表

评估对象	评估标准	优秀 ☆☆☆	良好 ☆☆	有待提高 ☆
	小组协作	分工合理，团结合作，良好的精神风貌	小组全员参与	分工不合理
总体评价				

表2 "种一粒粟，收千颗子"项目组内评估表（组长使用）

组员姓名	承担的任务／献出的计策	完成任务情况			献出的计策			得分满分30分
		承担任务出色完成（15-20分）	承担任务基本完成（10-15分）	承担任务未全部完成（5-10分）	积极献策，且被采纳（8-10分）	能提出自己见解，有一定帮助（5-7分）	有一定思考，但不能提出计策（5分以下）	
1								
2								
3								
4								
5								

续表

组员姓名	承担的任务／献出的计策	完成任务情况			献出的计策			得分满分30分
		承担任务出色完成（15-20分）	承担任务基本完成（10-15分）	承担任务未全部完成（5-10分）	积极献策，且被采纳（8-10分）	能提出自己见解，有一定帮助（5-7分）	有一定思考，但不能提出计策（5分以下）	
6								
7								
8								
9								

表3　自我反思评价表

	项目	梳理总结
学科素养	通过本项目，你收获了哪些知识，掌握了哪些技能？	
	通过本项目，你对实验探究有什么新的认识，你在实验探究方面有哪些提升？	
	通过本项目，让你的思维得到哪些锻炼？	
	你认为在本项目中需要具备什么样的科学精神？	
	通过本项目，你对生命、自然、实践和社会责任有哪些感悟？	
团队合作	在小组中我承担哪些任务？	
	我的任务完成情况怎样？	
	我还有哪些贡献？	

续表

	项目	梳理总结
自我反思	通过本项目，我的最大收获是什么？	
	我知道了自己的哪些优势（自学力、探究力、动手力、领导力、演讲力等）？	
	我知道自己还需要在哪些方面继续努力？	
	这个项目还有哪一些需要改进的地方？你下一步的行动方向是什么？	

附件 1 学生项目作品参考

探究种子萌发的自身条件

提出问题： 种皮是种子萌发所需的自身条件吗？

做出假设： 种皮是种子萌发所需的自身条件。

制定计划：

【材料器具】菜豆种子、广口瓶、纱布、清水等。

【操作方案】

1.取甲、乙两只相同的广口瓶，在每只广口瓶底铺上两层纱布。

2.向甲广口瓶中放置 20 粒去除种皮的菜豆种子，向乙广口瓶中放置 20 粒完整的菜豆种子。

3.向甲、乙两只广口瓶中倒入适量的水，使纱布变得湿润。

4.将甲、乙两只广口瓶放置在温暖的地方。

5.设计观察记录表。

实施计划：

1.依据探究计划完成实验。

2.观察并记录种子的变化情况，填写观察记录表。

实验装置	种子的萌发情况						
	第1天	第2天	第3天	第4天	第5天	第6天	第7天
甲	0	0	5	10	15	18	20
乙	0	0	4	11	14	19	19

得出结论：种皮不是种子萌发所需的自身条件。

探究种子萌发的环境条件

提出问题：适量的水分是种子萌发所需的环境条件吗?

做出假设：适量的水分是种子萌发所需的环境条件。

制定计划：

【材料器具】菜豆种子、广口瓶、纱布、清水等。

【操作方案】

1.取甲、乙两只相同的广口瓶，在每只广口瓶底铺上两层纱布。

2.向甲、乙两只广口瓶中放入等量的种子。

3.向甲广口瓶中倒入适量的水，使纱布变得湿润；乙广口瓶保持干燥。

4.将甲、乙两只广口瓶放置在温暖的地方。

5.设计观察记录表。

实施计划：

1.依据探究计划完成实验。

2.观察并记录种子的变化情况，填写观察记录表。

实验装置	种子的萌发情况						
	第1天	第2天	第3天	第4天	第5天	第6天	第7天
甲	0	0	5	10	15	18	20
乙	0	0	0	0	0	0	0

得出结论：适量的水分是种子萌发所需的环境条件。

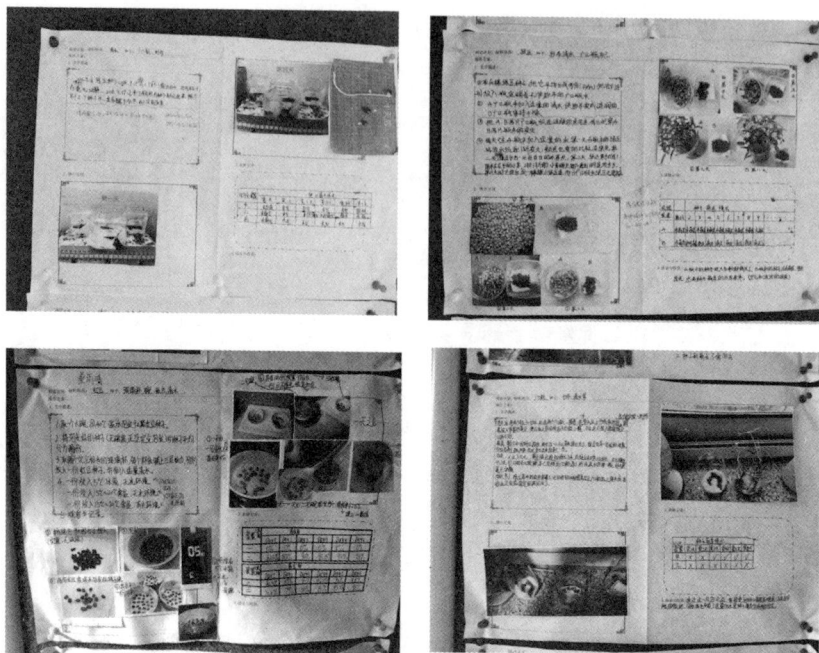

部分学生作品展示

项目计划书

◆任务分解

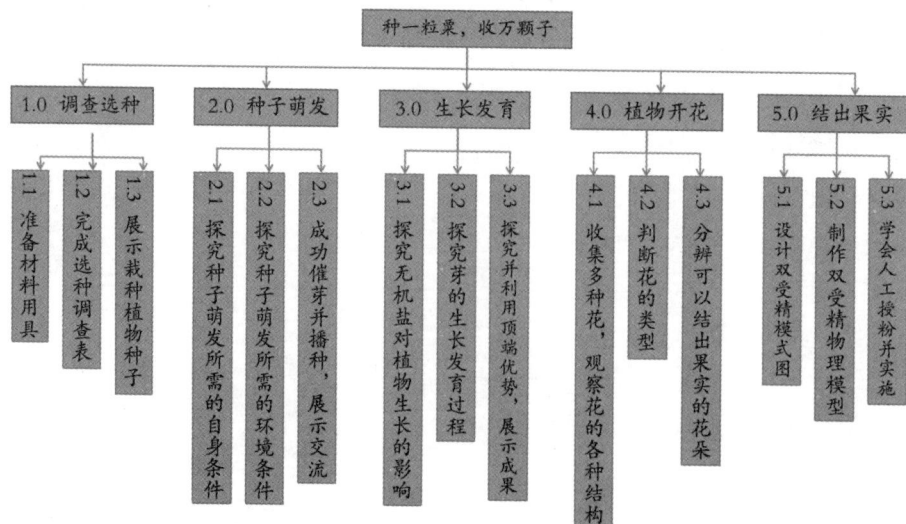

◆资源计划

项目	工具、材料	获取途径
调查选种	种子、土壤、花盆等。	找寻、搜集、购买。
种子萌发	种子、纸杯、卫生纸等。	购买。
生长发育	土壤浸出液、载玻片、烧杯、滴管、酒精灯、打火机等；带芽的枝条、刀片、解剖针、镊子、解剖刀。	找寻、搜集、制备、实验室借取。
植物开花	花、放大镜、镊子、解剖刀等。	找寻、搜集、实验室借取。
结出果实	太空泥、纸板、输液管、钢珠等；镊子、透气的硫酸纸袋、大头钉、毛笔等。	购买、实验室借取。

◆风险管理

选种的培育条件严格→查资料，选择符合季节且易栽培的植物种子。

种子不萌发、植物枯萎、开的只有雌花或雄花→按要求操作，并尽可能多培植，与同种植物的同学多沟通交流。

◆建立责任矩阵（E：执行的责任 A：最终决定权 C：必须咨询 I：必须告知）

具体活动（任务）	同学甲	同学乙	同学丙	老师/家长/其他项目相关人员
1.1 准备材料用具		E		I
1.2 完成选种调查表	A	E	E	C
1.3 展示栽种植物种子	E			
2.1 探究种子萌发所需的自身条件		E		

续表

具体活动（任务）	同学甲	同学乙	同学丙	老师/家长/其他项目相关人员
2.2 探究种子萌发所需的环境条件			E	
2.3 成功催芽并播种，展示交流	E			
3.1 探究无机盐对植物生长的影响		E		C
3.2 探究芽的生长、发育过程	E	E	E	
3.3 探究并利用植物顶端优势，展示成果	E			C
4.1 收集多种花，并观察结构	E	E	E	
4.2 判断花的类型	E	E	E	C
4.3 分辨可以结出果实的花朵	E	E	E	C
5.1 设计双受精模式图	A	E	E	
5.2 制作双受精物理模型	A	E	E	
5.3 学会人工授粉并实施	E			C

◆创设沟通计划

项目相关者	所需信息	沟通频率	沟通方式
教师	课件、视频、实验器材等	一周三节课	面谈
家长	专业指导、生活经验、培植器材	按需而定	面谈、网络等

续表

项目相关者	所需信息	沟通频率	沟通方式
项目团队	时间、精力	每天	面谈、网络等
其他项目团队	经验交流、花粉等	按需而定	面谈

菜豆种子观察记录报告

同学甲

◆我的菜豆种子在长大

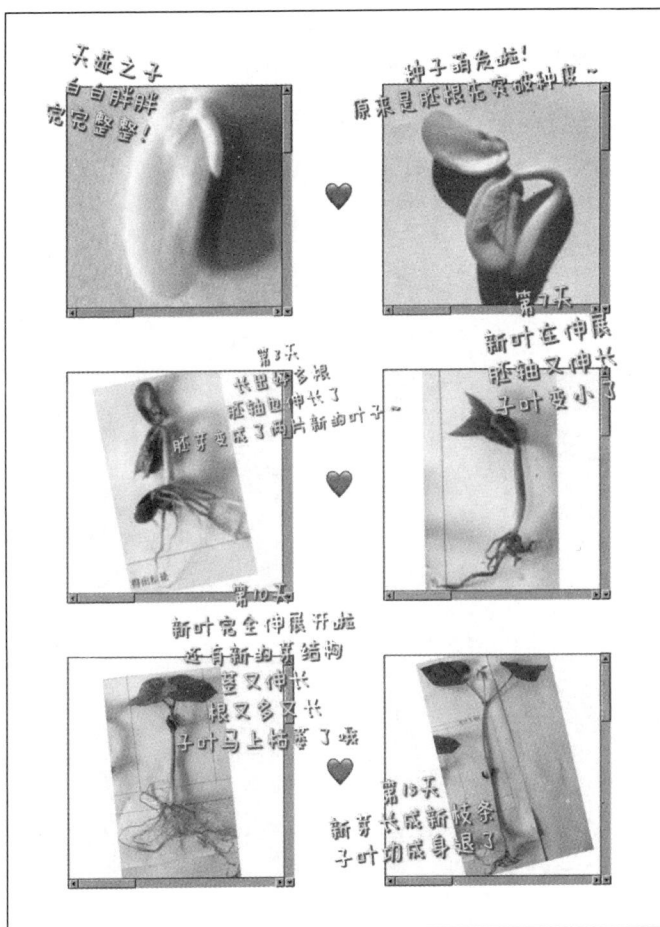

◆菜豆种子成长记录单

◆观察总结

在子叶不断萎缩，持续提供营养下，胚根生长最快，最先突破种皮向地生长，发育成根；随后胚轴伸长，紧接着胚芽突破种皮发育成茎和叶。就这样，完整白胖的"天选种子"就发育成了一棵茁壮生长的小幼苗！

附件 2 探究报告体例参考
探究种子萌发需要的自身条件

想一想

种子萌发需要怎样的自身条件?

探究过程

◆活动准备

1. 菜豆成熟豆荚、玉米。

2. 收集生活中常见的几种果实和种子,如花生、黄豆、苹果、西瓜、辣椒、茄子、黄瓜等。

◆活动实施

1. 按照图中所示步骤认识菜豆的种子,了解双子叶植物种子的特点。

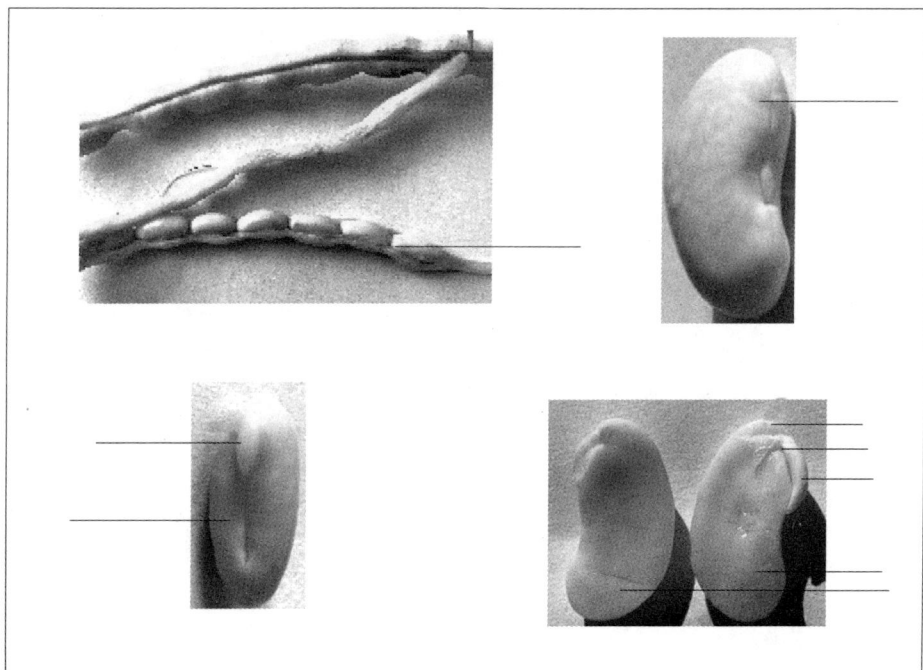

2. 按照图中所示认识玉米的"种子"，了解单子叶植物种子的特点。

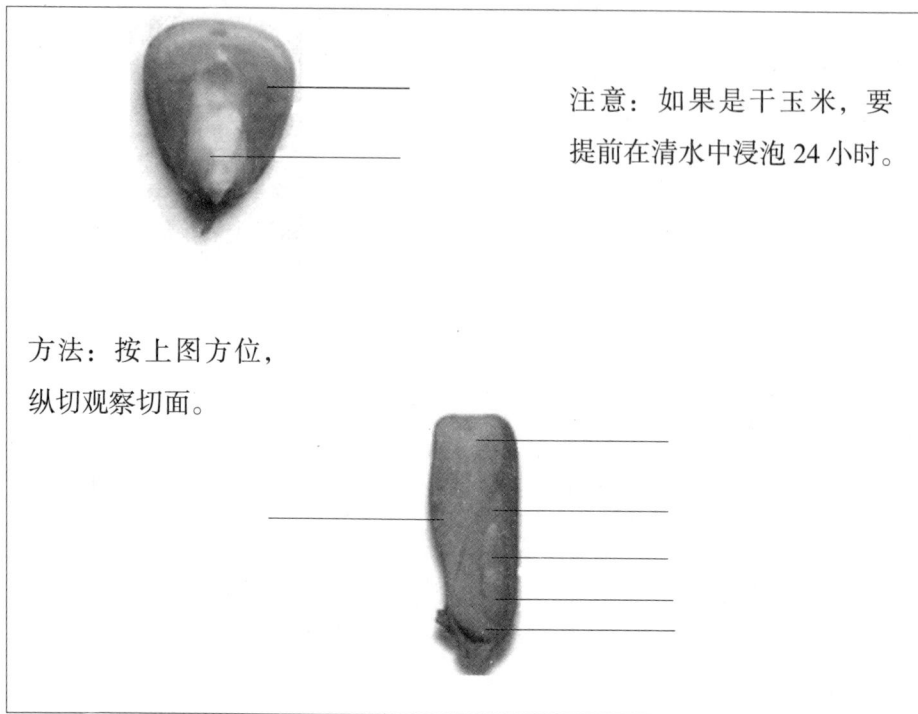

注意：如果是干玉米，要
提前在清水中浸泡24小时。

方法：按上图方位，
纵切观察切面。

3. 种子煮熟后，或切掉某一部分后还会萌发吗？你能设计实验证明吗？

探究种子萌发需要的外部条件

想一想

1. 为什么农民都选在春天播种？

2. 为什么干旱或水涝都不利于种子的发芽？

3. 为什么有的种子照顾得很周到也不会发芽？

探究过程

◆活动准备

1. 成熟的 _____ 种子，如黄豆、绿豆、花生、西瓜种子、辣椒种子、黄瓜种子等。

2. 玻璃杯（或盘子等器皿）、纱布、清水等。

◆活动实施

思考问题：种子萌发需要的外部条件有哪些？

提出问题：<u>适量的水</u> 是种子萌发的外界条件吗？

提出假设：适量的水是种子萌发的外界条件。

制定计划：

【材料用具】黄豆种子、广口瓶、纱布、清水等。

【操作方案】

1. 取甲、乙两只大小相同的广口瓶，在每只广口瓶内部铺上两层纱布。

2. 分别向两只广口瓶中放置等量的粒饱满的黄豆种子。

3. 甲广口瓶保持干燥，向乙广口瓶中倒入适量的清水，使纱布变得湿润。

4. 将两个广口瓶放在温暖的地方。

实施计划：经常向乙广口瓶加水，使得纱布保持湿润，甲广口瓶保持干燥。

观察记录结果：

实验装置	种子萌发情况					
	第1天	第2天	第3天	第4天	第5天	……
甲	未萌发	未萌发	未萌发	未萌发	未萌发	
乙	未萌发	未萌发	萌发	萌发	萌发	

结果描述：甲广口瓶内的种子始终未萌发，乙广口瓶内的种子多数萌发。

得出结论：<u>水</u> 是种子萌发的外界条件。

亲身体验

选择横线上的一种条件进行研究：

提出问题：＿＿＿＿＿＿＿＿ 是种子萌发的条件吗？

作出假设：＿＿＿＿＿＿＿＿＿＿＿＿＿＿＿＿＿＿＿＿＿＿＿＿。

制定计划

【材料用具】＿＿＿＿＿＿ 种子，＿＿＿＿＿＿＿＿＿＿＿＿＿＿＿＿＿。

操作方案：

文字描述

照片呈现

表格记录

探究无机盐对植物生长的影响

想一想

1.怎样证明土壤中有无机盐？

2.怎样证明植物需要无机盐？

探究过程

◆活动准备

1. 准备土壤浸出液。

土壤浸出液通常是由肥沃的土壤加清水搅拌，过滤后所得到的液体。一般以 100 克土壤加清水 100 毫升搅拌，以滤纸过滤而得。用肥沃土壤制成的土壤浸出液，常含有植物生活所必需的养料，如无机盐等。制取土壤浸出液用来培养幼苗，观察其生长状况，并与用蒸馏水培养的幼苗的生长状况作对比，可以证明无机盐对植物生活的作用。

2. 材料器具。

大小相等的两株植物幼苗、载玻片（可用干净的玻璃代替）、烧杯（可用玻璃杯代替）、滴管、酒精灯、火柴（可用打火机代替）等。

实验探究

案例展示——验证土壤中有无无机盐

提出问题： 土壤中是否有无机盐呢？

做出假设： 土壤中＿＿＿＿＿＿＿（有 / 无）无机盐。

制定计划：

材料器具：土壤浸出液、蒸馏水、载玻片（可用干净的玻璃代替）、滴管、酒精灯、火柴（可用打火机代替）。

选取_____和_____进行对照实验。

实施计划：

在一块洁净的载玻片两端分别滴加等量的土壤浸出液和蒸馏水，然后放在酒精灯上缓慢加热。待土壤浸出液和蒸馏水完全蒸发后，观察载玻片上滴加土壤浸出液和蒸馏水的变化。

得出结论：

土壤中_____（有 / 无）无机盐。

表达交流：

在实验中，能否用池塘水或井水代替蒸馏水？

照片呈现

案例展示——验证无机盐能否影响植物生长

提出问题： 无机盐能否影响植物生长？

做出假设： 无机盐＿＿＿＿（能／否）影响植物生长。

制定计划：

材料用具：大小相等的两株植物幼苗、土壤浸出液、蒸馏水、烧杯（可用玻璃杯代替）。选取＿＿＿＿和＿＿＿＿进行对照实验。

实施计划：

取甲乙两组等数量的玻璃瓶，在甲组各瓶内加入等量的土壤浸出液，在乙组各瓶内加入等量的蒸馏水，再分别植入大小相似的玉米幼苗进行培养。

得出结论：

无机盐＿＿＿＿（能／否）影响植物生长。

表达交流：

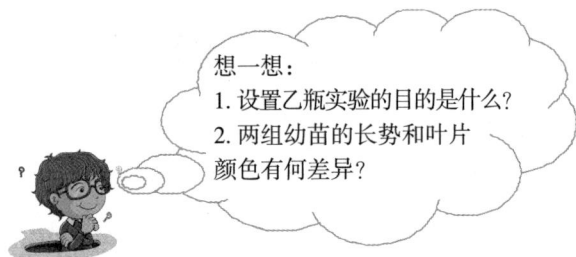

想一想：
1. 设置乙瓶实验的目的是什么？
2. 两组幼苗的长势和叶片颜色有何差异？

照片呈现

探究芽的生长发育过程

想一想

1. 一根枝条是怎样发育成的？

2. 枝芽的结构包括哪几部分？

探究过程

◆活动准备

材料用具：带有芽的无花果（或自己栽培的植物）枝条，刀片、解剖针、镊子、解剖刀（可用小刀代替）。

芽的类型

1. 按着生位置的不同，
   芽分为：

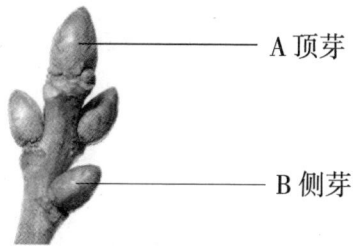

A 顶芽

B 侧芽

2. 按照芽发育结果不同，
   芽分为：

枝芽

花芽

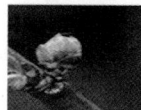

混合芽

实验探究

方法步骤：

1.选取植物的一个芽，从芽开始生长第一天开始观察，记录芽的变化。

2.选取一个较大的枝芽，将枝芽进行解剖观察。

① 从无花果枝条上选取一较大的枝芽，用刀片将枝芽纵剖。

② 再从枝芽基部横切，把切下的部分放在解剖盘内。

③ 用解剖针轻轻拨开枝芽内部，借助放大镜观察枝芽的结构。

芽的结构和发育

充电小课堂

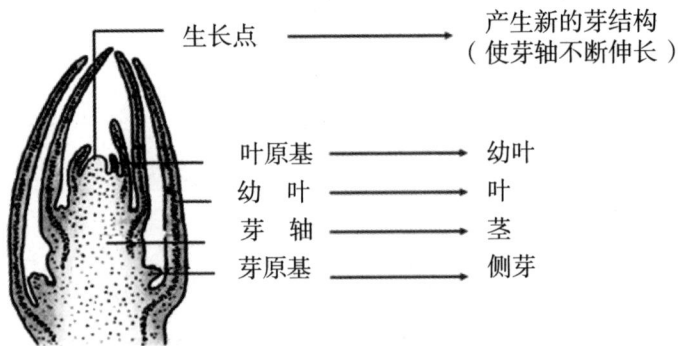

生长点 ——→ 产生新的芽结构（使芽轴不断伸长）

叶原基 ——→ 幼叶

幼 叶 ——→ 叶

芽 轴 ——→ 茎

芽原基 ——→ 侧芽

结果记录

枝芽发育不同时段对照表

第 3 天	第 7 天	第 10 天	第 15 天

总结收获

探究花的结构特点及分类

想一想

1.怎样观察和解剖一朵花?

2.花的结构有哪些?

3.怎样给花分类呢?

探究过程

◆活动准备

1.**收集并观察花。**

收集你在假期旅游中遇到的花,在家中自己种植的花或小区周围的花,收集之后,观察花的各种结构。

充电小课堂

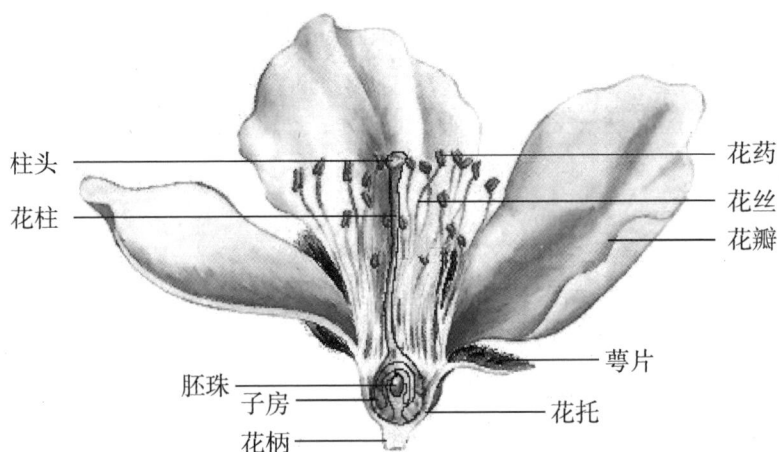

图 1-1 花的结构

2. **判断花的类型。**

观察你收集的花，从雄蕊雌蕊的有无、花着生的位置两个方面来判断花的类型。

	根据雄蕊雌蕊的有无划分		根据花着生的位置划分	
	两性花	单性花	单生花	花序
收集的花				

实验探究 —— 花的解剖

1. **材料器具。**

（1）从你栽种的植物体上取下一朵花；

（2）放大镜，镊子，解剖刀（或者用小刀代替），白纸等。

思考：
1. 如何获取花粉粒?
2. 怎样才能观察到胚珠?

2. **方法步骤。**

操作步骤	具体要求
观察花萼	用镊子摘下萼片，依次放在白纸上，观察其颜色、形状并统计数目。
观察花冠	用镊子摘下花瓣，依次放在白纸上，观察其颜色、形状并统计数目。
观察雄蕊	用镊子摘下雄蕊，统计雄蕊的数目，并用放大镜观察单个雄蕊的形状和结构特点。轻轻抖动雄蕊，让花药中的花粉落到白纸上，并用放大镜观察。
观察雌蕊	用解剖刀小心地切下雌蕊，放在白纸上。先观察形状，再仔细观察柱头。用镊子提起雌蕊，试试柱头能否粘起碎纸片。用解剖刀从雌蕊的最膨大处横向或纵向切开，用放大镜观察其内部结构。

3. **结果分析：**

花的解剖标本

（1）花的结构：

结构	数量	颜色	排列或形态特点
萼片			
花瓣			
雄蕊			
雌蕊			

（2）花的类型：

从雌蕊、雄蕊的有无上来看，属于_____；

从花的着生情况来看，属于_____。

（3）这朵是否能结出果实？

探究人工授粉

想一想

1. 开花了就一定能结出果实吗?

2. 什么情况下需要人工授粉?

探究过程

用人工方法将从植物雄蕊上采集的花粉,传授到雌蕊柱头上的过程,叫做人工授粉。

● **任务一:查阅资料,了解人工授粉的基本步骤**

● **任务二:实施人工授粉**

素养本位的项目式学习 │初中跨学科│

科学种植

编写人员：张艺佩　王庆刚　李庆玲

跨 学 科
教学指南

一、项目概要

项目主题： 科学种植

项目性质： 跨学科

学段及学科： 初中生物学、信息技术、数学、劳动教育

学时安排： 7 学时

项目简介：

"稻花香里说丰年，听取蛙声一片。"种植是人与自然对话的基本形式，农耕文化于我国可谓源远流长，种植方式的发展恰是人类从崇拜自然到改造、征服自然再到谋求人地和谐发展的人地关系变化的缩影。对于在城市高楼大厦环绕下和信息技术与互联网大背景下成长起来的一代，诗句中的稻子在何时何地，又如何生长，只能通过课本去了解，他们恰恰缺乏对自然的切身体会和真实关照。由此，课程的设计在自然场域下构建了一个人与

自然相互作用的微型系统：四时循环，春夏更替，学生在校园的菜地收获小麦与玉米；秋去冬来，冷风骤至，我们的田地不可冬行夏令，将何去何从？这一问题启发着学生思考如何科学种植，让农作物更好地生长。

本课程以项目化学习方式为载体，学生首先通过调查实验、比较归纳的思维方法分析影响农作物生长的环境要素，初步掌握科学思维方法，形成科学思维；接着进行土壤翻耕、播种、建立蔬菜大棚等劳动实践，在实践过程中体会劳动实践的价值；最后通过数据的收集、整理和分析建立反映农作物生长规律的函数模型，知道建立数学模型是数学与现实联系的基本途径，同时借助硬件设备和软件分析编程，优化改进程序和设备实现温室大棚自动化，完成对农作物生长环境的实时监测与管控，了解算法在解决问题过程中的作用，形成计算思维，感受物联网为人类与自然交互带来的深刻影响。在完成项目任务的过程中，学生围绕解决"科学种植，使得农作物更好生长"这一主题任务，综合运用生物学、数学、信息科技、劳动教育等学科知识、技能与方法，用跨学科的观念和思维解决问题，不仅解决了传统农业凭经验、靠感觉进行田间管理的问题，实现农作物更好地生长，还使其认知理解、探究实践、分析解决问题、合作交流以及创新等能力得以提升，分析归纳、模型建构、科学论证等思维得以发展，学生的科学态度与责任感得以锻炼，具备相应的素养表现。

二、相关课程内容分析

（一）相关知识技能分析

1. 课标分析。

人与自然的对话，是横贯人类发展史的一个主题。其中，种植是人与自然对话的基本形式之一，从远古的刀耕火种到智能化的现代农业，如何"顺天时，尽地力"一直是人们不断研究的问题，在大数据、物联网的新时代下，人工系统与自然系统交互的方式也大大改变，如何进行科学种植，让农作物更好地生长是具有教育价值的学习主题。

《义务教育课程（2022年版）》中明确指出，课程设计应加强课程内容与学生经验、社会生活的联系，强化学科内知识整合，统筹设计跨学科主题学习，开展跨学科主题教学。在真实的世界中，人们解决真实问题往往要运用跨学科的知识、技能、方法或者观念予以解决。因此，要进行科学种植，学生首先需要了解自然系统的运作规律，在种植主题中即通过探究了解农作物生长发育所需的条件和规律；其次是人工系统的运作方式，了解人如何耕作土地，传统的耕作与田间管理是怎样的，同时进行相应种植作物、搭建大棚的实践劳动，体会传统耕作方式，形成珍惜劳动成果的观念；最后，我们如何协调人工系统与自然系统的关系，需要在数据收集、整理分析的基础上，建立能够描述、刻画现实世界的模型——函数，再借由物联网技术将我们的语言输出，从而与自然系统对话，实现因地制宜地制定田间管理策略，进行科学种植。

跨学科知识技能课程标准分析表

学科	主题领域	课标内容编号	课标内容（知识与技能）	对应项目活动
生物学	植物的生活	4.1.2	种子萌发需要完整、有活力的胚，需要充足的空气、适宜的温度、适量的水等环境条件。	能设计单一变量的实验，探究环境对农作物生长的影响。
数学	数与代数	3.1.4	了解函数的概念和表示法，能识别简单实际问题中的常量、变量及其意义。能找出变量之间的数量关系及变化规律，形成初步的抽象能力；能举出函数的实例，初步形成模型观念；能用适当的函数表示法刻画简单实际问题中变量之间的关系，理解函数值的意义。	能用适当的函数表示法刻画农作物生长规律的函数。
	统计与概率	1.2	进一步经历收集、整理、描述、分析数据的活动，能用计算器处理较为复杂的数据。	能用基本统计量和数据收集、整理、分析方法分析数据，基于数据分析结果优化蔬菜大棚管控程序。

续表

学科	主题领域	课标内容编号	课标内容（知识与技能）	对应项目活动
信息科技	物联网实践与探索	1.4	认识物联网。通过简易物联系统的设计与搭建，探索物联网中数据采集、处理、反馈控制等基本功能，体验物联网、大数据及人工智能的关系。	设计编程，搭建数据收集系统与智能大棚物联网系统。
劳动教育	农业生产与劳动	任务群4	了解中国传统农业特点，分析现代农业与传统农业的区别。	开展种植劳动实践，掌握种植劳动中的基本技能，体会传统与现代农业方式区别。

2. **教材分析**。

目前并没有出版有关跨学科主题学习的部编教材，因此以下两个地方校本教材为例分析种植为主题的课程案例内容。

例如，平阳县宋桥小学陈素平名师工作室的陈芳芳老师设计的案例——基于农村学校拓展课程"一菊一世界"系列课程，以解决"种菊"主题课程中出现的真实问题"菊苗长不直"而开展团队协作的探究实践，并融合项目化学习来解决问题。"菊种植"课程，涉及有语文、科学、数学、劳动等学科知识。如：前期了解菊花品种、预估菊苗数量、调查市场价格，中期选址开垦菊园、合理布局菊苗、菊苗移栽种植，后期菊园科学养护等，唤起了学生在自然世界中的真实学习，又与社会生活实践密切关联，能锻炼学生的综合能力。完成项目过程中，实现如下目标：（1）通过网络纸媒阅读，学习查找并整理菊花种植主题信息资料的技能；（2）通过与别人沟通交流，分享菊主题阅读收获，并学会质疑问难，解决自己的疑问；（3）通过在菊园动手实践，学会与同伴合作分工，运用测量计算能力，应用劳动技术，创新解决菊花种植过程中遇到的"怎样使菊长得直"问题。

再如，江苏省南菁高级中学校本课程——小小农科院。在这个案例中，主要以农庄的开发为主题展开，给孩子提供发挥动手实践的机会，并通过适当的引导，让 3-6 年级的孩子们认识常见的蔬菜、果树，学会简单的种植蔬菜、果树养护的方法，了解浅显的现代农业技术，具体实现以下目标：（1）了解小白鹿农庄内蔬菜、果树的名称、作用和价值；并尝试种植一些常见的蔬菜，懂得果树养护的简单方法；（2）学习独立思考、自主探究，对学习中遇到的问题要勇于提出自己的见解；（3）能积极参与小组活动，学会与他人和睦相处、共享劳动的成果；（4）通过参与学农活动，感受劳动的艰辛，养成热爱劳动，主动劳动的好习惯。

以上两个种植为主题的课程案例都采取项目式学习方式，意图让学生运用多种学科知识，实现学生自主探究、合作交流、问题解决等方面的综合能力提升。而受限于学生年龄限制，其目标基本停留在物质性观察和劳动实践直观感受上。在初中阶段，以种植为主题的课程设计可以在理性研究、批判性思考与推理归纳、综合实践等方面进行进一步提升。

3. 概况总结。

综合对课标和教材的分析，本项目需要的知识技能有：

课程知识技能分析表

分类	具体描述
知识	1. 了解影响农作物生长的环境因素以及当季农作物生长习性。
	2. 了解蔬菜良好生长与丰收的途径以及浇水、施肥等田间管理常识。
	3. 理解蔬菜大棚的设计原理，了解大棚构建的常用结构与材料。
	4. 认识与了解各类传感器的基本原理。
	5. 了解函数的概念与性质，认识简单的描述农作物生长的函数模型。
技能	1. 能够设计单一变量实验，通过控制变量，探究农作物生长适宜的条件。
	2. 学习农具的基本使用方法，能够掌握镐头与铁锹的使用方法与安全规范使用要求，理解基本农作物的种植方法，并通过种植农作物的实践活动获得实践经验、形成劳动观念。
	3. 通过劳动实践，基于对设计问题的标准和限制条件的达成情况，形成多个解决方案（自然生长、地膜、大棚等），并通过控制变量法论证并对比方案，确定最优方案，形成科学探究的问题解决思维。

续表

分类	具体描述
技能	4.通过精准测量与数学运算设计蔬菜大棚平面图纸与立体模型，发展几何直观与空间观念。根据设计图与立体模型确定好弧形支架的数量，根据现实需求的确定横梁、立柱的数量，进行大棚骨架建材的成本核算与大棚骨架的建构。
	5.通过设计收集数据的程序，能够用mind+编程实现设备的监测功能，形成计算思维，通过软件与硬件相结合，设计和搭建简单的物联网系统模型，实现数据采集、处理和反馈控制的自动化管理系统，以更科学、更精准的方式解决生活中实际问题，感受信息科技的发展给人类生活和工作带来的改变。
	6.通过分析数据、建立科学模型描述植物生长规律，求解最适合农作物生长环境的模型，并根据最优的环境要素值改进程序、优化模型、检验模型可靠性。

（二）提炼学科大观念

1.提炼项目所需知识、技能背后的关键概念、通则，建立不同观念（概念、通则）之间的层级和逻辑关系。

首先提炼出本项目中的核心概念：

【环境因素】

在本项目中，学生通过查阅资料、田间调查、设计单一变量实验去分析影响农作物生长的环境因素和不同种类农作物生长所需的不同环境条件这一过程，能发现环境因素对农作物生长的影响。

【农作物生长规律】

在农作物生长过程中对农作物的生长情况进行统计、调查和分析，归纳出季节性农作物的生长规律，指向对农作物生长规律的总结。

【田间管理】

在耕种当季农作物的劳动实践过程中掌握锄草、挖田垄等基本耕作方法，体会传统农业耕作，并在只能管控实现后进行管控程序的迭代升级，感受现代农业管理方式，指向田间管理。

【工程设计与实施】

设计田间管理方案，设计实施蔬菜大棚图纸与模型，并按照大棚模型进行大棚实物安装的劳动实践，指向工程设计与实施。

【物联网】

通过设计收集数据的程序，用 mind+ 编程实现设备的监测功能，设计和搭建简单的物联网系统模型，实现数据采集、处理和反馈控制的自动化管理系统，以更科学、更精准的方式解决生活中实际问题，感受信息科技的发展给人类生活和工作带来的改变，指向物联网。

【数据收集】

将收集来的数据进行整理、概括和分析，用统计量和统计图表分析数据，得到结果，指向数据的收集、整理和分析。

【函数模型】

对农作物的生长进行刻画，分析数据、建立函数模型描述植物生长规律，求最适合农作物生长的生长函数，并根据最优的环境要素值改进程序、优化模型、检验模型可靠性，指向函数模型。

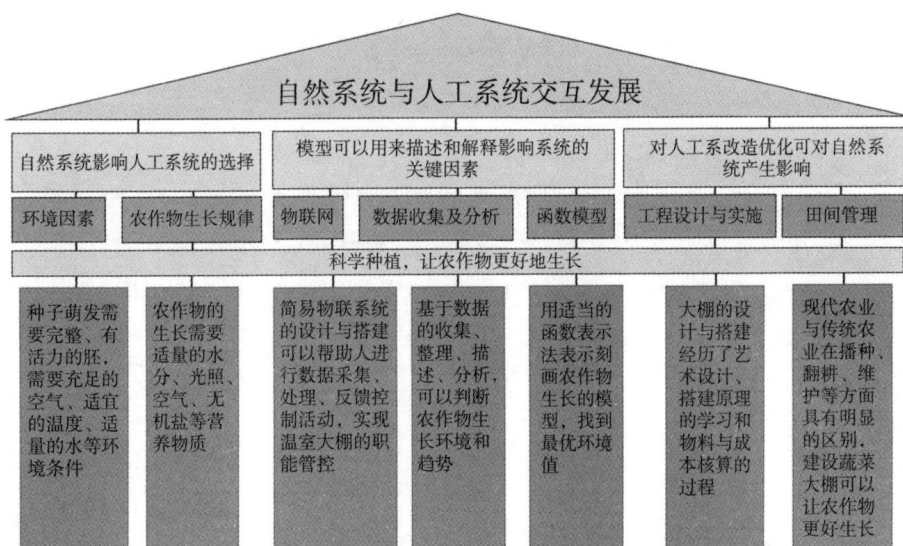

图 1　大观念提炼路径图

2. 用陈述句的方式将项目所指向的大观念的具体内涵表述出来。

由以上概念间的联系，学生可以发现以下三个结论：

（1）环境因素影响农作物生长和收成；

（2）人可以通过现代化的田间管理方式让农作物更好地生长；

（3）模型可以被用来刻画农作物生长规律。

泛化以上三个结论，得出与之对应的三个通则：

（1）环境因素影响农作物生长和收成，说明了自然系统影响人工系统的选择；

（2）人可以通过现代化的田间管理让植物更好生长，说明了对人工系统改造优化可对自然系统产生影响；

（3）模型可以被用来刻画农作物生长规律，这说明模型是人类与自然界交互对话的语言，可以用来描述、解释影响系统的关键因素。

这些通则共同阐释了本课程的核心观念：在当今世界，自然系统和人工系统是交互发展的。

（三）绘制以大观念为核心的知识技能结构图

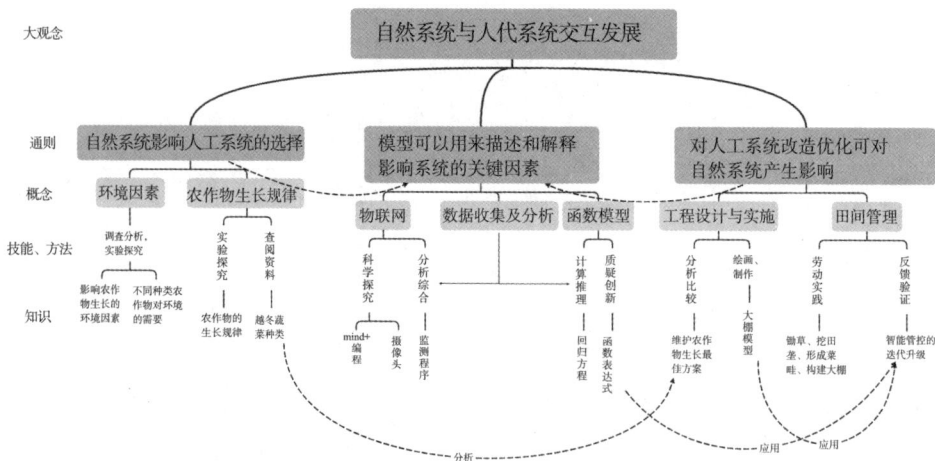

图 2　以大观念为核心的知识技能结构图

三、素养目标

1. 能查阅资料、设计简单的单一变量实验了解影响农作物生长的环境因素，初步了解蔬菜的生长习性，形成科学思维；依据蔬菜的生长习性，确定秋冬季节种植的蔬菜，形成自然系统可影响人工系统的观念。（科学思维）

2. 能说出农具的基本使用方法，能够掌握镐头与铁锹的使用方法与安全规范使用要求，理解基本农作物的种植方法，并通过种植农作物的实践活动获得实践经验、形成珍惜劳动成果的劳动观念。（劳动观念）

3. 能进行设计、搭建蔬菜大棚的劳动实践，探索冬季田间管理策略，形成多个解决方案（自然生长、地膜、大棚等），并通过控制变量法论证并对比方案，分析确定最优方案，形成科学探究的问题解决思维。（科学探究）

4. 能通过准确测量与数学运算设计蔬菜大棚平面图纸与立体模型，发展几何直观与空间观念。根据设计图与立体模型确定好弧形支架的数量，根据现实需求的确定横梁、立柱的数量，进行大棚骨架建材的成本核算与大棚骨架的建构，形成人工系统影响自然系统的观念。（空间观念）

5. 能够制作收集数据的简易设备装置理解自然系统，在此过程中认识与了解各类传感器的基本原理，用原理解决实际问题；设计收集数据的程序，能够用 mind+ 编程设计并实现设备的监测功能，形成计算思维。（计算思维）

6. 能基于收集来的数据建立函数模型描述植物生长规律，形成模型可被用来测试或解释影响系统关键因素的观念，求解最适合农作物生长环境的模型，并验证结果、检验模型，形成人工系统可不断优化的观念。（模型观念）

7. 能根据最优的环境要素值，改进程序，实现报警功能，设计和搭建简单的物联网系统模型，实现数据采集、处理和反馈控制的自动化管理系统，以更科学、更精准地方式解决生活中实际问题，感受信息科技的发展对人类生活和工作带来的改变，形成对人工系统改造优化可对自然系统产生影响的观念。（计算思维）

8. 能在汇报展示活动中归纳、宣传科学种植方法，理解知识的本质并实现对所获取知识和技能的实践应用，体会技术对人类生活带来的改变，体会

创新设计对于人与自然和谐相处的价值。（实践应用）

四、项目设计整体构思

本案例分为项目启动、项目实施、项目展示与项目评价四部分构成。在项目启动时，学生需要在小组合作交流中明确项目的主题、任务和问题，以项目完成计划书的形式列出完成总任务的步骤和分工。在项目实施中，借助三个子任务：第一、科学探究不同种类农作物的生长规律；第二、比较传统与现代农业的耕种、管理方式，进行劳动实践与蔬菜大棚的设计和搭建；第三、搭建蔬菜大棚智能管控程序和物联网系统，实现科学种植。最后以游园会和宣讲复盘的形式进行项目成果的展示、宣传与评价。

（一）项目构思

项目整体的具体架构如下：

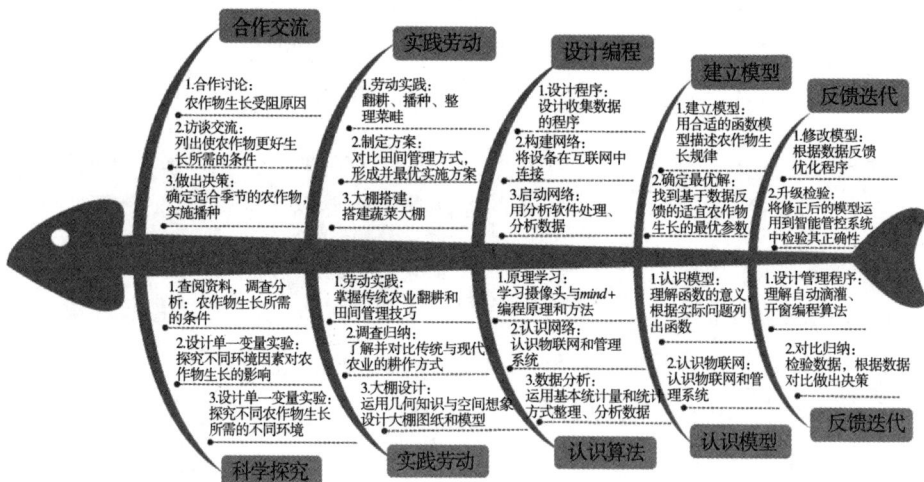

图 3　项目构思鱼骨图

（二）项目任务、问题或活动进程

以问题、问题链引领的项目及学习活动表

项目进程	项目要求或任务	驱动问题及问题链	学习或探究活动
项目启动与计划制定	任务一：明确项目主题及要求，确定任务完成标准和评价准则；制定出完成项目的步骤和进程；按照小组成员的兴趣与擅长分配、认领任务。	驱动性问题： 如何进行科学种植，让农作物更好地生长？ 问题链： 1. 怎样对任务进行分解？ 2. 完成每个任务的标准是什么？ 3. 为了完成每个任务，我们需要学习哪些知识、技能或方法？ 4. 完成任务的步骤和进程应该是怎样的？ 5. 怎么组建项目团队，如何分工？	小组合作：分出小组，以小组为单位合作交流，头脑风暴； 制作计划：制定项目任务完成的标准，完成项目计划书。
项目实施	任务一：探究不同类型农作物生长的环境因素，选择适合的农作物播种。	驱动性问题： 为什么农作物的生长在冬季受阻？ 问题链： 1. 影响农作物生长的因素有哪些？ 2. 适宜不同类型的农作物生长的环境条件是怎样的？ 3. 在适合的季节应选择哪种农作物进行播种？	查阅资料：进行田间调查分析，农作物生长所需的条件； 设计单一变量实验：探究不同环境因素对农作物生长的影响； 设计单一变量实验：探究不同农作物生长所需的不同环境。

续表

项目进程	项目要求或任务	驱动问题及问题链	学习或探究活动
项目实施	任务二：比较传统与现代农业的耕种、管理方式，进行劳动实践与蔬菜大棚的设计和搭建。	驱动性问题： 什么样的田间管理方式可以更好维护农作物生长？ 问题链： 1.传统、现代农业中维护农作物生长的管理方式有哪些？ 2.应该选择什么样的管理方式维护农作物生长？ 3.如何设计并实施最优田间管理方案？	劳动实践：掌握传统农业翻耕和田间管理技巧； 调查归纳：了解并对比传统与现代农业的耕作方式； 劳动实践：运用几何知识与空间想象设计大棚图纸和模型，并实施大棚搭建； 原理学习：学习摄像头与mind+编程原理和方法； 认识网络：认识物联网和管理系统；
	任务三：搭建蔬菜大棚智能管控程序和物联网系统，实现科学种植。	驱动性问题： 如何实现蔬菜大棚的自动化智能管理？ 问题链： 1.如何有效地收集数据？ 2.怎样真实刻画农作物的生长规律？ 3.如何基于数据分析结果实现蔬菜大棚智能化管控？	数据分析：运用基本统计量和统计方式整理、分析数据； 认识模型：理解函数的意义，根据实际问题列出函数； 认识物联网：认识物联网和管理系统。

项目进程	项目要求或任务	驱动问题及问题链	学习或探究活动
项目展示	任务一：以小组汇报展示的形式讲解项目成果，并总结其中的成长与收获和复盘反思； 在年级开展的科学种植游园宣传会中，在户外向专家、记者介绍自己设计的智能温室大棚，进行进一步的宣传推广。	驱动性问题： 如何清晰有效地向专家和来访人员介绍小组项目成果并表达组内成员的收获与成长？ 问题链： 1. 我们的项目成果的设计原理、社会价值和创意特色有哪些？ 2. 可以从哪几个方面展开复盘与反思，我们在完成项目过程中，从探究、合作能力等方面有何进步？ 3. 如何将成果进行富有创意、令人印象深刻地宣传与讲解。	开展项目反思复盘交流会，首先在小组内部进行归纳总结，对完成项目过程中的优势和不足进行梳理； 分工合作，制作交流PPT，向班级和年级展示、介绍自己的项目成果； 在年级的项目成果游园会中发表令人印象深刻的讲解或演说，提出对项目未来发展的倡议书。
项目评价	任务一：班级同学借助项目成果评价表和完成任务过程性评价表对展示作品进行自评以及互评。 内容具体包括： 1. 小组成员的活动参与任务完成度； 2. 小组成员从合作探究、设计创新、劳动实践与反思创新四方面的过程性表现； 3. 学生的自我反思和评估。	驱动性问题： 怎样对项目作品及参赛选手进行评价？ 问题链： 1. 项目作品有没有完成计划书中的完成标准？ 2. 小组成员怎样进行过程性评价？ 3. 怎样进行自我反思评价？	学生对项目本身进行复盘与展示，对项目的实施进行反思与倡议。优秀作品入选年级游园会进行展示，介绍并宣传项目作品。

五、项目流程

（一）项目准备

课程主题	科学种植	开展场地	户外田地、教室
实施年级	七年级	学时安排	7
实施时间	相关学科、综合课	进度安排	每2周完成1学时
学情分析	在小学和初中低段年级，学生已经历了科学课和劳动课的培养，具备初步的调查分析、科学探究与劳动实践能力，其对事物的认识和分析往往是对事物性质的直观观察感受和体验，缺乏理性的逻辑推理与研判；其劳动实践注重价值观和劳动精神培养，需要进一步增强劳动规划能力与品格。		
教师准备	教师需要提前进行7个课时的课程方案培训和提前一周的集体备课，准备每个课程中的学习支架，提前思考学生可能给出的任务分解结果与可能给出的方案，如影响生物生长因素的视频、文字资料；单一变量实验所需要的场地、器材和物品；多种可能的田间管理方式所需物料（地膜、PVC管、专用剪等），在预判学情基础上对学生问题和困惑给予合理解答和指引。		
资源支撑	生物生长发育规律的介绍视频、文字资料； 耕种方法专家讲座； 充足的闲置土壤、田地； 成年人陪伴； 生物实验器材； 塑料吸管、泡沫板； 地膜、PVC管、专用剪、专用电熔电焊器具； 关于植物生长规律的教学模型文献材料； 简易编程设计软件（Scratch、Python）； 摄像头、联网滴灌水管等硬件设备等。		

（二）项目启动

● **任务一：完成科学种植项目计划书**

问题设计：

如何进行科学种植，让农作物更好地生长？

活动设计：

（1）分出小组，以小组为单位合作交流，头脑风暴；

（2）制定项目任务完成的标准，完成项目计划书。

项目成果：

科学种植项目计划书。

评价设计：

任务一	水平 A	水平 B	水平 C
合作交流，头脑风暴	1. 能够充分进地行合作交流； 2. 将如何实现科学种植拆解成有层级的子任务，明确完成每个子任务和大任务的标准，形成决策矩阵，陈列在计划书中。	1. 能够有效地进行合作交流； 2. 能将大任务拆解成不同的子任务，将子任务陈列在计划书中。	1. 能够进行围绕任务分解为主题的合作交流； 2. 对于子任务的拆解结果和标准还并不清楚，需要教师深入引导。
完成项目计划书	1. 能够充分地进行合作交流； 2. 按照组内成员的意愿和特长，将每个子任务分派给小组内的不同成员，形成责任矩阵； 3. 明确完成每个任务的步骤和进程，陈列在计划书中。	1. 能够有效地进行合作交流； 2. 将大部分任务合理地分派给小组内的成员； 3. 明确任务完成步骤和时间节点，陈列在计划书中。	1. 能够围绕主题合作； 2. 能对任务进行分工，对完成任务步骤不十分明确； 3. 能将分工结果陈列在计划书中。

（三）项目实施

● **任务一：探究影响农作物生长的因素**

问题设计：

为什么农作物的生长在冬季受阻？

活动设计：

（1）查阅资料，进行田间调查分析：农作物生长所需的条件；

（2）设计单一变量实验：探究不同环境因素对农作物生长的影响；

（3）设计单一变量实验：探究不同农作物生长所需的不同环境。

项目成果：

调查报告：确定适宜当季种植的农作物实施播种。

评价设计：

任务一	水平 A	水平 B	水平 C
田间调查	1. 能够进行田间实践调查，将调查结果用直观形式表示、叙写； 2. 能在广泛查阅资料的基础上，结合生物学科知识，总结、提炼正确的影响农作物生长的因素。	1. 能够观察到户外田地幼苗生长实际情况，并合理表达； 2. 能结合生物学科知识，总结、提炼正确的影响农作物生长的因素。	1. 能够观察到户外田地幼苗生长实际情况； 2. 能了解影响农作物生长的因素。
科学探究	1. 能通过查阅资料、专家讲座等方式，明确不同种类植物生长所需环境条件； 2. 能设计并实施简单的单一变量实验，探究得到不同环境因素对同种农作物生长影响；	1. 能运用某一种科学探究方式了解不同种类植物生长所需环境条件； 2. 能设计简单的单一变量实验，探究得到不同环境因素对同种农作物生长影响；	1. 能了解不同种农作物物生长所需环境条件； 2. 能根据已有的实验结果，得到不同环境因素对同种农作物生长影响；

任务一	水平 A	水平 B	水平 C
	3. 能设计并实施简单的单一变量实验，探究得到同一种环境因素对不同类农作物的影响。	3. 能设计简单的单一变量实验，探究得到同一种环境因素对不同类农作物的影响。	3. 能根据已有的实验结果，得到同一种环境因素对不同类农作物的影响。

● **任务二：比较传统与现代农业的耕种、管理方式，进行劳动实践与蔬菜大棚的设计和搭建**

问题设计：

什么样的田间管理方式可以更好维护农作物生长？

活动设计：

（1）劳动实践：掌握传统农业翻耕和田间管理技巧。

（2）调查归纳：了解并对比传统与现代农业的耕作方式。

（3）劳动实践：运用几何知识与空间想象设计大棚图纸和模型，并实施大棚搭建。

项目成果：

根据设计的图纸，搭建科学合理的蔬菜大棚。

评价设计：

任务二	水平 A	水平 B	水平 C
劳动实践	1. 能够进行真实的劳动实践，通过实践和与专业人员的交流，掌握传统的农业翻耕技巧； 2. 能够广泛查阅资料，结合劳动实践和生物学知识，提炼、总结出传统的田间管理技巧，并能有条理地叙写。	1. 能够参与劳动实践，了解传统的农业翻耕技巧； 2. 能结合劳动实践和生物学知识，提炼、总结出传统的田间管理技巧，并能合理表达。	1. 能够通过观察，了解传统的农业翻耕技巧； 2. 能了解传统的田间管理技巧。

续表

任务二	水平 A	水平 B	水平 C
调查归纳	1. 能够进行实际调查，将调查结果用直观的形式进行清晰、条理地叙写； 2. 能够将传统农业和现代农业的调查结果进行科学的对比，正确分析出传统与现代农业耕作方式的区别以及各自的优劣； 3. 能够广泛查阅资料，并结合实践与调查的结果，总结出合理高效的耕作方式，并有条理地叙写。	1. 能够观察传统农业和现代农业耕作方式，并合理表达； 2. 能够将传统农业和现代农业的调查结果进行对比，简单分析传统与现代农业耕作方式的区别和各自优劣； 3. 能结合实践与调查的结果，总结出合理高效的耕作方式。	1. 能够观察传统农业和现代农业耕作方式； 2. 能够通过观察，了解传统与现代农业耕作方式的区别； 3. 能结合实践与调查的结果，了解更高效的耕作方式。
搭建大棚	1. 广泛查阅资料，并能结合空间想象和数学学科知识，设计并绘制出科学合理的大棚图纸和模型； 2. 能够完全按照大棚图纸和模型，实施大棚搭建。	1. 能结合空间想象和数学学科知识，设计并绘制出科大棚图纸和模型； 2. 能够基本按照大棚图纸和模型，实施大棚搭建。	1. 能设计并绘制出大棚图纸和模型； 2. 能够参考大棚图纸和模型，实施大棚搭建。

● **任务三：搭建蔬菜大棚智能管控程序和物联网系统，实现科学种植**

问题设计：

如何实现蔬菜大棚的自动化智能管理？

活动设计：

（1）原理学习：学习摄像头与 *mind+* 编程原理和方法。

（2）认识网络：认识物联网和管理系统。

（3）数据分析：运用基本统计量和统计方式整理、分析数据。

（4）认识模型：理解函数的意义，根据实际问题列出函数。

（5）认识物联网：认识物联网和管理系统。

项目成果：

搭建成蔬菜大棚智能管控程序和物联网系统。

评价设计：

任务三	水平 A	水平 B	水平 C
知识储备	1.能够通过广泛查阅资料与老师交流，掌握摄像头的使用和 mind+ 编程原理和方法； 2.能够通过广泛查阅资料与老师交流，认识物联网和管理系统。	1.能够通过简单查阅资料与老师交流，了解摄像头的使用和 mind+ 编程原理和方法； 2.能够通过简单查阅资料与老师交流，了解物联网和管理系统。	1.能够了解摄像头的使用和 mind+ 编程原理和方法； 2.能够了解物联网和管理系统。
数据分析	1.能够灵活将相关知识应用于蔬菜大棚，建立合理的管理系统并准确搜集数据； 2.能熟练运用基本统计量和统计方式，科学地进行数据的整理、分析。	1.能够将相关知识应用于蔬菜大棚，建立管理系统并能搜集数据； 2.能运用基本统计量和统计方式，进行数据的整理、分析。	1.能够建立管理系统并搜集数据； 2.能进行简单的数据整理、分析。
得出模型	1.理解函数的意义，能根据数据分析的结果正确列出函数； 2.能够根据得到的函数模型，搭建成科学合理的蔬菜大棚智能管控程序和物联网系统。	1.了解函数的意义，能根据数据分析的结果列出函数； 2.能够根据得到的函数模型，搭建成基本合理的蔬菜大棚智能管控程序和物联网系统。	1.了解函数的意义，能根据数据分析的结果正确列出函数； 2.能够搭建成蔬菜大棚智能管控程序和物联网系统。

（四）项目展示与评价

在本环节，学生以班级项目作品展示复盘会和年级游园会协同展开。首先在班级内以小组为单位，分别以 PPT 的形式，展示项目作品，完成作品介绍和原理阐释，由《作品完成评估表》《班级项目复盘会和年级游园会汇报展示项目成果表》两个表格构成：

表1　作品完成评估表

阶段1：项目启动		阶段2：项目实施		阶段3：项目展示	
成果	完成度	成果	完成度	成果	完成度
项目计划书		蔬菜大棚		推介PPT	

表2　班级项目复盘会和年级游园会汇报展示项目成果表

评价水平	水平A	水平B	水平C
作品评价	具有搭建完好并可正常使用的物联网系统呈现在蔬菜大棚中，系统可以用智能化设备收集数据，基于数据分析与研判的自动管控系统可投入使用，较好地实现智能大棚功能，让农作物茁壮成长。	搭建好用智能化设备收集数据，能实现半自动管控功能，如实现自动滴灌的蔬菜大棚，让农作物良好生长。	搭建出科学合理的蔬菜大棚，在人工耕作辅助下，农作物可较好地生长。
展示评价	1.能借助PPT在班级反思复盘会细致深入地总结完成项目过程中的收获、完成项目过程中的不足、可提升部分，能说出对项目未来进行的规划和建议； 2.能在年级游园会中向来访人员清晰、完整地讲解智能大棚系统发挥作用的原理，提出对项目未来发展的倡议书。	1.能借助PPT在班级反思复盘会较好地总结完成项目过程中的收获和不足； 2.能在年级游园会中介绍自己小组的作品。	1.能在班级反思复盘会较好地总结完成项目过程中的收获和不足； 2.能在年级游园会中介绍自己小组的作品。

在班级复盘会展评优秀的同学，颁发奖状进行表彰，并将作品代表班级在年级以游园会的形式进行展示，来访参观者和全年级的代表同学结合以上两表对参展作品进行终结性评价。

六、教学设计

项目计划书

活动名称	预设课堂双边活动		教学建议与资源支持
	学生活动	教师活动	
问题引导：秋去冬来，蔬菜幼苗的生长受阻，我们可以做些什么	学生以小组为单位，讨论交流对当前土地利用的看法，逐步产生校园种植的兴趣欲望。	教师以校园后土壤中农作物生长的实际情境抛出问题，引导学生进行讨论交流，激发学生对农作物种植的兴趣。	播放越冬植物管理为主题的短视频，介绍探究农作物生长规律和以及选种、播种为主题的内容材料。
头脑风暴：如何进行科学种植	学生进行班级分组，以小组为单位，以小组为单位合作交流，头脑风暴对主题任务进行分解，明确大任务和子任务的完成标准，尝试列出决策矩阵。	教师为学生提供关于如何拆解任务、如何解决问题的思路和方向，为有困惑的小组提供指导，引导学生完成决策矩阵。	介绍决策矩阵的陈列方式、作用和用法。
合作交流：完成项目的步骤和分工是怎样的	学生通过分享交流，列出完成任务的步骤、分工，尝试列出责任矩阵。	教师针对学生的交流分享，适时加以引导、点拨，帮助考虑周全，引导学生完成责任矩阵。	介绍责任矩阵的陈列方式、作用和用法。
计划确立：依据任务分解和分工，结合校园生活时间，完成科学种植项目计划书	小组讨论交流，一起书写、完成项目计划书。	教师依据学校、年级工作安排帮助学生完善项目计划书。	课程安排表。

任务一：探究不同类型农作物生长的环境因素，
选择农作物播种

活动名称	预设课堂双边活动		教学建议与资源支持
	学生活动	教师活动	
问题引导：为什么不同季节种植的农作物不同	通过网络搜集资料，了解农作物的生长与环境的关系。通过交流讨论，提出假设：（1）农作物的生长受湿度、光照、温度……等环境因素的影响；（2）不同农作物生长的环境不同。	抛出现实问题"为什么不同季节种植的农作物会不同"，引导学生搜索资料提出假设。	建议：可以提供现实案例；资源：电脑、网络。
探讨交流：确定验证假设的科学方法	搜索资料，小组间探讨交流，确定验证假设的科学方法。	引导学生搜索科学研究方法案例，分析本研究问题适合采用哪种科学研究方法。（控制变量法：设计单一变量试验）	建议：引导学生形成一种观念：科学实验是获取经验事实和检验科学假说、理论真理性的重要途径；资源：电脑、网络。
设计实验、明确分工：设计实验方案，填写分工表	小组充分交流讨论，明确实验探究的过程，设计单一变量实验方案，包括数据获取和分析的方式，组内成员分工等，以此验证假设。	答疑解惑，指导学生完成实验设计方案。	建议：可以为学生提供几个具体的探究实验设计方案作为参考；资源：探究实验的方案模板。
实施实验，观察记录	小组按照实验方案，尽量严格控制单一变量，进行实验，并定期观察记录。	指导学生如何记录，和学生一起解决遇到的现实问题。	

活动名称	预设课堂双边活动		教学建议与资源支持
	学生活动	教师活动	
分析总结，得出结论	对记录内容进行分析，验证假设，得出结论，完成实验报告。	引导学生通过不同的角度进行分析，得出实验结论。	建议：必要时，指导学生表达结论，撰写实验报告。
汇报展示，讨论交流：确定本组种植的农作物	各小组可采用多种方式汇报实验过程和结果，汇报小组分工等，确定种植的秋冬季节的农作物。	引导学生互相点评，对学生实验过程给予点评和肯定。	建议：在学生汇报前适当给予汇报指南。

任务二：比较传统与现代农业的耕种、管理方式，

进行劳动实践与蔬菜大棚的设计和搭建

活动名称	预设课堂双边活动		教学建议与资源支持
	学生活动	教师活动	
问题引导：什么样的田间管理能更好地维护农作物生长	搜索资料，学生通过了解传统农业和现代农业对农作物耕种和管理的方式，结合当前实际情况，选择一种性价比较高的播种和管理的方式。	抛出问题，引导学生上网搜索资料，进行交流探讨。确定播种和管理农作物的方式。（传统播种、温室大棚管理）	建议：引导孩子意识到传统农业和现代农业有各自的特点和优势，需结合实际情况进行选择。
劳动实践：土壤的翻耕与整理	安全使用基本农具，对土壤进行翻耕、耙耱，并整理出菜畦。	教师示范基本农具的使用方法与田地整理的基本流程，并在学生劳动实践中及时给予指导。	建议：此环节在劳动实践过程中建议聘请有农业劳动经验的老师进行指导；做好安全预案，且协调班主任参与劳动实践进行安全指导与秩序维护。

活动名称	预设课堂双边活动		教学建议与资源支持
	学生活动	教师活动	
劳动实践：蔬菜种植	学生在实践过程中认知穴植、播撒等播种方式，并根据所选择的蔬菜运用合适的种植方式进行播种。	教师在实践过程中积极引导学生正确种植。	
方案设计：探讨交流促进蔬菜更好发芽的方案	学生通过网络或访谈的形式搜集促进种子更好发芽的方式方法；小组讨论形成小组方案；班级交流对比论证方案，并形成最优方案。	教师为学生推送秋冬季节蔬菜种植田间管理方案的资源包；并在学生方案论证过程中引导、点拨学生寻求到秋冬季节蔬菜种植中促进种子发芽的最优方案。	资源：秋种季节蔬菜种植的图片资料以及文字资料。
方案的实施与落地：依据现实状况，运用数学建模的思想完成蔬菜大棚的搭建	运用数学建模的思想依据市场状况，完成蔬菜大棚的模型构建及物料核算与购置。在劳动实践活动中完成蔬菜大棚的搭建。	在学生建模过程中适时协调数学教师进行教学指导，并引导学生将物料的数学测算与市场相结合，形成真实的物料成本核算；在劳动实践过程中帮助学生完成大棚的搭建。	建议：市场调研物材规格尺寸与价格，制定出细目表，以便于数学建模测算后进行物材成本核算；大棚搭建过程中可邀请农业专家进行专业指导。

搭建蔬菜大棚智能管控程序和物联网系统，实现科学种植

活动名称	预设课堂双边活动		教学建议与资源支持
	学生活动	教师活动	
问题引导：如何实现温室大棚的自动化智能管理	搜索资料，了解实现农业自动化管理背后的技术——物联网。	抛出问题，引导学生搜集资料，获得物联网概念。	
探讨交流：确定实现温室大棚的自动化管理方案和实施过程	查找物联网应用相关案例，了解物联网实现的重要组成和原理；分析已有的智慧农业大棚的实现，依据现实情况确定本组温室大棚的自动化管理方案（包括智慧大棚的功能、需要的设备、草图），以及实现过程和分工等内容。	为学生提供物联网应用案例，引导学生理解物联网万物互联的原理。引导学生从现实条件方面思考，考虑方案的可行性，最终形成可行的最优的大棚自动化管理方案。（预设结果：能够根据农作物生长的最优环境因素实现自动浇水、通风、补充光照等，并能在特殊情况下实现报警，以及实施监控）	资源：物联网的应用案例和解释视频。
设计实验：探究当前农作物生长的最优环境值	在清楚农作物生长受环境因素的影响观念后，设计实验过程探究当前农作物生长的最优环境值，为温室大棚实现自动化管理提供参数支持。	引导学生思考明确自动化管理系统其中重要的一环是反馈条件，因此需要设计实验探究最适合当前农作物生长的环境值作为反馈条件。	

续表

活动名称	预设课堂双边活动		教学建议与资源支持
	学生活动	教师活动	
合作探究，组装设备：组装设备，代码编程，实现收集环境数据的基本装置	以小组为单位，根据教师提供的资源和演示讲解，在了解传感器、主控板的作用和连接方法，了解编程软件使用的条件下，选择合适部件，连接组成数据收集装置，并通过代码实现其功能。不断调试，完善功能。	提供资料，帮助学生认识各种传感器功能和主控板连接方式，在学生操作过程中给予指导，并指导学生进行调试。	资源：提供 Word 文档、视频资源等资料帮助学生了解各种传感器及设备功能。
放置设备，收集数据：将设备放置在大棚合适位置，并记录数据	学生根据现实情况，选择材料，安全使用工具，制作装载监测设备的保护盒，确定传感器在大棚中安装方式和位置，并定期记录数据。	引导学生发现环境因素对设备电路影响，以此让学生发现制作装置保护盒的必要性，防止电路受潮。	建议：找专业老师指导学生设计保护盒，指导学生正确使用工具；资源：提供制作装载监测设备盒子的材料和工具。
分析问题，建立模型：结合"建立农作物生长规律模型"任务，最终	通过讨论如何表征"最适合植物生长的环境"，确立建立函数模型的思路。可先不假设函数的具体形式，在	抛出问题，引导学生对了解：对现实问题进行数学抽象，用数学语言表达问题、用数学方法构建模型解决问题就是数学建模。	建议：撰写数学建模论文需要经历繁杂过程，如：数据收集与整理、模型试算、对比不同的模型、将结果以可视化方式展示、

活动名称	预设课堂双边活动		教学建议与资源支持
	学生活动	教师活动	
需要得到一个基于现实环境的数学模型（函数、公式）	上一环节收集尽量多的数据的基础上，通过对数据的分析来最终得出函数的具体形式，这样也就能优化最终建立的模型。	并告知学生最终完成数学建模论文，作为本阶段的成果之一。	资料整理与论文撰写等，因此数学建模的过程中，往往采用分工合作的方式进行，一般来说，一个数学建模小组由3—5人组成。理想的小组中，既要有数学基础扎实的同学，也要有能熟练使用计算机的同学，还要有写作表达能力强的同学。
确定参数，计算求解：学生通过将具体数据代入上一环节确立的数学模型中，确定模型中的各参数	以小组为单位，借助互联网，以及教师推送的资源，主动查阅有求解线性回归方程的学习资料。将收集到的数据代入建立好的函数模型中，解方程组。	为学生推送部分有关农作物生长规律和求解线性回归方程的学习资源。	资源：农作物生长影响因素的相关文字资料或视频材料。
验证结果，改进模型：在求解时，学生都只用到了部分已	通过继续收集农作物生长环境的数据，检验通过已有数据建立的模型是否准确，判断模型	教师针对学生的验证与改进予以指导，适时加以引导、点拨，帮助考虑周全。	建议：借助绘制函数图表，收集更多数据样本，提高模型有效性。

续表

活动名称	预设课堂双边活动		教学建议与资源支持
	学生活动	教师活动	
有的数据，因此可以利用其他数据来检验所建立模型的优劣	的有效性，考虑是否进一步修改模型。		
实践操作，搭建系统：组建智能化管理系统	以小组为单位，根据先前的方案，以及获得最适合当前农作物生长的环境值，组装各种硬件设备，编程实现具有采集数据、处理数据和反馈控制功能的自动化管理系统。	答疑解惑，在学生遇到困难时给予帮助。	建议：请专业人士讲解指导学生完成智能管理系统和设备的搭建；资源：各类硬件设备、电脑等。
投入使用，调试完善：将设备放置温室大棚内，启动使用，并不断完善	将设备投入现实环境使用，不断监测和完善。	与学生一起发现问题，基于解决问题思路，完善设备功能。	建议：可在基础功能上，增加报警功能，和监控功能。
成果展示	采用多种方式，介绍温室大棚自动化管理的过程和成果。包括获取当前	引导学生进行交流评价，对学生问题和亮点给予指导和反馈；同时肯定学生的积极	

活动名称	预设课堂双边活动		教学建议与资源支持
	学生活动	教师活动	
成果展示	农作物生长的最优环境值的数学建模的成果（如：建模论文）、温室大棚自动化管理系统模型和实物等，以及小组遇到的问题和解决办法等。	参与和成果，鼓励学生提出质疑，继续完善自动化管理系统。	

项目展示评价

活动名称	预设课堂双边活动		教学建议与资源支持
	学生活动	教师活动	
成果展示	学生通过项目数据评估自己的项目实施状况，并通过过程图片记录展示项目完成情况。项目成果以 PPT 形式呈现，并在复盘会为大家讲解，对项目的实施进行反思与倡议。优秀作品入选年级游园会进行展示，介绍并宣传项目作品。	教师及时发现其中问题并给予指导；同时鼓励其他同学积极参与，鼓励学生提出质疑，帮助同学纠错。	建议任课教师协调相关学科教师组成项目成果鉴定委员会对学生成果进行点评、指导；监督、提示学生进行评价的流程和过程，保证评价公开、公平、公正；在成果展示过程中务必关注学生是否能够将所学知识联系生活实际，并尝试转化运用到其他场景。
项目评价	借助《过程性表现评价表》和《作品评估表》对班级其他成员，组内其他成员和自己从作品完成与过程性表现评价两个方面完成项目评价。	教师就本项目开展过程中的经验、教训以及其他生成性问题进行项目反思与评估，并写出心得体会。	

七、项目评价

1.评价内容：对小组成员完成项目的过程性表现进行评价，《过程性表现评价表》由三个表构成，包括合作表现性评价、探究过程性评价和自我评价。

2.评价维度。

（1）自我评价。

①参与：根据《项目活动参与评价表》，记录活动的参与次数及质量评价。

②欣赏、交流：根据劳动教育过程中"我最欣赏的同伴""我心中的最佳方案"等课程内容，形成描述性评价。

③收获：以"我们的任务——我们的方案——我们的调整——我们的效果"为线路，分享收获。

（2）同伴、教师及班级评价。

①劳动参与度；②小组贡献；③敢于表达；④敢于创新；⑤团队合作。

表1 小组合作表现性评价表

维度 \ 等级	水平一	水平二	水平三	评价	
				自评	组评
活动参与	参与不积极。	能够按照老师要求参加。	积极主动，自觉自愿参与。		
任务完成	没有完成分内任务。	基本完成分内任务。	高效完成分内任务。		
合作探究	在组内基本不发言或总是被动发言，缺乏团结协作意识，不愿与同学合作。	在组内能够发言，说出想法，但不够积极主动，能够与同学共同完成任务。	在组内积极发言并能够代表小组进行交流分享，说出有效的探究设计，能够高效愉悦地与同学合作。		

续表

维度＼等级	水平一	水平二	水平三	评价	
				自评	组评
劳动实践	能够自觉自愿地完成小组分配的劳动实践任务，体会劳动的意义和价值。	能够明确每个任务阶段的主要任务，按照任务要求能动性地实施劳动实践，体会劳动的意义和价值。	能够明确每个任务阶段的主要任务，按照任务要求主动实施劳动实践，收获劳动观念、劳动精神和品质。		
创新意识	活动在过程中不能提出建设性意见。	活动过程中能够提出有别于常规的问题解决思路，但不能形成问题解决方案。	活动过程中常常有非常规、富有创意的问题解决方案并有利于促进问题解决。		

表 2　探究过程评价表

项目名称			
班级		教师	
姓名		课时	

评价维度	评价内容	分值	教师评分
共同确定项目任务	正常出勤、迟到、早退、请假、缺勤。	0～2	
	积极参与讨论，共同制定项目任务及要求。	0～3	
	兴趣浓厚，学习动机强烈，信心足。	0～3	
制定项目计划	积极着手制定项目计划。	0～3	
	合理制定出项目程序和步骤。	0～3	
	清楚项目完成需要的条件。	0～3	
	合理规划时间。	0～3	
	认真听取同伴的建议。	0～3	

续表

评价维度	评价内容	分值	教师评分
学生实施项目计划	准备齐全任务完成所需条件。	0~3	
	积极研读资料，做出好的探究设计。	0~3	
	积极根据计划实施项目。	0~3	
	遇到问题勇于克服，积极解决。	0~3	
	敢于创新，不怕出错，敢于纠正。	0~5	
	在劳动实践中巩固并掌握知识。	0~10	
	在问题解决中巩固并总结知识。	0~10	
成果展示与评估	学生通过项目数据评估自己的项目实施及完成情况，其他同学进行评价，最后教师根据学生自评和互评结果进行综合评价。	教师 0~10	
		自评 0~10	
		互评 0~10	
知识迁移与创新	针对项目进行反思与承诺，能够将所学知识联系生活实际，并尝试转化运用到其他场景。	0~10	
总分			

表3　自我评估评价表

学生反思总结	通过这个项目，我的收获是（从知识、能力与素养方面总结）
教师评语	

跨 学 科
学习指南

一、你知道为何要开展这个项目吗？

春耕、夏耘、秋收、冬藏，四时更替，耕作不息。南宋农学家陈敷的《农书》中总结农业生产是"盗天地之时利"。可见在古时候，农耕种植很大程度地依赖天时地利。沧海桑田，斗转星移，现代农耕生产已取得长足发展，我们可否发挥人的力量，实施科学种植，与土地和谐相处，共同发展？请你也做一回田间小农夫，让学校后面的农作物更好地生长吧。

二、你需要呈现哪些作品？

在本项目中，你需要制定维护蔬菜幼苗健康成长的方案，并实施科学种植的相应方案，比如，智能蔬菜大棚的搭建。

三、你需要怎样开展项目？

项目启动

1. 秋去冬来，蔬菜幼苗的生长受阻，我们可以做些什么？

2. 以小组为单位，共同商定如何进行科学种植，明确大任务和小任务的完成标准，列出决策矩阵。

3. 以小组为单位，完成项目计划书，做好任务梳理与分工。

● **任务一：探究影响农作物生长的环境因素，选农作物播种**

1. 为什么不同季节种植的农作物不同？搜集资料，提出猜想？

2. 搜集资料，与同学、老师确定验证猜想的科学方法和过程。

3. 小组合作，设计实验方案，进行分工。

4.记录实验内容，完成实验报告，确定适合秋冬季节种植的农作物。

● **任务二：比较传统与现代农业的耕种、管理方式，进行劳动实践与蔬菜大棚的设计和搭建**

1.什么样的田间管理能更好地维护农作物生长？

学习建议
按照农作物生长的阶段，了解古代方式和现代方式有哪些，各自的特点是什么？

2.农作物播种中我们需要做什么工作、需要什么工具、需要注意什么、等等？

农作物播种		
所做工作	所需工具	备注 （注意事项、使用方式等）

3. 比较并确定，保证农作物在秋冬季节更好的发芽方式是什么，并设计方案。

农作物发芽方案		
方法		
原因		
模型图		
所做工作	所需工具	备注（注意事项、使用方式等）

● **任务三：搭建蔬菜大棚智能管控程序和物联网系统，实现科学种植**

1. 实现温室大棚的自动化智能管理需要什么技术、设备、流程？

知识链接
物联网：物联网（IoT，Internet of Things）即"万物相连的互联网"，是在互联网基础上的延伸和扩展的网络。将各种信息传感设备与网络结合起来而形成的一个巨大网络，实现任何时间、任何地点，人、机、物的互联互通。

续表

知识链接
物联网的应用案例：

2. 搜集资料，小组讨论，确定温室大棚自动化管理方案和分工。

温室大棚自动化管理方案		
自动化功能		
小组分工		
模型图		
自动化功能	所需设备 （工具、开源硬件、软件）	备注 （注意事项等）

续表

功能实现程序

3.设计实验，探究当前农作物生长的最优环境值。

4.实践操作，组建智能化管理系统，验证效果。

智能化管理系统试验与改进		
实际效果	（实际应用图和效果概述）	
存在的问题	解决办法	改良效果
最终模型		
最终功能实现程序		

四、你可以获得哪些资源？

与任务相关的资源在任务中呈现，其他相关资源由教材、线上学习包、教学平台和网络资源提供。

在本项目的学习中，你将依次获得以下资源：土地翻耕技术；搭建大棚技术；大棚扣膜和管理。

此外，你还可以获得更多的多媒体资源，重点关注你感兴趣的部分以及后续问题涉及的内容。

任务	资源类型	名称
任务 1	视频	《人工土地翻耕技术》 https://tv.360kan.com/player?id=7b72793cfdd3e6ebcd7744f6c4438c0a&q=%E5%9C%9F%E5%9C%B0%E7%BF%BB%E8%80%95%E6%96%BD%E5%B7%A5%E6%8A%80%E6%9C%AF%E6%96%B9%E6%A1%88&src=result～like&srcg=result～like
	视频	《搭建大棚》 https://haokan.baidu.com/v?pd=wisenatural&vid=12653759630262011878
	视频	《大棚扣膜》 https://haokan.baidu.com/v?pd=wisenatural&vid=10945557641038406776
任务 2	视频	《变量与函数》
	阅读材料	《描述玉米植株高度的函数模型》
	阅读材料	《线性回归方程》
	讲座	劳动主题活动：农业专家进校园
	阅读材料	《植物的蒸腾作用、光合作用与呼吸作用》

续表

任务	资源类型	名称
任务3	视频	物联网概念： https://haokan.baidu.com/v?pd=wisenatural&vid=33693818127929277799 智慧农业 环境监测设备的实现： https://www.bilibili.com/video/av974831685
	网站	开源硬件介绍网站：https://wiki.dfrobot.com.cn/

　　需要注意的是教材是每一位同学最直接、最基础、最重要的学习素材，本项目的学习指南通过指向教材内容，将有助于你尝试筛选有用信息，提高自学能力。

五、你学会了什么？

　　通过本项目的学习，你将学会以下内容：

　　1.能查阅资料、设计简单的单一变量实验了解影响农作物生长的环境因素，初步了解蔬菜的生长习性，形成科学思维；依据蔬菜的生长习性，确定秋冬季节种植的蔬菜，形成自然系统可影响人工系统的观念。

　　2.能说出农具的基本使用方法，能够掌握镐头与铁锹的使用方法，了解安全规范使用要求，理解基本农作物的种植方法，并通过种植农作物的实践活动获得实践经验、形成珍惜劳动成果的劳动观念。

　　3.能进行设计、搭建蔬菜大棚的劳动实践，探索冬季田间管理策略，形成多个解决方案（自然生长、地膜、大棚等），并通过控制变量法论证并对比方案，确定最优方案，形成科学探究的问题解决思维。

　　4.能通过准确测量与数学运算设计蔬菜大棚平面图纸与立体模型，发展几何直观与空间观念。根据设计图与立体模型确定好弧形支架的数量，根据现实需求的确定横梁、立柱的数量，进行大棚骨架建材的成本核算与大棚骨架的建构，形成人工系统影响自然系统的观念。

5. 能够制作简易的收集数据的设备装置理解自然系统，在此过程中认识与了解各类传感器的基本原理，用原理解决实际问题；设计收集数据的程序，能够用 mind+ 编程设计并实现设备的监测功能，形成计算思维。

6. 能基于收集来的数据建立函数模型描述植物生长规律，形成模型可被用来测试或解释影响系统关键因素的观念，求解最适合农作物生长环境的模型，并验证结果、检验模型，形成人工系统可不断优化的观念。

7. 能根据最优的环境要素值，改进程序，实现报警功能，设计和搭建简单的物联网系统模型，实现数据采集、处理和反馈控制的自动化管理系统，以更科学、更精准的方式解决生活中实际问题，感受信息科技的发展对人类生活和工作带来的改变，形成对人工系统改造优化可对自然系统产生影响的观念。

8. 能在汇报展示活动中归纳、宣传科学种植方法，理解知识的本质并实现对所获取知识和技能的实践应用，体会技术对人类生活带来的改变，体会创新设计对于人与自然和谐相处的价值。

六、你真的学会了吗？

1. 下列关于北方地区地理特征的描述，正确的是（　　　）。

A. 地形以高原和山地为主

B. 属于亚热带季风气候，温暖湿润

C. 耕地以旱地为主，发展了旱作农业

D. 代表农作物有小麦、油菜、大豆和棉花

2. 为了节能环保，学校利用物联网技术建设了智能照明系统，能够实现人来灯亮，人走灯灭的智能控制，请问该系统主要使用了以下哪种传感器？（　　　）

A. 光线传感器

B. 人体红外传感器

C. 温湿度传感器

D. 加速度传感器

3. 做好乡村振兴这篇大文章，帮助农户提高某经济作物的品质和产量，科技人员研究了该作物的生理活动，结果如图，图中甲表示该作物某些生理活动，乙表示该作物在晴朗夏季的一天 24 小时内呼吸作用和光合作用强度变化。据图回答下列问题。

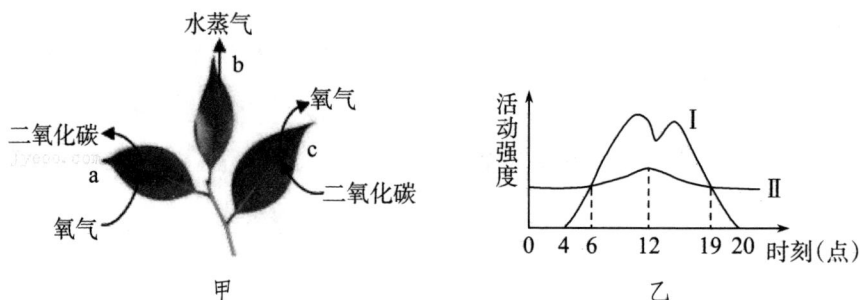

（1）作物移栽时，往往在阴天或傍晚进行，主要目的是降低图甲中 b_____ 作用。

（2）图甲中，c 进行的场所是叶肉细胞中的 _____，该生理活动对维持生物圈中 _____ 平衡起重要作用。

（3）图乙中Ⅱ所示过程能为植物的生命活动提供能量，与图甲中 _____（填字母）相对应。

（4）分析图乙可看出，一天中该作物体内有机物积累最多的时刻是 _____ 点，大棚种植可把这个时间点往后延，从而达到提高产量的目的。

4. 昆明白鱼口村大棚种植的冬草莓，味道甜美，深受市民的喜爱。如下图为草莓植株的部分生理过程，据图回答问题：

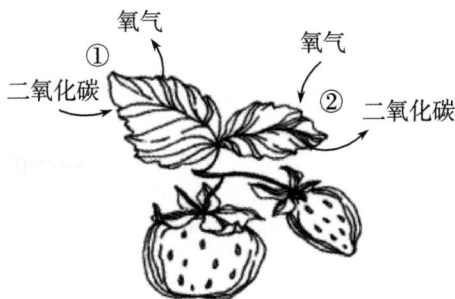

（1）草莓栽种过程中，需要合理施肥。建议施用农家肥以提供植株生长所需的 _____（填"无机盐"或"有机物"），在提高产量的同时可减少对环境的污染。

（2）冬草莓味甜是因为叶进行［①］_____ 作用制造糖类等有机物，通过 _____（填"导管"或"筛管"）运输，储存在果实中。

（3）为提高大棚种植冬草莓的产量，村民会在晚上适当降低大棚内的温度，目的是抑制草莓的［②］_____ 作用，减少有机物的消耗。

（4）从光合作用原理分析，提高大棚冬草莓产量的措施有 _____（答出1点即可）。

5.物联网已经走进我们的生活，李明也想感受新科技的神奇，于是决定在家安装一套"智能家居"系统，他希望能实现以下功能。

（1）每天早上，随着闹钟响起，窗帘也会自动打开，让窗外的阳光透进房间，帮助人尽快清醒。

（2）晚上回家晚了，如果家里没人，也没开灯，在开门的瞬间，客厅的灯会自动点亮，让人没有摸黑找开关的焦虑。

（3）家里有一个智能的小音箱，就像是个贴心的小管家。有什么需求告诉他就行了。例如，想看电视了，对小音箱说，打开电视机并调到新闻频道上班，出门时对他说，我去上班了，家里所有的灯、空调就会关闭，扫地机则自己开始工作。晚上睡前跟小音箱说一声"晚安"，家里的灯就会关掉，空调自动设置成睡眠模式。工程师根据李明的需求，替他设计了一套智能家居系统，拓扑结构如下：

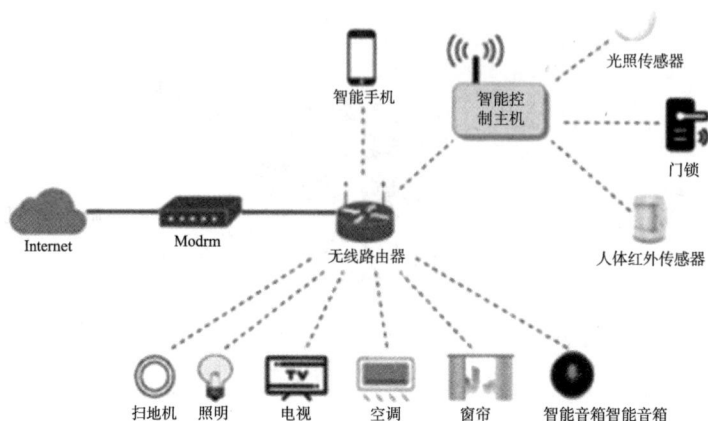

（1）阅读以上资料，你认为李明家在安装智能家居系统之前，首先必须安装好 _____。

A.固定电话＋有线局域网

B.宽带网络＋有线局域网

C.宽带网络＋无线局域网

（2）根据组网原理，李明家接入智能家居系统的灯、空调、电视机、音箱和窗帘等设备都具有唯一的 _____，这是由图中 _____ 自动分配管理的。

A.IP 地址；无线路由器

B.IP 地址；智能控制主机

C.域名；无线路由器

（3）根据材料的描述，充当小管家功能、能听懂李明指令的智能小音箱，采用了 _____ 技术。

A.人脸识别　　　　　B.语音识别　　　　　C.指纹识别

（4）家里装好物联网系统之后，李明经常下班时用手机 APP 打开家里空调，等他到家时，家里的温度正适宜。这一操作，使用了物联网的 _____ 功能，要实现题中晚上回家开门自动亮灯，可以在平台上设置一个联动场景，如果满足条件一 _____，同时满足条件二 _____ 则执行"开灯"指令，这使用了物联网系统的 _____ 技术。

A. 智能处理　B. 远程控制　C. 有人经过　D. 门锁被打开　E. 灯处于关闭状态　F. 光线低于指定值

（5）李明希望半夜起床时，经过的地方都会自动亮起小灯，如果一段时间没有人经过，这些灯又会自动关闭，拓扑图中 _____ 传感器可以感知到是否有人经过。

（6）设计师告诉李明，有一款设备可以把他家里普通的台灯、电扇、水族箱等电器都方便地连入智能家居系统，实现智能控制，这款神奇的设备是：_____。

A. 智能开关　　　　　　B. 智能插座　　　　　　C. 智能路由器

6. 每年10月中上旬是小麦的最佳种植时间，但小麦的发芽会受到土壤、气候等多方面因素的影响. 某科技小组为了解昼夜温差的大小与小麦发芽的多少之间的关系，在不同的温差下统计了100颗小麦种子的发芽数，得到了如下数据：

温差 x（℃）	8	10	11	12	13
发芽数 y（颗）	79	81	85	86	90

（1）请根据统计的最后三组数据，求出 y 关于 x 的线性回归方程 $\hat{y}=\hat{b}x+\hat{a}$；

（2）若由（1）中的线性回归方程得到的估计值与前两组数据的实际值误差均不超过两颗，则认为线性回归方程是可靠的，试判断（1）中得到的线性回归方程是否可靠；

（3）若100颗小麦种子的发芽率为 n 颗，则记为 $n\%$ 的发芽率，当发芽率为 $n\%$ 时，平均每亩地的收益为 $10n$ 元，某农场有土地10万亩，小麦种植期间昼夜温差大约为9℃，根据（1）中得到的线性回归方程估计该农场种植小麦所获得的收益。

附：在线性回归方程 $\hat{y}=\hat{b}x+\hat{a}$ 中，$\hat{b}=\dfrac{\sum_{i=1}^{n}x_iy-n\overline{x}\,\overline{y}}{\sum_{i=1}^{n}x_i^2-n\overline{x}^2}$。

七、你需要如何管理自己的学习?

1. **项目计划书。**

科学种植项目计划书	
我们的项目目标	
分解形成子任务： 为了完成这个目标，我们遇到哪些要解决的问题，每个子问题可以怎样解决（子任务）	1. 陈列子问题。 2. 组织、梳理子问题、子任务。 子问题梳理 / 解决问题方案（子任务） 子问题1 / 子任务1 子问题2 / 子任务2 子问题3 / 子任务3 …… / ……
形成决策矩阵： 每个子任务的完成标准是什么	子任务 / 标断标准 / 问题解决方案 子任务1 / / A B C 子任务2 子任务3 ……

科学种植项目计划书			
为了完成上述子任务，我们需要学习哪些知识、方法、原理			
我需要什么工具、材料和帮助			
形成任矩阵： 小组成员认领任务	**成员**	**具体分工**	**完成时间**
	成员 1		
	成员 2		
	成员 3		
	……		

2. **思维导图**。

请你将学习后的思维导图梳理在下方：

3. **素养表现评价。**

表1 小组合作表现性评价表

等级 维度	水平一	水平二	水平三	评价	
				自评	组评
活动参与	参与不积极。	能够按照老师要求参加。	积极主动，自觉自愿参与。		
任务完成	没有完成分内任务。	基本完成分内任务。	高效完成分内任务。		
合作探究	在组内基本不发言或总是被动发言，缺乏团结协作意识，不愿与同学合作。	在组内能够发言，说出想法，但不够积极主动，能够与同学共同完成任务。	在组内积极发言并能够代表小组进行交流分享，说出有效的探究设计，能够高效愉悦地与同学合作。		
劳动实践	能够自觉自愿完成小组分配的劳动实践任务，体会劳动的意义和价值。	能够明确每个任务阶段的主要任务，按照任务要求主动实施劳动实践，体会劳动的意义和价值。	能够明确每个任务阶段的主要任务，按照任务要求主动实施劳动实践，收获劳动观念、劳动精神和品质。		
创新意识	活动在过程中不能提出建设性意见。	活动过程中能够提出有别于常规的问题解决思路，但不能形成问题解决方案。	活动过程中常常有非常规、富有创意的问题解决方案并有利于促进问题解决。		

表2　探究过程评价表

项目名称			
班级		教师	
姓名		课时	
评价维度	评价内容	分值	教师评分
共同确定项目任务	正常出勤、迟到、早退、请假、缺勤。	0~2	
	积极参与讨论，共同制定项目任务及要求。	0~3	
	兴趣浓厚，学习动机强烈，信心足。	0~3	
制定项目计划	积极着手制定项目计划。	0~3	
	合理制定出项目程序和步骤。	0~3	
	清楚项目完成需要的条件。	0~3	
	合理规划时间。	0~3	
	认真听取同伴的建议。	0~3	
学生实施项目计划	准备齐全任务完成所需条件。	0~3	
	积极研读资料，做出好的探究设计。	0~3	
	积极根据计划实施项目。	0~3	
	遇到问题勇于克服，积极解决。	0~3	
	敢于创新，不怕出错，敢于纠正。	0~5	
	在劳动实践中巩固并掌握知识。	0~10	
	在问题解决中巩固并总结知识。	0~10	
成果展示与评估	学生通过项目数据评估自己的项目实施及完成情况，其他同学进行评价，最后教师根据学生自评和互评结果进行综合评价。	教师0~10	
		自评0~10	
		互评0~10	

续表

项目名称			
班级		教师	
姓名		课时	
评价维度	评价内容	分值	教师评分
知识迁移 与创新	针对项目进行反思与承诺，能够将所学知识联系生活实际，并尝试转化运用到其他场景。	0 ~ 10	
总分			

4.**自我反思表**。

表3　自我评估评价表

学生反思总结	通过这个项目，我的收获是（从知识、能力与素养方面总结）
教师评语	